宝禄斋·立格文集

中央高校基本科研业务费专项资金资助（2020JBW010）

Rethinking Evidence Law

# 证据法的理论反思

郑飞 著

中国政法大学出版社

2023·北京

声　明　　1. 版权所有，侵权必究。
　　　　　2. 如有缺页、倒装问题，由出版社负责退换。

**图书在版编目（CIP）数据**

证据法的理论反思/郑飞著. —北京：中国政法大学出版社，2023.7
ISBN 978-7-5764-1079-2

Ⅰ.①证… Ⅱ.①郑… Ⅲ.①证据－法学－研究 Ⅳ.①D915.130.1

中国国家版本馆CIP数据核字(2023)第162785号

---

| | |
|---|---|
| 书　名 | 证据法的理论反思 |
| | ZHENGJUFA DE LILUN FANSI |
| 出版者 | 中国政法大学出版社 |
| 地　址 | 北京市海淀区西土城路 25 号 |
| 邮　箱 | bianjishi07public@163.com |
| 网　址 | http://www.cuplpress.com（网络实名：中国政法大学出版社） |
| 电　话 | 010-58908466(第七编辑部) 010-58908334(邮购部) |
| 承　印 | 固安华明印业有限公司 |
| 开　本 | 720mm×960mm　1/16 |
| 印　张 | 15.75 |
| 字　数 | 230 千字 |
| 版　次 | 2023 年 7 月第 1 版 |
| 印　次 | 2023 年 7 月第 1 次印刷 |
| 定　价 | 68.00 元 |

# 前　言

本书主要从证据传统、证据制度和数字证据三个方面对证据法的若干问题进行了理论反思，共分上中下三篇。

上篇主要从证据传统的角度对三个问题进行了理论反思。

第一章系统反思了刑事证据法的二元主义传统。认为经由诸多国际刑事审判机构的不断发展，"理性主义"和"个人权利"的二元主义传统早已深深嵌入西方两大法系的刑事证据法之中，体现为对真相、理性和公正的追求，并被进一步发展为两大法系所共享的公正审判、武器平等和对抗性权利原则，从而最终形塑了诸多现代刑事证据规则。因此，有必要从二元主义传统的角度，反思作为信息规制机制的证据法与作为风险防控机制的证据法的功能差异，并以证据规则权力化和权利化的双重面向来重塑我国的刑事证据法，尤其证据规则的权利化可能成为解决刑事证据法关键问题的一种有效路径。

第二章探究了理性主义传统中的威格莫尔证据法思想。威格莫尔被尊称为"英美证据法学的集大成者"，其证据法思想至今仍然影响着整个英美证据法学。威格莫尔的证据法思想继承了英美证据法学的理性主义传统，其经由《普通法审判中的英美证据制度专论》向《司法证明科学》的学术转向，正在促进着美国证据法学研究的整体知识转型。

第三章从跨学科的角度综述了证据科学的研究现状，并对其未来走向做了些许预测。"证据学""证据法学"抑或"证据科学"？有关证据学科称谓的"群雄混战"无疑推动了中国证据学科理论与实践的发展，但隐藏在学科称谓之争背后的，却是对研究对象的确定、学科性质的归属、理论基础的构建乃至学科体系的建立等学科基本问题阐释的混乱。中外证据学科称谓及其理论体系的历史演变表明，这场论战的焦点主要集中在学科独立性与跨学科研究范式之争。然而二者并不矛盾，因为学科专业化和综合化都是现代学科发展的必然趋势。因此，应该顺应学科发展和司法实践的需要，在走向独立的"证据法学"与深入规律的"证据学"之基础上，形成一种"事实认定一体化"研究范式，从而更加自信且坚定地迈向整合的"证据科学"。

中篇主要从证据制度的角度对四个问题进行了理论反思。

第四章提出了证据属性层次论，并基于此系统反思了证据规则的结构体系。证据属性学说众说纷纭，四套话语体系并立，形成如此局面的根本原因是我国已有学说未认识到证据属性的层次性。层次性的第一个体现是要素论与结构论的区分，关联性（相关性）、真实性和合法性等要素属性是证据评价的基本要素，证据能力（可采性）和证明力等结构属性则体现事实认定的程序结构进程。三个要素属性之间是由相关性统领的平行关系，两个结构属性之间是基于程序结构进程的递进关系；同时，三个要素属性都不同程度地影响着对两个结构属性的审查判断。层次性的第二个体现是基于认识论与价值论的区分，可将证据属性分为自然属性与法律属性。在要素属性中，相关性和真实性是促进事实认定准确性之内部目标的自然属性，合法性是促进除事实认定准确性之外的外部目标的法律属性；在结构属性中，证据能力（可采性）是属于法律问题的法律属性，证明力是属于事实问题的自然属性。我国证据法学应从"只注重要素论"或"只注重结构论"迈向"要素论与结构论并重"的研究范式，并在深入理解"证据规则体系是证据属性层次性的逻辑展开"的基础上，通过改造后的西式结构属性或改良后的"中式结构属性三分法"重塑我国的证据规则体系。

第五章梳理了证据法的几种运行机制，并基于此分析了证据法的直接和间接社会控制功能。我国诸多社会失范现象有着复杂的成因，这要求法律制度必须作出必要的回应。但目前我国证据制度中的规则缺位，不仅导致其难以很好地回应某些社会失范现象，甚至还加剧了事态的严重性。作为规制司法审判事实认定过程的证据法，应当具备促进事实真相发现和维护社会普遍价值的双重功能。正是在求真与求善的价值权衡过程中，证据法对于解决中国的某些社会失范现象将有所助力。因为通过证据筛选、举证激励、行为制裁、动机保护和证据裁定救济等运行机制，证据法能够发挥降低错案风险、抑制司法腐败和保障被追诉者人权等直接社会控制功能，以及保护社会关系和增进社会福利等间接社会控制功能。因此，我们必须认真对待证据法。

第六章从拯救社会公德的角度对不得用以证明过错或责任的证据规则进行了分析和介绍。从道德上批判社会公德失范固然必要，但只有更加注重法律的激励机制才能从根本上遏制社会公德的进一步恶化。在美国，不得用以证明过错或责任的证据规则通过切断从行善行为到过错责任的自然推理链条，激励着人们积极从事对社会有益之行为。而在中国，此类规则不仅拥有充分的理论基础和类似的立法规定，更重要的是它们符合构建和谐社会、重塑社会公德和发展市场经济的迫切需要。然而仅仅移植此类规则显然不够，因为导致社会公德失范的因素是多方面的。因此，我们必须采取一种综合性的"鸡尾酒"疗法。

第七章从法律实践中系统总结了中国司法专门性问题解决的"四维模式"。随着司法和立法的不断发展，我国司法审判中逐渐增设了各种专家诉讼参与人，呈现出从"一维遵从模式"到"二维对抗模式""三维教育模式"，最后到"四维分享模式"的发展历程。在"四维分享模式"中，鉴定人是整个法庭的助手，专家辅助人是诉讼双方的助手，司法技术人员（技术咨询专家）是法官的助手，专家陪审员则是与审判法官共享事实认定权力的裁决者。尽管该模式体现了理想审判状态下的对抗、教育和共享功能，拥有集群化认识论优势，但也存在对抗功能不彰、教育功能退化和共享功能异化等潜在风险，因此还需进一步细化该模式的相关规则和配套制度。

下篇主要对数字时代的三个证据问题进行了理论反思。

第八章从整体视角系统反思了数字时代证据法的挑战与变革。随着数字技术的不断发展和司法改革的不断推进，数字时代的司法事实认定呈现出证据的数字化、取证的远程化、存证的区块化、举证的虚拟化、质证的异步化和认证的智能化六大发展趋势。而传统证据法也因数字技术的司法应用而面临全方位的深层次挑战：首先，随着数字技术发展不断涌现的证据类型已逐渐突破了证据种类法定主义；其次，在线诉讼和异步质证模式对直接言词原则、集中审理原则和最佳证据原则等证据法基本原则构成了挑战；再次，数字技术的复杂性使相关证据的证据属性审查判断变得更加困难；复次，证据推理中的大数据经验因为数据本身的完整性、可错性以及算法黑箱问题而存在极大的危险性；最后，数字技术的司法适用导致了证据性权利保障的弱化；等等。为了应对这些挑战，数字时代的证据法应从封闭的证据法迈向开放的证据法，从信息规制的证据法迈向风险防控的证据法，从权力规制的证据法迈向权利保障的证据法。

第九章对大数据证据的三大审查判断难题做了理论反思。大数据证据是对海量数据进行筛选、汇总、提炼、形成结论并在审判中使用的证据，是一种全新的证据种类。目前，大数据证据的审查判断主要存在三大难题：第一个难题是大数据证据种类与法定证据种类的不适应，这一难题应通过不同阶段的"三步走"策略逐渐解决。第一阶段，应将大数据证据作为一种鉴定意见；第二阶段，应将大数据证据作为独立的证据种类；第三阶段，应放弃将证据种类作为证据门槛的做法。第二个难题是因可靠性质疑而导致的相关性难题，这一难题产生的原因是大数据的黑箱化运行以及大数据技术的复杂性。对此，应通过公开算法历史准确率以及寻求"数据经验"的合理解释加以解决。第三个难题是因对隐私权的侵犯和"证据偏在"的影响而导致的可采性难题，该难题应通过构建"原则+制度+技术"的融合规制路径以及增强诉讼的对抗性来加以解决。

第十章对数字时代的前沿问题刑事抽样取证做了多角度的理论反思。

# 前　言

近年来，抽样取证方法逐渐从行政程序和行政诉讼领域扩展至刑事诉讼领域，尤其是数字时代海量电子数据的出现，导致了刑事诉讼中大量使用抽样取证方法来认定案件事实。刑事抽样取证证据运用在性质上具有二重属性：首先，在法定的入罪门槛和法定的加重处罚门槛上，因为底线证明的要求，它不能作为一种新的证明方法而存在，除非刑事法律有特别规定，而这种特别规定的性质应该是一种可反驳的推定；其次，在跨过了法定的入罪门槛和法定的加重处罚门槛后，抽样取证证据运用则作为一种新的证明方法而存在，刑事法律不应该做出特别限制。为了更好地适应数字时代的多元事实认定需求，应制定单独的司法解释，构建体系化的刑事抽样取证规则，对抽样取证的适用条件、适用范围、抽样方法、具体程序和程序衔接等进行详细规定，以规范地指导司法实践。

# 目 录

## 上篇　证据传统的理论反思

### 第一章　刑事证据法的二元主义传统 /3
　　第一节　理性主义传统及其对刑事证据法的影响 /4
　　第二节　从理性主义传统到个人权利传统 /9
　　第三节　二元主义传统的核心要素和共享原则 /11
　　第四节　二元主义传统与刑事证据法的重塑 /20

### 第二章　理性主义传统中的威格莫尔证据法思想 /30
　　第一节　前威格莫尔时代的证据法学 /30
　　第二节　威格莫尔证据法思想概述 /34
　　第三节　理性主义传统中的威格莫尔 /40

### 第三章　证据科学的研究现状及其未来走向 /45
　　第一节　应该建构什么样的证据学科？ /45
　　第二节　证据学科称谓及其理论体系发展的历史考察 /47
　　第三节　对相关学说观点的类型化分析与批判性反思 /56
　　第四节　中国证据学科的未来走向 /64
　　第五节　中国证据科学的使命 /74

## 中篇　证据制度的理论反思

### 第四章　证据属性的层次性与证据规则的结构体系　　/ 79
　　第一节　证据属性的理论纷争　　/ 79
　　第二节　证据属性的类型化　　/ 82
　　第三节　证据属性的层次性　　/ 91
　　第四节　证据属性研究范式的转型　　/ 99
　　第五节　比较法视野下的证据属性与证据规则体系　　/ 101
　　第六节　以证据属性层次论重塑我国证据规则体系　　/ 105

### 第五章　证据法的运行机制与社会控制功能　　/ 111
　　第一节　社会失范与证据规则的缺位　　/ 111
　　第二节　证据法的规范体系与价值追求　　/ 114
　　第三节　证据法运行机制的类型化分析　　/ 117
　　第四节　通过证据法的社会控制　　/ 123

### 第六章　拯救社会公德的证据法药方　　/ 130
　　第一节　错误的常理推断与价值权衡　　/ 130
　　第二节　它山之石：美国不得用以证明过错或责任的证据规则　　/ 132
　　第三节　可以攻玉：采用不得用以证明过错或责任的证据规则　　/ 137
　　第四节　拯救社会公德的"鸡尾酒"疗法　　/ 142

### 第七章　中国司法专门性问题解决的"四维模式"　　/ 144
　　第一节　整体视角下的中国司法专门性问题解决模式　　/ 144
　　第二节　从"一维模式"到"四维模式"的历史演变　　/ 147
　　第三节　"四维分享模式"的角色分派与功能定位　　/ 158

第四节　"四维分享模式"的潜在风险与功能异化　　/ 164
　　第五节　如何减少"四维分享模式"诉讼成本　　/ 171

## 下篇　数字证据的理论反思

### 第八章　数字时代证据法的挑战与变革　　/ 175
　　第一节　数字时代司法事实认定的发展趋势　　/ 176
　　第二节　数字时代证据法的深层挑战　　/ 185
　　第三节　数字时代证据法的变革方向　　/ 194

### 第九章　大数据证据的审查判断难题　　/ 200
　　第一节　大数据证据的证据种类归属难题　　/ 200
　　第二节　大数据证据的相关性审查难题　　/ 205
　　第三节　大数据证据的可采性审查难题　　/ 212

### 第十章　数字时代的刑事抽样取证　　/ 218
　　第一节　抽样取证规则的立法发展与语词辨析　　/ 220
　　第二节　刑事抽样取证证据运用的性质辨析　　/ 223
　　第三节　数字时代刑事抽样取证规则的体系化　　/ 227

**后　记**　　/ 235

## 上篇　证据传统的理论反思

# 第一章　刑事证据法的二元主义传统[1]

在西方证据法领域,存在着两大历史传统:一种被特文宁教授称为"理性主义传统"[2],该传统可以追溯至英国历史上的经验主义,其代表人物包括休谟、洛克和培根,同时该传统也强烈地影响着法国的启蒙思想家;另一种则是 20 世纪以来被引入国际人权理论中,并由约翰·杰克逊和萨拉·萨默斯教授在国际刑事证据理论中进一步阐释的"个人权利传统"[3],该传统可以追溯至霍布斯、洛克、卢梭、孟德斯鸠、康德和贝卡里亚的社会契约论,以及法国的启蒙运动。在西方两大法系法律制度不断融合的今天,经由"二战"后的纽伦堡和东京大审判,以及欧洲人权法院和国际刑事法院等诸多国际刑事审判机构的不断发展,这两大传统已经深深嵌入了西方两大法系的刑事证据法之中。甚至可以说,正是这两大传统形塑了当代西方两大法系的诸多刑事证据规则,因此,我们可以将这两大传统称为西方刑事证据法的"二元主义传统"。本章第一节至三节将考察这样一种理论传统共享与融合的发展趋势。

既然西方两大法系已经共享和融合了刑事证据法的二元主义传统,那么中国刑事证据法是否也应该主要由该二元主义传统所形塑呢?众所周知,从清末引入大陆法系自由心证制度以来,我国证据法已经被西方两大法系的证据传统深深影响,尤其当前的刑事证据制度改革更多地引入了英

---

[1] 本章部分观点是基于作者另一本专著的主要内容修改而来,参见郑飞:《证据性权利研究》,法律出版社 2019 年版。

[2] 参见[英]威廉·特文宁:《反思证据:开拓性论著》,吴洪淇等译,中国人民大学出版社 2015 年版,第 36 页。

[3] See John D. Jackson and Sarah J. Summers, *The Internationalisation of Criminal Evidence: Beyond the Common Law and Civil Law Traditions*, Cambridge University Press, 2012, pp.14–19.

美证据规则,诸如非法证据排除规则、意见证据规则、交叉询问规则、作证特免权规则等。但问题在于引入的这些刑事证据规则要么残缺不全,要么做了所谓本土化"改良",而这些"拿来"的刑事证据规则在中国司法实践中却常常并没有取得多大实效,甚至有冤假错案频现于报端。其中的原因之一,就是现有刑事证据规则无法在最大程度上保证准确的事实认定,并保障刑事被告人的基本权利。因此,非常有必要从西方刑事证据法的二元主义传统来反思当前中国的刑事证据法及其诸多证据规则,努力在理论根源上寻找解决问题的方法和思路。本章的第四节将主要基于刑事证据法的二元主义传统来反思中国的刑事证据法及其诸多证据规则,以寻找解决刑事证据法关键问题和重塑刑事证据法的有效路径。

## 第一节 理性主义传统及其对刑事证据法的影响

### 一、理性主义传统的核心理念

特文宁教授在详细考察了英美证据理论和立法的历史发展之后,认为几乎所有英美证据法学者都共享了一种"理性主义"的传统,因为该传统是由一系列假定构成的,而这些基本的假定被几乎所有的英美法系证据法著作共享。特文宁教授在《反思证据:开拓性论著》一书中将这些基本的假定划分为一系列理念:[1]首先是与理性裁判的性质和目的有关的理念。根据该理念,裁判的实质目的是"裁判的公正性",即把被认为是符合功利主义的实体法正确地适用于被在法庭上出示的相关证据所证明的事实。这种模式应归功于边沁的功利主义哲学,而特文宁教授把它采用为实现"裁判的公正性"的主要目标。其次是关注于事实应该如何被理性方式证明的理念。根据该理念,"认识论是一种可知论而非怀疑论;真理反映论比真理融贯论获得更为普遍的认同;相较于像决斗、免罚宣誓审判(com-

---

[1] 参见[英]威廉·特文宁:《反思证据:开拓性论著》,吴洪淇等译,中国人民大学出版社2015年版,第91—92页。

purgation)或者痛苦考验这样的'非理性'模式来说,裁判制作模式一般被视为'理性的';推理的主要特征是归纳;通过追求真相达致正义是法律的最高命令,但在所有社会价值中又不是必然的、压倒性的或优先的价值"。[1]也就是说,该理念主张事件和事实是一个外在于人类的可观察的存在,并且真实的证言与这些事实相一致。但是构建过去事实的证据却是一个盖然性事项,因为与过去事实有关的证据注定是不完整的,呈现出碎片状。而推理的特定模式是归纳,即从特定的基础数据中通过归纳概括的方式获得一个盖然性的结论。

"尽管特文宁使用'理性主义'这样一个词汇来描述这些观点,但事实上它们与柏拉图和笛卡尔的知识理性主义没有一点关系,却与牛顿科学和培根、洛克、休谟的经验主义哲学有着极大的联系。"[2]因为特文宁所谓的理性主义推理方式,最早被英国经验主义哲学家休谟称为"经验推论"(experimental inference)。[3]这种理性主义的科学推理方法也同样对法国启蒙思想家比如伏尔泰和孟德斯鸠产生过强烈影响,并且最终被整个欧洲大陆的自然和人文社会科学普遍采用和发展。[4]"从吉尔伯特到边沁,从威格莫尔到麦考密克,都明确或默示地认为,英美证据法的理论基础就是乐观理性主义。该理论认为,对于过去事实的正确认识,可以而且只能通过对证据进行理性的推理而获得,从而,法律的目的就是通过对事实材料的精确决断而获得正确的决定。"[5]因此我们可以看出,"理性主义传统的核心宗旨在于程序法和证据法的直接目的是实现在裁判中判决的准确

---

[1] William Twining, *Rethinking Evidence: Exploratory Essays*, 2nd ed., Cambridge University Press, 2005, p. 78.

[2] John D. Jackson and Sarah J. Summers, *The Internationalisation of Criminal Evidence: Beyond the Common Law and Civil Law Traditions*, Cambridge University Press, 2012, p. 15.

[3] See B. Aune, *Rationalism, Empiricism and Pragmatism: An Introduction*, New York: Random House, 1970, p. 57.

[4] See John D. Jackson and Sarah J. Summers, *The Internationalisation of Criminal Evidence: Beyond the Common Law and Civil Law Traditions*, Cambridge University Press, 2012, p. 15.

[5] 易延友:《证据法的体系与精神——以英美法为特别参照》,北京大学出版社2010年版,第49页。

性。在事实问题方面，这就包含了通过理性方式去探求与具体的过去事件相关的真相。事实认定裁判的准确性作为确保法律下正义或补偿正义的一种方式，被赋予了一种崇高的但并非压倒一切的优先性"。[1]

## 二、理性主义传统对刑事证据法的影响

尽管现代司法审判方式普遍被认为是理性裁判，但历史上却长期存在着许多"非理性的"事实认定裁判方式。例如，在古代东西方都普遍存在着神示证据制度，"它是一种通过召唤神明介入裁判来观察当事人行为或考验结果，从而最终决定案件结果的证据制度"。[2]其形式包括直接面向神明的宣誓；借助某种外在形式单独面向神明的水审、火审和奶酪或面包审；通过争端各方互动来面向神明的司法决斗；等等。很显然，以现代的视角来看，神示证据制度是一种愚昧的非理性的事实认定裁判方式。伯尔曼就曾说过："只有当教会把它的重点转移到那个鼓励人类仿效自己的超验的上帝时，神明裁判、宣誓辅助人、决斗和决斗裁判才会让位给通过询问证人寻找事实的一种'理性的'程序。"[3]因此，当人类尝试着利用自身的认识能力去理性地追求事实真相时，神示证据制度就很快地退出了司法审判的历史舞台。

而在理性主义传统的影响下，证据制度从非理性的神示证据制度到相对理性的法定证据制度、再到理性的现代证据制度的发展，却经历了十分漫长的过程。随着人类科学技术的发展和对世界认识能力的提升，大陆法系和英美法系的证据制度在13世纪开始走上了不同的发展道路。在大陆法系国家，随着纠问制诉讼模式的确立，神示证据制度逐渐为法定证据制度所替代。在法定证据制度之下，法律对各种证据的证明力预先作出规定，

---

[1] 郑飞："论理性主义传统中的威格莫尔证据法思想及启示"，载《中国刑事法杂志》2012年第11期。
[2] 张保生主编：《证据法学》，中国政法大学出版社2018年版，第95页。
[3] [美]哈罗德·J.伯尔曼：《法律与革命——西方法律传统的形成》，贺卫方等译，中国大百科全书出版社1993年版，第77页。

第一章　刑事证据法的二元主义传统

法官必须按照法定的标准而不是根据自己的判断认定案件事实。这表明在司法证明领域人类的理性认识能力已经逐渐取代了神明安排。尽管这种相对理性的证据制度将发现真相的责任赋予了法官，但仍然表现出对法官认识能力极大的不信任：它不是赋予法官对事实认定的自由裁量权而是反过来要求法官机械地遵守立法者所规定的严格的证明规则，从而非常容易将个别经验过度一般化，而这些严格的证明规则恰恰是对理性主义传统的背离。用约翰·杰克逊和萨拉·萨默斯的话来讲，这是"对理性主义的诅咒"（an anathema to the rationalist tradition）[1]。并且法定证据制度要求两个目击证人或一个口供的严格性，带来了严重的刑讯逼供问题。最终，这种相对理性的法定证据制度在启蒙思想家的批判下，被在法国大革命中建立起来的理性的现代证据制度取代。用塞耶的话讲，"先前通过暴力方法或对形式的机械遵从所进行的审判，而今已为理性方法审判所取代"。[2] 而这种理性的现代证据制度的建立，从某种程度上讲，应更多地归功于个人权利传统的影响，对此下文将进行详细的分析考证。

与大陆法系相比，英美法系从神示证据制度发展到现代证据制度则是一个渐进的过程。13世纪之后，英国的判例法制度慢慢形成，而英美法系中的各种证据规则就是由法官在司法判例中一个一个慢慢建立起来的。[3] 从某种程度上讲，"理性主义的核心原则（事实认定是概率性的，并且为了获得一个结论，事实认定者必须将他们自己的归纳方法适用于证据）在

---

[1] See John D. Jackson and Sarah J. Summers, *The Internationalisation of Criminal Evidence: Beyond the Common Law and Civil Law Traditions*, Cambridge University Press, 2012, p.16.

[2] [英]威廉·特文宁：《反思证据：开拓性论著》，吴洪淇等译，中国人民大学出版社2015年版，第36页。

[3] 最早的证据规则是有关盖章文书的终局性效力的规则；其次是与证人资格相关的规则，主要确立于16世纪；而免于自证其罪特免权则于17世纪才扎根于普通法，其来源最具争议的传闻规则，直到1600年之后才被牢固地树立起来。1794年，在对沃伦·黑斯汀斯的审判中，负责审理的伯克法官这样说道：证据法确实规定了一些事项，这是真的，但这些规定非常概括、抽象，所涉及的范围如此之小以至于他所认识的一只鹦鹉能够在半小时之内将它们背熟并在五分钟之内将它们复述完毕。参见Nance, Dale A. Nance, "The Best Evidence Rule", *Iowa' L. Rev.*, Vol.73, 1988, p.227.

盎格鲁-撒克逊传统中比在大陆法系传统中更容易找到它存在的方式"。[1]因为当时的经验主义大师洛克发展出了基于证人数量、内在完整性和与其他证据的一致性的证言评价标准,这些评价标准对后世英国证据法学者有着极大的影响。[2]但直到18世纪,英国的当事人主义审判程序也同样只是一种相对理性的裁判制度,对事实真相的匮乏仍然十分严重,这在郎本所描述的一次审判中展现得淋漓尽致。[3]从18世纪中叶开始,英美证据法学家们便开始在理性主义传统的基础上致力于证据法的系统化,经过一代代证据法学家(如吉尔伯特的最佳证据规则、边沁的反规范论、斯蒂芬的相关性原则、塞耶的可采性两原则等)的努力,到威格莫尔时代达到了巅峰,从而为20世纪的证据法法典化奠定了坚实的理论基础。最终以《美国联邦证据规则》的制定为代表,形成了颇具特色的现代英美证据制度。[4]

对于现代证据制度(不管是英美法系证据制度还是大陆法系证据制度),人们普遍都将它们视为是"理性的"证据制度。它们之所以是"理性的",是因为"理性的"争端解决方法应该是在争议性事实和法律问题的裁决上运用推理和论证来解决争端,而现代法院的诉讼解决机制运用的就是这样一种理性的审判和裁决方法。这种"理性的"证据制度被塞耶概括为:"法院通过衡量证词或其他证据的方法,在理性的天平上来决定任何问题,并像现在所决定的那样来决定讼争的问题。"[5]这种在证据的基础上,通过理性的推理和论证来探求事实的制度,就是现在所称的"证据裁判主义"。此外,现代证据制度的另一个典型特征是赋予了控辩双方的

---

[1] John D. Jackson and Sarah J. Summers, *The Internationalisation of Criminal Evidence: Beyond the Common Law and Civil Law Traditions*, Cambridge University Press, 2012, p. 16.

[2] See B. J. Shapiro, *Beyond Reasonable Doubt and Probable Cause*, Berkeley: University of California, 1991, p. 8.

[3] 在该案中,控方证人作证说,他们的确看到了两名被告在夜间的公路上抢劫,因为当天夜晚月明星稀。但是这两个没有代理律师的被告都宣称当晚下着雨且是漆黑一片。最终,法庭忽略了两名被告所提出的审查当晚是否下雨的提议,而陪审团则裁定这两名被告有罪。参见[美]兰博约:《对抗式刑事审判的起源》,王志强译,复旦大学出版社2010年版,第315页。

[4] 参见郑飞:"证据科学的研究现状及未来走向",载《环球法律评论》2015年第4期。

[5] [英]威廉·特文宁:《反思证据:开拓性论著》,吴洪淇等译,中国人民大学出版社2015年版,第37页。

对质权和交叉询问权,威格莫尔将它们称为"我们曾经发明的揭示事实真相之最伟大的法律引擎"。[1]

## 第二节 从理性主义传统到个人权利传统

### 一、个人权利传统的核心理念

正如上文所述,理性的现代证据制度(特别是大陆法系的证据制度)的建立应更多地归功于个人权利传统的影响,因为该制度是启蒙思想家在个人权利传统的基础上对相对理性的法定证据制度进行猛烈批判的过程中建立起来的。例如,贝卡里亚在他的《论犯罪与刑罚》中对法定证明制度发起了猛烈的攻击,并发展出一种替代性的道德证明理论,即证据的分量不能通过可以获得的证据的数量来评估,而是应该通过可以获得的相互独立的证据的数量来评估。[2]

尽管贝卡里亚采用的是功利主义的方法(最大多数人分享最大幸福)研究刑罚,但他对刑罚正当化的研究却是奠定在霍布斯、洛克和卢梭的社会契约论之上的。根据社会契约论,个人牺牲他们在"自然状态"下的部分自由共同组成了国家并制定了保护个人免受他人和国家侵犯的法律,以维持最大可能的自由。作为对国家和社会忠诚的报答,个人获得了限制他人行为自由的保护,并且获得了通过法律这种契约来限制国家权力滥用的保护。[3]贝卡里亚从社会契约论中推导出了三个结论:[4]第一个结论是,

---

[1] 参见[美]罗纳德·J. 艾伦、理查德·B. 库恩斯、埃莉诺·斯威夫特:《证据法:文本、问题和案例》,张保生、王进喜、赵滢译,满运龙校,高等教育出版社2006年版,第114页脚注4。

[2] 参见[意]切萨雷·贝卡里亚:《论犯罪与刑罚》,黄风译,北京大学出版社2008年版,第33-34页。

[3] 参见[意]切萨雷·贝卡里亚:《论犯罪与刑罚》,黄风译,北京大学出版社2008年版,第7-9页。

[4] 参见[意]切萨雷·贝卡里亚:《论犯罪与刑罚》,黄风译,北京大学出版社2008年版,第10-11页。

只有法律才能规定对犯罪的惩罚；这种权力只有代表通过社会契约建立起来的整个社会的立法者才拥有。第二个结论是，作为社会代表的主权者可能只是建构一般性法律，而不规定个人是否已经违反了社会契约论，这就意味着主权者将由法官自己来代表。因而就需要一个独立的第三方来裁判事实真相。第三个结论是，一旦对社会契约的违反行为即犯罪行为被公布以后，那么就必须有一个成比例的刑罚。"进一步的原则被贝卡里亚发展为在审判过程中保护被告人，包括需要很强的有罪证据比如要求一个道德上的确定性，以及在整个程序中被有尊严地对待，免于遭受暴力或对隐私权或他们的自治的不必要侵犯的权利，以及给予他们时间和手段来澄清他们是否清白的权利。程序的进一步特点是在审理和判决中应当有公众的参与，并且有罪证明应当公开以便公众能够看到由社会契约所提供的保护。"[1]

贝卡里亚这些刑事司法理念的核心在于个人在审判过程中不应被视为国家权力的客体，而应被当作诉讼主体来对待，因此必须重视刑事被追诉人在审判中的主体性权利。正是这样一种尊重刑事被告人个人权利的传统形塑了西方两大法系的诸多刑事证据规则，例如刑事被追诉人的主体性权利中就包含了诸多证据性权利，如无罪推定的权利、不得强迫自证其罪特权和沉默权、排除非法证据的权利、调查取证权、证据知悉权、作证特免权、与不利于己的证人当面对质和交叉询问的权利，等等。[2]

## 二、个人权利传统对刑事证据法的影响

贝卡里亚的上述刑事司法理念对现代刑事司法原则产生了极大的影响，几乎被美国《人权法案》和法国《人权宣言》完全接受，"二战"以后世界各国所达成的诸多人权文件也几乎都确认了这些原则，并且世界各

---

[1] John D. Jackson and Sarah J. Summers, *The Internationalisation of Criminal Evidence: Beyond the Common Law and Civil Law Traditions*, Cambridge University Press, 2012, p. 17.

[2] 证据性权利指"由证据法所规定的刑事被追诉人（犯罪嫌疑人或被告人）在广义司法事实认定（取证、举证、质证和认证）过程中所拥有的、与证据紧密相关的、用以对抗司法事实认定中各种风险的特殊诉讼权利"。参见郑飞：《证据性权利研究》，法律出版社 2019 年版，第 65-66 页。

国的立法也广泛地吸收了这些原则,从而使这些原则成为刑事证据法的普世性原则。特别是上文所述的刑事被追诉人主体性权利中的诸多证据性权利。

但可惜的是,这些原则在传统的对抗制和纠问制中却没有得到重视。例如,在18世纪的英国刑事司法审判中尽管已经出现了公开审判和陪审团,但是刑事被告人仍然在没有任何法律帮助的情况下被当作审判讯问的客体来对待。[1]而在法国大革命前的大陆法系审判中,法定证据制度的不合理性已经完全使被告人沦为了审判讯问的客体,而且审判是秘密的,只有裁判的宣告才是公开的。因此,法国大革命之后,法学家们的任务便是设计出与当时已经出现的理性主义传统和个人权利传统相适应的审判和证据制度。在法学家和立法者的共同推动下,当事人在审判程序中不再被视为审判讯问的客体,而是被当作主体来对待。也就是说,当犯罪行为被控诉时,法院不得不以公正地对待被告人利益和权利的方式作出裁决。

尽管普遍认为大陆法系制度更加注重对实体真实的追求,而英美法系制度更多地以双方当事人相互竞争的方式来追求程序真实,但19世纪以后,两大法系的刑事诉讼程序都已不再把事实认定的准确性和裁判的公正性作为法律制度所追求的唯一目标,它还必须考虑如何正当地对待当事人的利益和权利,[2]其中就包括当事人在事实认定过程中所享有的诸多证据性权利。

## 第三节 二元主义传统的核心要素和共享原则

### 一、二元主义传统的核心要素

在约翰·杰克逊和萨拉·萨默斯教授看来,"理性主义和个人权利传

---

[1] 参见[美]兰博约:《对抗式刑事审判的起源》,王志强译,复旦大学出版社2010年版,第11—13页。

[2] See John D. Jackson and Sarah J. Summers, *The Internationalisation of Criminal Evidence: Beyond the Common Law and Civil Law Traditions*, Cambridge University Press, 2012, p. 18.

统与程序设计无关,相反,它们还能够超越英美法系和大陆法系的制度划分而发展出一系列普遍的证据原则"。[1]也就是说,尽管两大法系在证据和程序规则方面存在诸多的差异,但不可否认的是,两大法系仍然共享着理性主义传统和个人权利传统。换句话讲,这两大传统已经深深嵌入了两大法系不同的制度模式之中。尽管事实认定的准确性和对被告人权利的尊重并不是刑事诉讼程序的唯一目的,但在19世纪的欧洲,它们已经在刑事程序的建构中扮演着十分关键的角色,以至于当时的欧洲几乎已经达成了这样一个共识,如果想提高刑事诉讼程序及其裁判的可接受性,那么这些新建构的刑事诉讼程序就必须包含理性主义和个人权利传统的核心要素和原则,即对真相、理性和公正的追求。[2]

然而,尽管大陆法系和英美法系在刑事证据法领域都共享着理性主义和个人权利的二元主义传统,但这并不代表两大传统之间就不存在着紧张关系。强调事实认定的理性主义传统有时可能与强调个人权利的纯粹人权相矛盾,理性主义传统中的一个巨擘边沁,就将权利比作"在高跷上的胡言乱语"(nonsense on stilts)[3]。但约翰·杰克逊和萨拉·萨默斯教授则认为,理性主义传统和以社会契约论为基础的个人权利传统之间的紧张关系,"能够通过将理性主义传统'转化'为'辩证的'(dialectic)证明理论,以及将个人权利理论'转化'为被告人的'制度性'(institutional)权利来消解"。[4]而且现今的诉讼程序已经出现了很大的变化,对抗制和纠问制的二分法已基本不再适合于解释现代诉讼和证据制度,因为对法律传统的过

---

[1] John D. Jackson and Sarah J. Summers, *The Internationalisation of Criminal Evidence: Beyond the Common Law and Civil Law Traditions*, Cambridge University Press, 2012, p. 14.

[2] John D. Jackson and Sarah J. Summers, *The Internationalisation of Criminal Evidence: Beyond the Common Law and Civil Law Traditions*, Cambridge University Press, 2012, p. 44.

[3] See J. Bentham, "An Examination of the Declaration of the Rights of Man and the Citizen Decreed by the Constituent Assembly in France", in J. Bentham, *Selected Writtings on Utilitarianism*, Ware: Wordsworth, 2000, p. 405.

[4] 关于理性主义传统和以社会契约论为基础的个人权利传统之间的紧张关系到底是如何被消解的,See John D. Jackson and Sarah J. Summers, *The Internationalisation of Criminal Evidence: Beyond the Common Law and Civil Law Traditions*, Cambridge University Press, 2012, p. 28.

度强调已经遮蔽了这些不同的法律制度所共享的认识论和价值论基础。这些共同的认识论和价值论基础就是深深扎根于理性主义和个人权利的二元主义传统核心处的原则,即对真相、理性和公正的追求。

直到21世纪的今天,我们仍然没有改变对这些核心原则的追求,它们仍然可以用来作为阐述刑事证据法的理论基础。这些核心原则被进一步发展为两大法系所共享的三个证据原则,即公正审判、武器平等和对抗性权利原则,它们在19世纪欧洲法学家的著作以及"二战"以后的世界性和地区性人权法律体系中都有明确的体现。[1]

## 二、二元主义传统的共享原则

对理性主义和个人权利的二元主义传统的历史梳理已经告诉我们,现代西方各国的刑事证据制度不可避免地共享着刑事证据法的二元主义传统。但直到"二战"以后,国际社会才有意识地去试图发现不同制度之间的共同基础,从而达成了诸多共识并签订了一系列国际公约。这些国际公约已经围绕着公正审判、武器平等和对抗性权利等共享原则发展出了一系列普遍的证据标准,而这些普遍的证据原则和标准正是理性主义传统和个人权利传统共同作用的结果。它们不仅能够为处理跨国和国际犯罪问题的普遍性政策提供指导,同时还能够为各国发展本国的证据制度提供指导。

(一) 公正审判原则

"尽管人权能够被个人自治的基本道德基础所正当化,但它也会被质疑,特定种类的权利比如公正审判的权利只能够在社会实践和政治制度充分发展时才能得到保障。因而,正如我们所看到的,在刑事程序背景中的辩护参与理念可能更适合被视为一个制度性权利或者在政治制度中更倾向于

---

[1] 参见约翰·杰克逊和萨拉·萨默斯教授的详细考证。John D. Jackson and Sarah J. Summers, *The Internationalisation of Criminal Evidence: Beyond the Common Law and Civil Law Traditions*, Cambridge University Press, 2012, p. 14.

平衡政府的防御措施,因此,公正审判的权利可能也同样更适合被视为一种制度性权利。"[1]而一般认为,审判公正包括实体公正和程序公正两方面的内容,其中程序公正即"过程公正,指诉讼程序方面体现的公正"。[2]而实体公正即"结果公正,指案件实体的结局处理所体现的公正"。[3]因此我们可以看出,程序公正和实体公正的内涵和标准都是相互独立的。但本章所要梳理的作为共享证据原则的公正审判原则,主要指的是程序公正里的部分内容,包括:保障刑事被追诉人的诉讼权利(包括证据性权利);严禁刑讯逼供和以其他非法手段取证;在审判程序中,控辩双方平等对抗,法庭居中审判;等等。当然,也包括实体公正中的犯罪事实存在疑问时应作出有利于被告人的处理的无罪推定原则等。因此可以看出,之所以将本章讨论的公正审判原则主要限定在程序公正中,是因为程序公正的内容更多地与证据制度相关。

程序公正"在英美法系国家称为正当程序(due process),其形式表现为合法性,其实质内容的核心则为尊重和维护程序人权,重点是尊重和维护当事人,特别是被追诉人的诉讼权利(包括证据性权利)"。[4]现在,程序公正理念或者公正审判原则已经借由国际人权标准的发展成为世界各国法律和国际法中的重要原则。在国际公法领域,公正审判原则首先在

---

〔1〕 John D. Jackson and Sarah J. Summers, *The Internationalisation of Criminal Evidence: Beyond the Common Law and Civil Law Traditions*, Cambridge University Press, 2012, pp. 77-78.

〔2〕 程序公正的"具体要求主要是:(1)严格遵守刑事诉讼法的规定。……(2)认真保障当事人和其他诉讼参与人、特别是犯罪嫌疑人、被告人和被害人的诉讼权利。(3)严禁刑讯逼供和以其他非法手段取证。(4)真正实现司法机关依法独立行使职权。(5)审前程序尽量透明,审判程序公开。(6)在审判程序中,控辩双方平等对抗,法庭居中审判。(7)按法定期限办案、结案。"参见陈光中主编:《刑事诉讼法》,北京大学出版社、高等教育出版社2012年版,第13页。

〔3〕 实体公正的"具体要求主要是:(1)据以定罪量刑的犯罪事实必须根据证据准确地加以认定,做到证据确实充分。(2)正确适用刑法,准确认定犯罪嫌疑人、被告人是否有罪及其罪名。(3)认定犯罪嫌疑人、被告人有罪或罪重在事实上法律上发生疑问的,应当从有利于被追诉人方面作出处理。(4)按照罪刑相适应原则,依法适度判定刑罚。(5)已生效的裁判得到合理有效的执行,使实体公正最后得以真正实现。(6)对于错误处理的案件,特别是无罪错有罪处理的案件,依法采取救济方法及时纠正、及时补偿。"参见陈光中主编:《刑事诉讼法》,北京大学出版社、高等教育出版社2012年版,第13页。

〔4〕 陈光中主编:《刑事诉讼法》,北京大学出版社、高等教育出版社2012年版,第158页。

《世界人权宣言》中得到了确认,但对该原则规定最为详细的要数《欧洲人权公约》第6条。[1]从该条可以明显地看出,西方两大法系现在已经开始共享一些重要的证据原则和证据性权利。例如,该条第2款就规定了刑事被追诉人最为重要的证据性权利,即无罪推定的权利,而该规定与《世界人权宣言》第11条第1款"凡受刑事指控者,在未经获得辩护上所需的一切保证的公开审判而依法证实有罪以前,有权被视为无罪"类似。但《欧洲人权公约》第6条比《世界人权宣言》第11条更进一步,因为它还以列举的方式规定了被告人的诸多最低限度权利,如被告知指控罪名性质和指控原因的权利、有充足时间和便利准备辩护的权利、获得律师帮助的权利、请求免费翻译的权利,等等。在这些最低限度的权利中,还包括了另外一种重要的证据性权利即质证权,即该条第3款第4项"询问不利于他的证人,并在与不利于他的证人具有相同的条件下,让有利于他的证人出庭接受询问"。

值得注意的是《欧洲人权公约》并没有要求成员方都建立规制可采性的特定规则,只是要求各国的证据程序作为一个整体是公正的。[2]但是,

---

[1]《欧洲人权公约》第6条:"1. 在决定某人的公民权利和义务或者在决定某人确定任何刑事罪名时,任何人有理由在合理的时间内受到依法设立的独立而公正的法院的公平且公开的审讯。判决应当公开宣布。但是,基于对民主社会中的道德、公共秩序或者国家安全的利益,以及对民主社会中的少年的利益或者是保护当事人的私生活权利的考虑,或者是法院认为,在特殊情况下,如果公开审讯将损害公平利益的话,可以拒绝记者和公众参与旁听全部或者部分审讯。2. 凡受刑事指控者在未经依法证明为有罪之前,应当推定为无罪。3. 凡受刑事指控者具有下列最低限度的权利:(1)以他所了解的语言立即详细地通知他被指控罪名的性质以及被指控的原因;(2)应当有适当的时间和便利条件为辩护作准备;(3)由他本人或由他自己选择的律师协助替自己辩护,或者如果他无力支付法律协助费用的,则基于公平利益考虑,应当免除他的有关费用;(4)询问不利于他的证人,并在与不利于他的证人具有相同的条件下,让有利于他的证人出庭接受询问;(5)如果他不懂或者不会讲法院所使用的工作语言,可以请求免费的译员协助翻译。"

[2] 尽管上述这些公正审判权利的描述方式可能更倾向于英美国家法律的描述方式,但《欧洲人权公约》第6条的最终文本却是欧盟内部英美法系国家和大陆法系国家协商妥协的产物。"一方面,最终的文本同意倾向于英美法系的方法,对权利的概念进行更加明确的界定,而不是像在《世界人权宣言》中采取的概括方式。另一方面,实施权利的欧洲人权理事会和人权法院的建立是大陆法系方法的胜利,虽然公约没有要求成员国家接受每一种个人权利令状或者欧洲人权法院的司法管辖权。"参见John D. Jackson and Sarah J. Summers, *The Internationalisation of Criminal Evidence: Beyond the Common Law and Civil Law Traditions*, Cambridge University Press, 2012, p. 81.

《欧洲人权公约》第6条所规定的公正审判原则以及诸多证据性权利必须被条约各成员方的国内法保障，而不管各成员方采取什么样的立法形式。因此《欧洲人权公约》所定义的公正审判原则现在不仅已被各成员方采纳，而且还被世界上绝大多数文明国家或多或少地吸收了，从而成为了一个普世性的证据和程序原则。

（二）武器平等原则

"欧洲人权理事会和人权法院并没有采用完全的对抗制程序来要求诉讼当事人控制整个证据的出示，而是在很早的时候就选择发展一个'武器平等原则'，这个古老的原则植根于英美法系和大陆法系传统之中。该原则被表达为给予每一方当事人在程序中'一个合理的机会来展示他的案件，在该案中他可以面对面地与他的对手质证'。"[1]在刑事诉讼中，武器平等原则附属于一个更为基本的诉讼原则，即控辩平等原则，"指在刑事诉讼中控辩双方的诉讼权利和诉讼义务应当基本对等，以保证辩方有相应的防御能力来对抗控方的指控"。[2]武器平等原则体现的就是控辩平等原则中的控辩双方诉讼权利义务对等。

正如上文所述，因为《欧洲人权公约》的性质，因此武器平等原则并不要求各国保障控辩双方的特定权利或程序机会，相反它要求保障控辩双方在实质程序上的平等，也即不仅要求在展示主张上的平等，而且还要求能够平等地出示证据。具体到《欧洲人权公约》第6条的规定，武器平等原则要求每一个被控刑事犯罪者都应享有该条第3款所规定的权利，包括被告人有处理所有由有权机关收集的相关信息的权利。这主要是因为控方享有从侦查权力中获得的相当大的便利，从而造成了控辩双方资源分配的不平等。而武器平等原则存在的目的就是要修正这种资源分配的不平等，从而达致一种程序机会平等，因而要求控方所掌握的这些侦查结果必须与辩方共享。

---

[1] 需要说明的是，武器平等原则是一个古老的自然法原则 *audi alteram partem* 的现代表达，它最初是由 St Augustine 建构的。参见 J. R. Lucas, *On Justice*, Oxford: Clarendon Press, 1980, p. 84.

[2] 吴卫军：《刑事司法的理念和制度》，中国检察出版社2004年版，第229页。

尽管武器平等原则被英美法系和大陆法系传统共享，但它并不是一个均衡适用于两大法系传统的理念。[1]在大陆法系，武器平等原则要求由法官或检察官收集的所有支持或反对被告人的证据都应该向被告人披露，这是被告人行使"对抗性权利"之前必须满足的一个条件。但是，这种证据披露的理念却并不那么容易被吸收进英美法系，因为英美法系强调双方当事人都可以收集或展示他们自己的证据，因此，除非制定法中的证据开示规则要求披露相关证据，否则当事人可以各自持有自己的证据而不是相互共享。但现在英国法已经承认了欧洲人权法院对第6条规定的解释，即该条所规定的公正审判原则要求公诉机关应该向被告人披露所有不利和有利于被告人的证据。[2]因而，现在整个欧洲的证据披露制度都已被《欧洲人权公约》及其欧洲人权法院的解释规制着，这就决定了公诉方的所有证据都需要向被告人披露。但约翰·杰克逊和萨拉·萨默斯教授经过研究却认为，尽管如此，在实践中，当前"欧洲的法律制度仍然既未能有效要求控方披露所有的实质证据，也未能给辩方提供适当的司法审查。而且，披露的义务只在案件已经侦查完毕时才起作用。当侦查正在继续时，控方则没有披露信息的义务"。[3]由此可见，要真正在两大法系中都实现武器平等原则，欧洲人权法院还有很长的路要走。

尽管武器平等原则与下文将要论述的对抗性权利原则有很大的关系，但是二者还是有相当大的区别的。因为武器平等原则仅要求当事人在获得信息上的程序机会平等，而对抗性权利原则则要求控辩双方的所有证据都必须在一个公开审判的对抗性辩论中相互展示和质疑，而且这些质疑还必须为事实认定者所考虑。因此，武器平等原则最好被理解为控辩双方在获得信息上的程序机会平等，主要针对的是证据开示等，而对抗性权利原则

---

[1] See John D. Jackson and Sarah J. Summers, *The Internationalisation of Criminal Evidence: Beyond the Common Law and Civil Law Traditions*, Cambridge University Press, 2012, p. 85.

[2] 欧洲人权法院对该条的解释，See *Edwards v. United Kingdom*, 16 December 1992, Series A no. 247-B.

[3] John D. Jackson and Sarah J. Summers, *The Internationalisation of Criminal Evidence: Beyond the Common Law and Civil Law Traditions*, Cambridge University Press, 2012, p. 85.

则要求包含听审权利的各种要素,[1]例如与反对自己的证人当面对质和交叉询问的权利等。

(三) 对抗性权利原则

对抗性权利原则已经得到了欧洲人权法院的判例法认可,即"对抗性权利原则在刑事案件中要求控方和辩方都应该被给予平等的机会知晓和评论由对方提交的证据和资料"。[2]尽管欧洲人权法院已经在判例中认定了当事人的对抗性权利,但它并没有将之描述成英美式的很大程度上由当事人控制审判程序的对抗制审判权利,而是试图将大陆法系的抗辩程序理念(une procédure contradictoire,该理念认为程序性事项应当赋予被告人提供相反证据和相反主张的机会)[3]和英美法系的对抗制审判理念融合起来。这种融合的结果就是对《欧洲人权公约》第6条辩护性权利的最佳解释。《欧洲人权公约》第6条规定了被告人有获得律师法律帮助的权利,有被告知与诉讼相关的所有信息的权利,有出庭审判并陈述主张和提交证据的权利,但是这些权利并不排除法官可以询问和传唤证人的权力。尤其是欧洲人权法院在一系列判决中对《欧洲人权公约》第6条第3款第4项的解释,已经明确指出,有罪判决不应该实质性地建立在被告人不能对其进行交叉询问的证人的陈述上。[4]这种解释对被告人的对质权和交叉询问的权利予以了充分保护。

欧洲人权法院关于对抗性权利原则的解释,现已为该公约的各成员国所接纳,尤其是那些传统的大陆法系纠问制国家。例如,法国上诉法院就认为《欧洲人权公约》第6条第3款第4项要求审判法院给予被告人要求

---

[1] See John D. Jackson and Sarah J. Summers, *The Internationalisation of Criminal Evidence: Beyond the Common Law and Civil Law Traditions*, Cambridge University Press, 2012, p. 86.

[2] John D. Jackson and Sarah J. Summers, *The Internationalisation of Criminal Evidence: Beyond the Common Law and Civil Law Traditions*, Cambridge University Press, 2012, p. 86.

[3] See M. Damaska, "Evidentiary Barriers to Conviction and Two Models of Criminal Procedure: A Comparative Study", *University of Pennsylvania Law Review*, Vol. 21, 1973, pp. 506-561.

[4] 转引自 John D. Jackson and Sarah J. Summers, *The Internationalisation of Criminal Evidence: Beyond the Common Law and Civil Law Traditions*, Cambridge University Press, 2012, p. 87.

传唤和询问证人的权利,除非该证人明显不能出席,或者他的证言是不相关的,或者被告人已经在先前的程序中有一个适当的机会与证人对质和询问证人,或者存在恐吓和报复证人的重大风险,等等。[1]再如,意大利1988年修订的《意大利刑事诉讼法》也明确规定了《欧洲人权公约》所确立的这些原则,修改后的《意大利宪法》第111条也规定每次审判都应当给予双方当事人在一个公正的法官面前,平等地提出与不利于己的证据相反的证据和相反的主张的权利。[2]

尽管欧洲人权法院已经强调了对对质权和交叉询问权的保护,但它同样没有将任何普通法的概念(如可采性和传闻等)强加于各成员国,也就是说这种对抗性权利的保护模式并没有完全实行英美对质权和交叉询问的模式。英美法系强调当事人在法庭审判中拥有对质权和交叉询问的权利,这在美国是由宪法第六修正案中的对质权和《美国联邦证据规则》规则801-807中的传闻规则所保障的。而欧洲人权法院对《欧洲人权公约》第6条第3款第4项的解释却认为,只要被告人在刑事程序的某个阶段比如侦查阶段获得了交叉询问不利于己的证人的机会,那么即使在审判中该证人没有出庭,被告人无法在庭审中行使对质权和交叉询问权,证人的书面证言也应该被采纳。因为被告人在审前已经行使了自己的对质权和交叉询问权,因此这种情况并不违反第6条第3款第4项的规定。这种解释实质上是欧洲人权法院作出的一种妥协,以使对抗性权利的保护更能为大陆法系的抗辩程序理念所接受,而不是赋予被告人英美式的对质权和交叉询问权。[3]这种妥协的原因在于英美法系没有设置受司法控制的审前程序,而大陆法系则设置了这样的程序——在该程序中,证人可能会接受被告人的对质和交叉询问。这表明尽管两大法系在程序设置上存在很大程度的不

---

[1] See J. Pradel, "France", in C. van den Wyngaert (ed.), *Criminal Procedure Systems in the European Community*, London: Butterworths, 1993, p. 120.

[2] 转引自 A. Perrodet, "The Italian System", in M. Delmas-Marty and J. Spencer (eds.), *European Criminal Procedure*, Cambridge University Press, 2002, pp. 348, 368-369.

[3] See J. Spencer, "French and English Criminal Procedure: A Brief Comparison", in B. S. Markesinis (ed.), *The Gradual Convergence*, Oxford: Clarendon Press, 1994, p. 33.

同，但它们仍然共享了对抗性权利原则，即要求在刑事程序中与反对自己的证人进行对质并有权对其进行交叉询问。由此可见，该原则已经被欧洲人权法院在英美法系和大陆法系之间稳定地建立起来，获得了超越国界的认可。

此外，该原则也存在一些共同的例外，即并不是所有证人都需要根据被告人的请求，按照《欧洲人权公约》的公正审判标准接受被告人的对质和交叉询问。也就是说，欧洲人权法院也会考虑一些例外情况，比如证人失踪了，或者证人在审判时已经过世了，或者证人拥有作证特免权，或者存在恐吓和报复证人的重大风险，等等。为了弥补这些情况对当事人对抗性权利的侵害，欧洲人权法院采取了一些补偿性的保障措施，比如，法官在庭审前基于特殊情况已经询问过证人，或者被告人已经有一个机会观察到证人的作证行为，或有机会对证人的可信性提出质疑。现在，这些例外情况和补偿性保障措施已经为各成员方所共享。[1]

上述三个共享证据原则即公正审判、武器平等和对抗性权利原则，已经被欧洲人权法院根据《欧洲人权公约》第6条稳定地建立起来，获得了超越国界的认可。这三个证据原则的适用跨越了大陆法系和英美法系的鸿沟，使得刑事证据法的二元主义传统适应了不同的法律传统、法律制度和程序设置，共同体现了二元主义传统对真相、理性和公正的追求。

## 第四节 二元主义传统与刑事证据法的重塑

正如上文所述，在西方两大法系法律制度不断融合的今天，经由诸多国际刑事审判机构的不断发展，"理性主义"和"个人权利"的二元主义传统已经深深嵌入两大法系的刑事证据法之中，体现为对真相、理性和公正的追求，并被进一步发展为两大法系所共享的公正审判、武器平等和对

---

[1] See B. Emmerson, A. Ashworth and A. Macdonald, *Human Rights and Criminal Justice*, 2nd ed., London: Sweet & Maxwell, 2007, pp. 5-128.

抗性权利原则,从而最终形塑了诸多现代刑事证据规则。然而在中国,源自西方两大法系并经过"改良"的刑事证据规则,却并没有很好地促进准确的事实认定和刑事被告人的权利保障,相反却造成了冤假错案频现的"怪现状"。因此,有必要从二元主义传统的角度来反思和重塑我国的刑事证据法。

## 一、证据性权力与作为信息规制机制的证据法

现代英美证据法是英美证据法学者在理性主义传统的影响下,对普通法中零散的证据规则进行融贯性研究和体系化梳理的结果。[1]英美证据法(特别是美国证据法)一般都将证据的收集、证明标准与证明责任等内容排除出证据法,而仅仅限缩为以证据的可采性为中心的规则体系,被称为"自由证明的例外",其核心功能在于为了求真和求善的目的,而规制进入法庭审判的证据信息。用戴维·伯格兰的话讲,证据法"是一个规制在法律程序中向事实裁判者提供信息的规则体系"。[2]如果摒弃"英美法系关于证据法和程序法的区分以及大陆法系不存在所谓的证据法"这种传统观点,而对证据法采取一个更加宽泛的定义,即证据法是规制广义司法事实认定(取证、举证、质证和认证)过程的法律规范,那就意味着这种宽泛的证据法定义能够在两大法系中找到起着类似功能的对应规则和原则,尽管这种对应规则和原则的形式各异。因为"任何裁判制度都必须有一些证据和证明规则"。[3]即使是历史上公开反对证据法而支持自然证明制度的著名法学家边沁也认为,为了裁判制度得以有效地运行,也必须存在某些

---

[1] 按照威廉·特文宁教授等人的观点,在英美证据法研究史上曾先后出现过四种具有代表性的为证据规则提供统括性原则的尝试:吉尔伯特的最佳证据规则、边沁的"反规范论"、斯蒂芬的相关性原则、塞耶的可采性原则。See Terence Anderson, David Schum and William Twining, *Analysis of Evidence*, 2nd ed., Cambridge University Press, 2005, p.290.

[2] [美]戴维·伯格兰:"证据法的价值分析",张保生、郑林涛译,载何家弘主编:《证据学论坛》,法律出版社2007年版,第244页。

[3] John D. Jackson and Sarah J. Summers, *The Internationalisation of Criminal Evidence: Beyond the Common Law and Civil Law Traditions*, Cambridge University Press, 2012, p.11.

特定的证据规则。[1]例如询问证人的规则、有关证明标准和证明责任的规则等。同样地,以证据排除规则为核心的英美证据法也可以在大陆法系找到某些对应物。例如,在大陆法系国家刑事诉讼法典的某些章节中也能找到实际上发挥着证据排除功能的规则,如作证特免权[2]、证据禁止制度,等等。还有学者指出,"将排除规则视为英美证据法的特色,是明显被夸大了,因为排除规则中只有一小部分真正是英美法系所特有的……为了与事实真相的追求无关的诸多价值而排除有证明力之信息的诸多规则显然不是英美法系所特有的"。[3]因此,正如罗纳德·J. 艾伦教授所言:"任何诉讼或争端解决制度都有大量的排除规则。实际上,所有证据规则和许多程序规则都规定了什么能够在法庭上出示。所有这类规则都区分了什么可采和不可采以及证据排除的可能后果。"[4]总之,不管采用现有的何种证据法定义,它的传统核心功能都没有变化,都是为了求真和求善而对进入法庭审判的证据信息进行规制,当然这种信息规制还包括法官对证据的评价或者审查判断。[5]也就是说,大陆法系与英美法系一样,其证据制度几乎都是对证据能力或者可采性的规制,而甚少对证据的证明力进行严格规制,采取的是近乎完全的自由心证,究其本质都是对进入法庭的证据信息进行法律规制,体现了理性主义传统的核心要素。

而中国证据规则的一个典型特征则是体系化思维的匮乏,主要问题有两个:一是系统完备的证据规则体系尚未形成,二是现行证据规则存在着

---

[1] 对边沁的"反规范论"的讨论, See W. Twining, *Theories of Evidence: Bentham and Wigmore*, London: Weidenfeld & Nicolson, 1985, p. 21.

[2] 德国法关于作证特免权的类似规定参见《德国刑事诉讼法典》第55条,类似的规定还存在于奥地利(《奥地利刑事诉讼法典》第152条)、瑞士的许多自治区以及采用德国民事诉讼和刑事诉讼模式的那些中欧国家。转引自[美]米尔建·R. 达马斯卡:《漂移的证据法》,李学军等译,何家弘审校,中国政法大学出版社2003年版,第16页。

[3] [美]米尔建·R. 达马斯卡:《漂移的证据法》,李学军等译,何家弘审校,中国政法大学出版社2003年版,第16-17页。

[4] [美]罗纳德·J. 艾伦:"排除规则的困难",郑飞、强卉译,张保生校,载《证据科学》2012年第6期。

[5] 对证据评价的详细阐释,参见樊传明:《证据评价论——证据法的一个阐释框架》,中国政法大学出版社2018年版。

理念缺失、内容重复、逻辑混乱和适用不统一等问题。[1]与立法的体系化思维匮乏相比,学界对证据法体系化的反思则成果相对比较丰硕,许多学者都提出了自己的证据法理论体系。比如,易延友教授在深入研究英美证据法之后认为应该建立以可采性规则为中心的证据法体系,[2]张保生教授提出的"一条逻辑主线、两个证明端口、三个法定阶段、四个价值支柱"的证据法体系,[3]等等。但需要注意的是,上述这些理论都是对进入法庭审判的证据信息进行规制,都有一个共通问题:重视对法官事实认定权力的规制与强化,但却很大程度上忽视了对被追诉人有效对抗司法事实认定过程中各种风险的权利保障与刑事证据法的个人权利传统相悖,从而造成了证据规则领域的"高标准立法、普遍性违法与选择性司法"。所谓高标准立法其实是伪高标准立法,体现在两个方面:一是过度地赋予法官极大的自由裁量权,却没有规定法官违法的相应后果,导致出现公安司法机关工作人员滥用权力的普遍性违法现象;二是既较少赋予被追诉人对抗事实认定各种风险的证据性权利,又没有规定完善的侵犯这些证据性权利的救济机制和法律后果。由此可见,司法事实认定中的信息规制主要展现出一种权力化的取向,呈现出为了实现准确地认定事实而强化对法官事实认定权力的规制趋势。

与被追诉人的证据性权利类似,我们也可以把法官事实认定的权力称为证据性权力。这种强化证据性权力的信息规制权力化取向,在中国证据法中展现得淋漓尽致,以证人出庭作证和侦查人员出庭作证表现最为明显。

首先,证人出庭作证方面。2018年《刑事诉讼法》第192条规定:"公诉人、当事人或者辩护人、诉讼代理人对证人证言有异议,且该证人

---

[1] 对这两个问题的详细论述,See Baosheng Zhang & Fei Zheng, "Reforming the Criminal Evidence System in China", *Asian Journal of Criminology*, Vol. 9, No. 2, 2014, pp. 103-124.

[2] 参见易延友:《证据法的体系与精神——以英美法为特别参照》,北京大学出版社2010年版,序第3页。

[3] 参见张保生主编:《证据法学》,中国政法大学出版社2018年版,第3版前言第3页。

证言对案件定罪量刑有重大影响,人民法院认为证人有必要出庭作证的,证人应当出庭作证。人民警察就其执行职务时目击的犯罪情况作为证人出庭作证,适用前款规定……"该条规定关于证人出庭的条件有三个,一是控辩双方有异议,二是对案件定罪量刑有重大影响,三是人民法院认为有必要。这种规定背后反映的实质仍然是赋予法官更多的信息规制的证据性权力:证人出不出庭由法官说了算,而没有赋予被告人有效的对质权,即如果没有满足被告人与反对自己的证人当面对质并对其交叉询问的权利,那么该证人证言就不得作为定案的根据。此外,该法第193条第1款规定:"经人民法院通知,证人没有正当理由不出庭作证的,人民法院可以强制其到庭,但是被告人的配偶、父母、子女除外。"这里只规定了近亲属免于强制出庭作证的权利,却没有赋予近亲属在侦查和起诉阶段免于向公安机关和检察机关作证的权利,这实际上仍然是一种信息规制的权力化体现。

其次,侦查人员出庭作证方面。2012年《刑事诉讼法》第57条[1]规定:"……在对证据收集的合法性进行法庭调查的过程中,人民检察院应当对证据收集的合法性加以证明。现有证据材料不能证明证据收集的合法性的,人民检察院可以提请人民法院通知有关侦查人员或者其他人员出庭说明情况;人民法院可以通知有关侦查人员或者其他人员出庭说明情况。有关侦查人员或者其他人员也可以要求出庭说明情况。经人民法院通知,有关人员应当出庭。"这里赋予了检察院申请侦查人员出庭的权力,法院也可以自行依职权通知,甚至侦查人员自己也可以主动要求出庭作证,但却唯独没有赋予辩方申请侦查人员出庭作证的权利。"在证据合法性调查程序中,检控方负有证明义务,辩护方拥有主张权利。如果没有启动权,辩护方关于存在非法取证行为的主张就无法提供证据而得到证明,同时也剥夺了其对侦查人员质证的权利。"[2]这显然有违公正审判原则,无法实现控辩平等,其信息规制的权力化倾向非常明显。尽管2017年

---

[1] 2018年修正时并未修改此条,仅变更了条文顺序,即第59条。
[2] 张保生主编:《证据法学》,中国政法大学出版社2014年版,第306页。

"两院三部"《关于办理刑事案件严格排除非法证据若干问题的规定》第27条作了新规定:"被告人及其辩护人申请人民法院通知侦查人员或者其他人员出庭,人民法院认为现有证据材料不能证明证据收集的合法性,确有必要通知上述人员出庭作证或者说明情况的,可以通知上述人员出庭。"但是,该规定的刚性显然不足,既然"确有必要",就应是"应该通知",而非"可以通知",这才能真正有利于维护辩方申请排除非法证据的权利。

## 二、证据性权利与作为风险防控机制的证据法

近来,有着"证据法学界的德沃金"之称的亚历克斯·斯坦在其专著《证据法的根基》中,试图为证据可采性规则、证明责任和证明标准提供新的基础原理,以区别于传统将证据规则描述为自由证明的零散和孤立的例外的理论。[1]他对证据法的核心功能提出了一种新解释,笔者称之为"错误风险防控理论",即证据法的关键功能是通过促进真相的发现和减少事实认定程序的成本来减少错误风险,并在不确定条件下分配错误风险。尽管这样一种研究进路是近来英美证据法基础理论的革新性道路,但笔者认为他只重视事实认定中的认识论风险,即错误风险,而忽视了在事实认定过程中还存在除此之外的其他多种风险:[2](1)诉讼成本增加的风险,比如多次证据开示、出示重复证据、重复和多头鉴定等;(2)侵权的风险,即在广义的事实认定过程中的侵权风险,比如在侦查和审查起诉阶段通过侵犯宪法或法律上的基本权利进行的非法取证,法官在事实认定过程中剥夺被告人的对质权,等等;(3)伦理的风险,尤其是追求事实真相将面临牺牲特定社会关系(近亲属、律师与委托人、牧师与信众、医生与患者)的风险。

沿着亚历克斯·斯坦教授所开拓的风险理论研究进路继续前进,通过识别上述这些风险,笔者认为证据法的主要功能应该是司法事实认定

---

〔1〕 参见〔美〕亚历克斯·斯坦:《证据法的根基》,樊传明等译,中国人民大学出版社2018年版,英文版序言第15页。

〔2〕 参见郑飞:《证据性权利研究》,法律出版社2019年版,第23-40页。

过程的风险防控,也就是各种风险的预防和控制,或者说证据法就是"减少风险—分配风险"的有效证据机制。这种"司法事实认定风险防控理论"[1]几乎可以解释所有的证据规则,所有的证据规则都可以在"减少风险—分配风险"的理论框架下进行解释。比如,传闻规则旨在减少传闻易于失实的风险,非法证据排除规则旨在降低侵犯公民基本权利的风险,特免权规则旨在避免牺牲特定关系的风险,等等。再比如,只规制证据可采性的《美国联邦证据规则》的基础理论体系(塞耶+摩根的理论)所无法包含的证明力规则和原则(如证明标准和证明责任,证据补强规则等),这些证明力规则和原则本身就内在地包含着"减少风险—分配风险"的机制。[2]

因此,笔者认为证据法其实就是规制如何减少和分配事实认定中各种风险的规则和原则体系而已,区分内部规则和外部规则并不是区分证据法还是非证据法的关键标准,因为事实认定中各种风险总是搅和在一起的,并不能截然分开。根据这种定义,笔者认为证据法的体系可以分为三类规则和原则:第一类是通过促进事实认定的准确性来减少错误风险的纯粹认识论规则和原则;第二类是求真的认识论与求善(包括求效)的价值论竞争与权衡的规则和原则,是为了解决经济、侵权和伦理风险而设置的规则;第三类就是错误风险不可避免时进行错误风险分配的政治与道德考量的价值论规则和原则。

如果将"司法事实认定风险防控理论"进一步展开,这种规则和原则体系背后的本质,其实就是减少和分配事实认定中各种风险的公权力与私权利的分配问题。对于这个问题,笔者认为应该区别对待,有些应该是属于立法者的权力(比如证明责任的分配规则和原则等),有些应该是司法者的自由裁量权(比如减少事实认定成本的平衡检验规则),而另一些则是刑事被追诉人用来对抗容易扩张和滥用的立法权和司法权,以及司法事

---

[1] 囿于篇幅,对该理论的相关问题并未详细展开,随后将另行撰文进行细致研究。
[2] 参见[美]亚历克斯·斯坦:《证据法的根基》,樊传明等译,中国人民大学出版社2018年版,中文版序言第3页。

实认定中各种风险的证据性权利。[1]或者换一个角度讲，这种规则和原则体系背后的实质就是事实认定中公权力与公权力、公权力与私权利、私权利与私权利之间的分配问题。

由此可见，如果把证据法视为防控司法事实认定过程中各种风险的有效机制，那么如何防控风险就是证据法的核心问题。对此有两个面向：一是证据规则的权力化：如何规制和保障法官的证据性权力，以促使其更好地减少和分配司法事实认定中的各种风险。二是证据规则的权利化：如何保障诉讼双方的证据性权利，以使其能够有效对抗司法事实认定中各种不利于己的风险，保障自己的合法权益。这两个面向是相辅相成、缺一不可的。但传统上作为信息规制机制的证据法，却更多地重视如何规制和保障法官采纳、排除和评价证据的权力，极大地忽视了在司法事实认定风险防控过程中本应起重要作用的当事人对抗各种风险的证据性权利。换句话来讲，是对理性主义传统重视有余，而对个人权利传统的重视不够，我国有关证据的制度现状就是此类情形的典型例证。

### 三、重塑证据法的一种可能路径：证据规则权利化

由此可见，证据规则的权利化或许是重塑证据法，使证据规则和原则真正得以落实的一种可能路径，尤其是在我们国家刑事诉讼相关法律和司法解释中，已经有了众多的证据规则。但是这些规则在司法实践中却往往没有得到很好的贯彻，例如公安司法机关工作人员侵犯刑事被追诉人证据性权利却未见相应法律后果的现象经常发生，法官不顾证据规则明里暗里地采纳或排除证据的现象也非常普遍，因此亟须赋予被告人更多的证据性权利来对抗公权力，对抗事实认定中的各种风险。

以非法证据排除规则的权利化为例，其是解决非法证据排除难的有效

---

[1] 对当事人应当被授予对抗风险的权利（rights against risk）的详细论证，See Larry Alexander, "Are Procedural Rights Derivative Substantive Rights?", *Law & Phil.*, Vol. 17, 1998, p. 19. 转引自[美]亚历克斯·斯坦：《证据法的根基》，樊传明等译，中国人民大学出版社2018年版，第16页。

路径。美国非法证据排除规则的目的在于防止警察通过侵犯个人的宪法权利而获取证据;欧洲人权法院禁止在法庭上使用非法证据的目的则是为了保障被告人的公正审判权利;但中国非法证据排除规则的目的则并非主要为了保障刑事被追诉者的基本权利或公正审判权利,而主要是通过排除虚假证据来保障案件的实体真实,进而防止冤假错案的产生。[1]此种理论基础决定了中国非法证据排除规则存在严重问题:第一,保障案件实体真实的目的决定了中国非法证据排除规则的建构模式是根据证据种类、非法方法等来分别建构规则,例如易于失实的言词证据应绝对排除,真实性比较有保障的实物证据则采取相对排除原则,而且司法解释还不断列举增加新的非法方法。但实践证明此种规则建构模式并不利于刑事被追诉者基本权利的保障,而且还容易存在权利保障的漏洞,同时非法方法也是无法列举穷尽的。第二,保障案件实体真实的目的还决定了中国非法证据排除规则并没有将刑事被追诉者视为诉讼的主体。最明显的例子就是上文所述未赋予辩方申请侦查人员出庭作证的刚性权利。当然,中国非法证据排除规则保障案件实体真实的初衷和目的所导致的问题远不止于此。要想解决上述一系列问题,我们必须首先以公正审判权利保障理论重塑中国非法证据排除规则的理论基础,将非法证据排除规则权利化;其次,我们应根据非法证据排除规则所保障的权利类型来分别建构规则,以解决权利保障遗漏的问题;再次,基于公正审判权利保障理论,我们应将刑事被追诉者视为非法证据排除程序的诉讼主体而不是诉讼客体,将排除非法证据视为刑事被追诉者的一项基本的证据性权利,从而在非法证据排除程序的设计中赋予刑事被追诉者更多的证据性权利,以保障控辩双方平等对抗,实现审判的公正性。

再以对质的权利化为例,其是解决证人出庭难的根本之道。尽管2012

---

[1] 对这种目的的理论、历史和实证考察,参见何家弘:"适用非法证据排除规则需要司法判例",载《法学家》2013年第2期;易延友:"非法证据排除规则的中国范式——基于1459个刑事案例的分析",载《中国社会科学》2016年第1期;郑飞、樊传明:"论中国非法证据排除规则的未来——以内部结构和运行环境为切入点",载《西北大学学报(哲学社会科学版)》2013年第4期。

年《刑事诉讼法》[1]修正时增加了强制证人出庭作证、增强对证人的保护等规定，但刑事审判中证人出庭率并没有显著增加，庭审实质化仍然道远且阻。其原因在于此次刑事诉讼法修改的思路仍然是证据规则权力化，而忽略了证据规则权利化的面向。正如熊秋红教授经过研究发现，"在我国，确立对质权，保障被告人对不利于己的证人进行当庭质证、要求有利于己的证人强制性出庭，有利于促进审判的实质化和加强审判的公正性，其现实意义十分明显。在我国刑事证人作证问题中，证人出庭率低不是问题的关键，对质权没有得到保障才是刑事审判中真正问题之所在。以确立对质权解决证人出庭问题，应当成为改革和完善我国刑事证人作证制度的基本思路……以法律的正当程序、公正审判权为依托的对质权，为我国刑事证人作证制度的未来走向以及具体规范提供了强有力的理论支持，也为我国刑事审判程序的改革提供了更加广阔的视野"。[2]推而广之，我国今后刑事证据规则的修改完善应该更加重视法律的正当程序和被告人的公正审判权，进一步强化证据规则的权利化面向，这才是解决司法实践中诸多问题的关键所在。总而言之，"理性主义"传统和"个人权利"传统二者不可偏废，它们共同构成了刑事证据法的坚实基础。

---

[1] 2018年《刑事诉讼法》修正时并未修改相关证据制度。
[2] 熊秋红："刑事证人作证制度之反思——以对质权为中心的分析"，载《中国政法大学学报》2009年第5期。

# 第二章　理性主义传统中的威格莫尔证据法思想[1]

正如牛顿所言,"如果说我比别人(笛卡尔)看得更远些,那是因为我站在巨人肩上的缘故",而威格莫尔同样也是站在近两三百年以来的英美证据法学者的肩上——在充分借鉴和吸收他们研究成果的基础上,通过他自身的努力,才能有如此成就,才能被尊称为"英美证据法学的集大成者"。而对英美证据法学理性主义传统的考察,可以更加深入地理解威格莫尔的证据法学思想。

## 第一节　前威格莫尔时代的证据法学

### 一、1800年之前的证据法学

"证明问题同法律本身一样古老而又无处不在"[2],但真正致力于证据和证明问题的深入研究,才仅仅只有两三百年的历史而已。因为在1800年以前,英国的证据规则还处于萌芽阶段。在证据规则如此匮乏的年代,几乎没有"将证据法作为一门明确而独立的学科进行系统论述"的著作就不足为怪了。

英美证据法学史上第一部重要的著作当然要数吉尔伯特的《证据法》。吉尔伯特极力主张将证据规则以一个单独的原则——"最佳证据原则"加以概括。他认为,与证据相关联的第一个同时也是最重要的规则就是,必须有

---

[1] 本章原载《中国刑事法杂志》2012年第11期,本书出版时做了部分修改。
[2] William Twining, *Rethinking Evidence: Exploratory Essays*, Northwestern University Press, 1994, p. 37.

与事实相符的最佳证据规则；法律的设计就是要朝向达到刚性的确定性，而没有与事实相符的最佳证据规则也就没有该事实的确定性。[1]吉尔伯特的《证据法》在引领学界50年之后，遭到了边沁的猛烈批评。边沁认为，法律文书这种所谓的"最佳证据"恰恰是最不可靠的，因为制作记录的官员乃是凡人，其记录很可能是谎言与真理的混合物，因此其记录的可靠性也应当按照与其他人一样的标准来判定。[2]对于试图提供一个融贯且以原则为出发点的证据理论的第一次认真尝试，边沁的批评可能显得过于苛刻了。

在1800年之前，"无论是专门性著作，还是那些将证据法作为某些更大主题之一部分而特别倾注心力的作品，都未能以一种系统的方式来论述这一学科。即便是到当时为止最为系统的吉尔伯特的论著，也比一本将案例收集在一些凝练的、松散地联结在一起的抽象命题之下的案例摘要好不了多少。正如一些二手文献所反映的，在伯克法官著述的那个时代，的确有一些理由来相信证据法应该被视为一门'非学科'（non-subject）"。[3]

## 二、19世纪上半叶的证据法学

在19世纪上半叶，出现了为实务者撰写的一系列实务参考著作，[4]但这些著作对证据法的发展基本没有什么大的影响。而这一时期为证据法学的发展作出最重要贡献的要数边沁，在边沁所有的著作当中，《司法证据原理》无疑是最卷帙浩繁且最为重要的。边沁的《司法证据原理》以及其他证据法著述，代表着证据法律思想史上最雄心勃勃，也最充分发展的证据和证明理论。首先，他的证据和证明理论明确而完全地与一种裁判理

---

[1] See Peter Murphy, *Evidence, Proof, and Facts: A Book of Sources*, Oxford University Press, 2003, p. 41.

[2] See Jeromy Bentham, *Introductory View of the Rationale of Evidence: For the Use of Non-Lawyers as Well as Lawyes*, Thoemmes Press, 1995, p. 143.

[3] See William Twining, *Rethinking Evidence: Exploratory Essays*, Northwestern University Press, 1994, p. 38.

[4] 包括托马斯·皮克于1801年出版的《证据法概要》，以及勒尼德·马克纳利于1802年出版的《王室诉讼证据规则》等一系列实务参考著作。

论融合在一起，这种裁判理论反过来成为一种普遍的宪法理论的一部分，并最终成为一种普遍的法律理论的一部分；其次，边沁在证据方面的论述，代表着对功利主义原则的一种直接而且相对简明的应用；最后，边沁在证据方面的论著，包含了他对于认识论和心理学以及范围相对小一些的逻辑学的一些最为广泛的讨论。[1]

除边沁之外，这一时期著名的证据法学家还有伊文斯、菲力浦、格林列夫等人。[2]虽然他们为证据法的发展作出了重要贡献，但对于为证据法建构一个融贯的学科架构和基础，却没有什么实质或重大的影响。

### 三、19世纪下半叶的证据法学

十九世纪中叶以后，美国学者开始逐渐在证据法学中占据统治地位。[3]但有一位重要的英国作者在此不得不提：斯蒂芬爵士。他几乎是独自一人起草了1872年的印度证据法，该法被广泛承认为一部浓缩的杰作，时至今日依然在印度适用。但当他试图为英国也创造一部类似的证据法时，该法案却没有获得议会通过。在这次失败之后，斯蒂芬开始专注于证据法的理论研究，于1876年出版的《证据法概要》一书就是他丰硕成果的杰出代表。[4]

该书主要有两个目标：第一个目标是在证据法与程序法、实体法之间做一个尽可能清晰的分割，将其他证据法学家们曾经处理过的大量属于程

---

〔1〕 See William Twining, *Rethinking Evidence*: *Exploratory Essays*, Northwestern University Press, 1994, pp.42-43.

〔2〕 伊文斯于1806年首先将法国的证据法翻译成英文，并在英译本中附了一份长长的评论，该评论甚至超过了译本的长度。其主要贡献则是首次区分了证据的可采性和证据的证明力这两个概念。威格莫尔盛赞其作品为划时代的产物。此后，菲力浦在1814年出版的证据法著作中，将主要精力集中于证人的资格、证人出庭以及文书领域。1942年格林列夫出版了《证据法论要》一书，这是一本一般性地阐述英美证据法原理的著作。参见易延友：《证据法的体系与精神——以英美法为特别参照》，北京大学出版社2010年版，第22-23页。

〔3〕 这股趋势以上述的格林列夫作为开端，由塞耶和威格莫尔加以强化并且由坎布莱尼、摩尔、摩根、马圭尔、麦考密克及其他人所延续。

〔4〕 See William Twining, *Rethinking Evidence*: *Exploratory Essays*, Northwestern University Press, 1994, pp.56-58.

## 第二章 理性主义传统中的威格莫尔证据法思想

序法和实体法的材料都排除在外。这不仅令他对证据法做了一个简洁的陈述，而且也为证据法赋予了一个融贯的理论基础。[1]斯蒂芬的第二个目标是试图用一个单一原则"相关性规则"来统领证据法。在长达一百多年的时间里，吉尔伯特对"最佳证据规则"系统化表述的幽灵一直困扰着证据法的阐述。而斯蒂芬提供了一个新的开端，用密尔取代洛克来作为哲学起点，用"相关性规则"取代"最佳证据规则"作为统一性原则。[2]斯蒂芬的统一性原则同样遭到了抵制，但是鉴于吉尔伯特的努力已经产生了一些危害，斯蒂芬激励他的一些批评者去对证据法的一些基本概念作出一些重要的澄清，而且他的一些直接继承者，尤其是塞耶、威格莫尔和坎布莱尼也试图将证据法压缩成以合理性原则为基础的秩序。[3]

而在这一时期的美国，随着1874年塞耶被任命为哈佛的罗亚尔法学教授，证据法学的新时代来临了。在其加入哈佛不久，塞耶便下定决心要撰写一部有关证据的实务性专著，但随着对该主题的深入研究，他越来越发现缠绕在这一领域的判例法和著作周围的普遍性混乱。塞耶对斯蒂芬为了在原则的基础上建立一个系统的根基而砍掉其他细枝末节的勇敢尝试深表钦佩。但斯蒂芬所选择的原则"相关性规则"无法承担起这样的任务，因此被称为是"一个壮美的失败"。所以塞耶鼓励他的学生说，依然需要"一种更为杰出的方式"。作为撰写一部实务性专著的一个初步准备，塞耶着手进行了一个详细的历史性研究，这一研究使他越来越远离他原来的计划。最后的结果是一部经典的法律史著作，而不是一部系统性的专著。[4]

塞耶赞同司法裁量权的扩张以及证据法的根本简化。他认为，证据法的范围和功能具有相当的限定性，并且可以被压缩成一个简单的体系，该

---

[1] See William Twining, *Rethinking Evidence: Exploratory Essays*, Northwestern University Press, 1994, pp. 58-59.

[2] See William Twining, *Rethinking Evidence: Exploratory Essays*, Northwestern University Press, 1994, pp. 59-60.

[3] See William Twining, *Rethinking Evidence: Exploratory Essays*, Northwestern University Press, 1994, pp. 60-61.

[4] See William Twining, *Rethinking Evidence: Exploratory Essays*, Northwestern University Press, 1994, p. 61.

体系建立在两个原则的基础上：(1) 对被要求证明之某一问题不具有逻辑证明力的不可采；以及 (2) 任何具有此类证明力的都应该采纳，除非有一个清晰的法律政策理由将之排除在外。[1] 但遗憾的是，塞耶从来不曾腾出时间来对他所倡导的证据规范的简洁体系进行阐述。究竟是因为他太过于苛求抑或其他不适合此项任务的性格，还是因为某一偶发性事件导致他在完成它之前便驾鹤西去，这不得而知。这就留给了他的三个学生坎布莱尼、麦凯维和威格莫尔去继续探寻"一种更为杰出的方式"。[2]

## 第二节 威格莫尔证据法思想概述

塞耶未能创造出他所承诺的专论，加上没有足以匹敌的竞争者，这为威格莫尔提供了机会。他抓住了这个机会，并取得了如此显著的成功，以至于获得了高于其导师的评价，并且在未来的50年里令其他证据法学者们黯然失色。

### 一、英美证据法学的集大成之作：《普通法审判中的英美证据制度专论》

威格莫尔在他的见习期编辑了 Greenleaf on Evidence 这本著作第六版的第一卷。但威格莫尔发现它已经很难跟上证据法的发展速度了，而且塞耶具有洞察力的理论已经开始怀疑 Greenleaf 理论的融贯性和历史精确性。威格莫尔此时已经意识到需要一个新的开始和突破。当 Little Brown 提供了这个机会时，他抓住了它，写成了《普通法审判中的英美证据制度专论》

---

〔1〕 See James Bradley Thayer, *A Preliminary Treatise on Evidence at the Common Law*, Boston: Little Brown&Co., 1898, p. 530.

〔2〕 坎布莱尼、麦凯维以及威格莫尔都接受了这一挑战。麦凯维写了一本成功的学生教科书；坎布莱尼编辑了 Best 和 Taylor 两本美国出版物，然后潜心专注于他的四卷本《专论》，但是他并没有在有生之年完成这一著作。像坎布莱尼一样，威格莫尔在他的见习期编辑了 Greenleaf on Evidence 这本最著名的著作。Simon Greenleaf 的《证据法专论》随着1842年第一版的出版就取得了引人注目的成功。威格莫尔编辑了第六版的第一卷。

## 第二章 理性主义传统中的威格莫尔证据法思想

(以下简称《专论》),并取得了巨大的成功。[1]

首先,威格莫尔的《专论》在许多重要方面都不同于 *Greenleaf on Evidence* 和其他专论。19世纪英美证据法专论倾向于包括大部分的背景知识,它们中的大多数以一个有关证据和证明之性质的理论说明开始。一些重要的著作,比如 *Greenleaf on Evidence* 包括了许多在今天被认为应该排除在证据法之外的内容,如证明对象。威格莫尔排除了这些属于实体法的内容,大多数现代证据学者都遵从了他的这一思路。但威格莫尔《专论》的范围比他的前辈们要宽广得多。威格莫尔主要关注系统化和理性化,也就是说,他想在原则的水平上发展一个融贯的理论,同时也顾及每一个具体的规则。他试图通过研究美国每一个独立司法管辖区,以及描述美国所有司法管辖区的不同之处,来减少明显的不一致。这使他试图对判例法提供一个比 *Greenleaf on Evidence* 更加综合的说明。威格莫尔的进路包括两个方面:一是对美国不同司法管辖区的法律进行一个更加详细的描述;二是采用比 *Greenleaf on Evidence* 更加系统化的批判进路。可以这样说,Greenleaf 和他同时代的证据法学家都在试图为一个单一的并不存在的司法管辖区(美国),阐述一个融贯的理论体系。然而,威格莫尔则试图描述五十多个司法管辖区的法律理论,并且通过关联一个单一的证据理论来评价不同的方法。[2]

笔者不赞同这样一种说法,即威格莫尔仅仅只是对塞耶的理论进行了小小的注解,因为实际上威格莫尔比他的导师走得更远,他将证据法规则仅仅作为证据学科的一部分而已。威格莫尔明确地采纳了塞耶的一般证据法理论并且很大程度上利用了他的历史研究;他们都属于证据法研究的主流传统并且分享了这一传统的基本假设,但其交汇点在此便终止了。塞耶是一位敏锐深邃的思想家,他的长处在于对高度集中的问题进行富有穿透

---

[1] See William Twining, *Theories of Evidence: Bentham and Wigmore*, Stanford University Press, 1985, p. 123.

[2] See William Twining, *Theories of Evidence: Bentham and Wigmore*, Stanford University Press, 1985, pp. 123-124.

力的分析；他是一名逐渐沉迷于一种相当狭窄的历史的法学家。威格莫尔的才能则要更为广泛也更为系统：他具有广泛的法律兴趣，并且对于其他学科和其他国家有着不知疲倦的好奇心；他具有一种伟大的综合和简化能力，是一个高效率且组织有素的学者。他们对于证据理论的贡献也因此截然不同：塞耶为证据法提供了占据主流地位的原理；威格莫尔则将塞耶的理论作为一个宏大得多的跨学科的证据与证明"科学"的一部分。[1]

其次，在《专论》中，威格莫尔最重要的两个理论是可采性和相关性之一般理论，它们主要体现在《专论》的第一卷。在本书的一开始，他就阐明了可采性的两个原理，他将之明确地归功于塞耶这位证据法历史中一个伟大的阐释者。这两个原则是："（1）只有具有合理证明价值的论据（facts）才是可采的；（2）所有具有合理证明价值的论据（facts）都是可采的，除非某些特殊的规则禁止。"[2]而威格莫尔相对于他的导师，将这些问题更加详细化，而且涉及的范围更广。但是他的可采性之一般规则在本质上仍然是和塞耶相同的。一般来说，现代最重要的发展是一般自由裁量权的确立——当证据的偏见影响超过了它的证明价值时，自由裁量权就可以排除该证据，即使没有具体的规则规制这种排除。这可以被看作塞耶的第二个原则的最好注解，而不是对它的抛弃。威格莫尔的"相关性之一般理论"在《专论》的第24—36节得到了很好的论述，但它却引起了一个冗长的争论。这是关于"逻辑相关性理论"（theory of logical relevancy）和威格莫尔"法律相关性理论"（theory of legal relevancy）之间的争论：前者建立在塞耶的观点之上——相关性是逻辑的问题而不是法律的问题；后者强调证据的法律论述之独特特征。[3]

尽管威格莫尔的相关性理论在现在看来可能存在某些问题，但我们不

---

[1] See William Twining, *Theories of Evidence: Bentham and Wigmore*, Stanford University Press, 1985, pp. 8-9.

[2] William Twining, *Theories of Evidence: Bentham and Wigmore*, Stanford University Press, 1985, p. 152.

[3] See William Twining, *Theories of Evidence: Bentham and Wigmore*, Stanford University Press, 1985, pp. 152-154.

可否认的是，正如约翰·亨利·比尔（John Henry Beale）所说："这是我们法律的单一分支所撰写过的最为完整、最为详尽的专著，这样说一点也不过分。"[1]而威格莫尔最为持久的批评者——摩根针对《专论》的第三版这样写道："（这）不仅是有关证据法最好的——迄今为止最好的——专著，而且还是迄今为止在英美法的任何一个可比分支中创作出来的最好作品。"[2]因为这部伟大的证据法专论系统地论述了几个世纪以来几乎所有的证据法规则和原则，并且书中已经出现了"司法证明科学"思想的某些萌芽。

## 二、被忽视的经典：《司法证明科学》

在《专论》中，从一开始，威格莫尔便力求超越对证据规范单纯地解释：他详细而深刻地研究了所有重要规则的历史和原理，而且他还将相当数量的有关法庭心理学和法庭科学的材料都包括在内。尽管威格莫尔的《专论》无论作为一部学术专著还是作为一部实务性的专著都取得了极大的成功，但是，专著的诸多限制使他无法系统地或者完全地按照他所设想的那样去论述他所称的"证明科学"。因此，他着手用一部独立的著作来弥补这一缺憾。

1913年6月，威格莫尔在 *Illinois Law Review* 上发表了一篇题为"证明问题"（The Problem of Proof）的文章，在文章的开篇，他这样写道："本文志在提出——尽管仅仅是以一种尝试性的方式——一种司法证据研究的新工具。"[3]在这篇文章中，他设计了一种图式法，用来整理复杂案件中的所有证据，并将案件事实经由证据来证明的整个过程都展示出来。这篇文章实际上是他同年出版的《建立在逻辑学、心理学和一般经验基础上的

---

[1] Beale J. H., "Review of Wigmore's Treatise, 1st edn", *Harv. L. Rev.*, Vol.18, 1905, p.478.
[2] Morgan, Edmund M., "Review of Wigmore's Treatise", *Boston U. L. Rev.*, Vol.20, 1940, pp.776-793.
[3] John Henry Wigmore, "The Problem of Proof", *Illinois Law Review*, Vol.8, 1913, pp.77-103.

司法证明原则》（该书第二版于1931年出版，第三版将"司法证明原则"改名为"司法证明科学"后出版于1937年。书名以下简称为《科学》或《原则》）一书中的一章。从这个题目就可以看出该书的基本思想和大致范围：研究对象是与证据规则对应的司法证明过程；研究基础被建立在逻辑学——特别是归纳逻辑，心理学——特别是证人心理学和一般经验——包括常识的归纳和在所有领域的人类知识的发展，特别是法庭科学之上。在《科学》的开端，威格莫尔就直截了当地写道：

"对于一位法律人来说，证据原则的研究可以分为截然不同的两个部分。一个是一般意义上的证明——这部分致力于争论性说服的推理过程——头脑对着头脑，律师对着法官或者陪审员，每一方当事人都力求打动法庭的内心。另一部分则是可采性原则——通过法律设计出来的并且以诉讼经验和传统为基础力求保护法庭（尤其是陪审团）不受错误说服的程序性规则。迄今为止，后者已经成为我们正式研究中的最大一块——实际上，已经垄断了这些研究；而前者则几乎被忽略了，只是留在实务过程中去获得偶然性的、经验性的认识。"[1]

威格莫尔继续主张"证明科学"不仅高于而且也比证据规则更为重要。但是，在法学教育和法学研究中它已经被忽视了。由于证据规则在重要性上一定会不断下降，"可采性的所有人造规则或许会被废除；但证明原则将会被保留下来——只要审判还是作为探求法律争议之真相的一种理性努力"，[2]因此，尽力发展出一种证明科学就显得至关重要。所以，该书大约四分之三的文字都用来精心制作一个分析过程——包括通过多种类型的证据来证明各种待证事实——的方法。在该分析方法中，威格莫尔分析了如何从每一种证据包括证人证言、情况证据、解释性证据、补强性证

---

[1] John Henry Wigmore, *The Principles of Judicial Proof*, William S. Hein & Co., Inc. Buffalo, New York, 2000, p. 1.

[2] William Twining, *Rethinking Evidence*: *Exploratory Essays*, Northwestern University Press, 1994, p. 64.

第二章　理性主义传统中的威格莫尔证据法思想

据等通过推理得到每一种待证事实的推论形式。[1]在书中，他是这样介绍这种方法的：

"因而第五章描绘了一个终极的舞台，即证明原则的实践；那就是在引起争议的诉讼中解决大量复杂证据的方法。没有任何人曾经敢于提出一种方法——（说也奇怪）既没有逻辑学家，也没有心理学家、法学家和律师。逻辑学家为我们提供了大量专门的简单推论的推理标准；但是对于在司法审判中一个大量有争议的证据的整体，他们却没有提供一个系统。这里提出的仅仅只是在方法上的一个暂时性努力。它必须有一个工作的表格。需要的目标是足够简单的——也就是某种方法，它能够使我们提高我们的意识，并用语言来陈述——为什么一个大量证据的整体能够或者应该说服我们给出一个结论，为什么我们的结论将或者应该不同或者相同，如果大量证据的某些部分是不同的。头脑被感动了，此时我们不能解释它为什么被感动吗？如果我们能够建立和发展出一个数学方程式，为什么我们不能建立和发展出一个心理证明的方程式。"[2]

无论是在商业上还是从学术影响力上说，威格莫尔的《科学》都几乎从未被广泛接受过，而系统的证据研究则继续主要以规则为中心。的确，在20世纪的大部分时间里，对证据的历史和哲学层面的兴趣比起19世纪来要少得多。这也为这样一个事实所例证：塞耶依然是我们主流的证据史学家，而边沁和威格莫尔则依然是证据法学最为重要的理论家。不管威格莫尔思想的统治是否是唯一乃至主要的原因，20世纪的前50年呈现出一个相对荒芜的时期，在具体主题上固然有许多杰出而又精妙的成果，但更为引人注目的是缺乏发展出一般理论或者撰写系统性专论来替代威格莫尔

---

[1] 随着心理学、法庭科学和科技的发展，此部分系统的分析不可避免有些过时了。然而，威格莫尔写作这部分的目的仅仅被认为是一个初步的准备。该书的精华部分是《科学》第三版的第五章，在这一章，威格莫尔发明了一种分析混杂着大量证据的案件的方法。

[2] 转引自 William Twining, *Theories of Evidence: Bentham and Wigmore*, Stanford University Press, 1985, p.121.

专论的努力。而 1900 年至 1960 年同样是英国证据法研究一个相对荒芜的阶段。[1]

## 第三节 理性主义传统中的威格莫尔

笔者之所以花这么多的笔墨来考察英美证据法学历史和威格莫尔证据法思想，是想更好地展现威格莫尔证据法思想的来龙去脉及其在学术史上的地位和影响。但仅梳理英美证据法学历史和威格莫尔证据法思想显然是不够的，因为这并没有清晰地展现威格莫尔与其他证据法学者之间的区别与联系。因此，还必须对英美证据法学的理性主义传统作一个考察。

### 一、英美证据法学的理性主义传统

在英美证据法学的历史中存在很多争论，这些争论中有一些还算是独属于证据法研究的——比如概念分歧、有关推定的争论、传闻以及最佳证据规则。其他的则代表着一般的法律或者法学争议的具体表现，比如对陪审团、对抗制、法官造法、法典化的赞成和反对。像诸如功利主义者与义务论者、公民自由主义者与"法律与秩序"的支持者、帕斯卡主义者与培根主义者，以及更为晚近的原子论者和整体论者之间的这样一些分歧，则反映着范围更广的差异。尽管有这样一些张力和分歧，但从吉尔伯特以降，经由边沁、塞耶和威格莫尔直至克罗斯和麦考密克之间，几乎所有证据法专业著述都存在着与基本假设相关的一种真正引人注目的同质性。几乎毫无例外，所有的英美证据法作者们无论是明确还是隐含地都共享了非常相近的假设，这些假设主要是有关裁判的性质与目标、有关过去事件的认知与信仰，以及有关在法庭场景中的争议性事实问题的推理会涉及什么。尽管他们在诸如证据规则的适用范围和需求，一般层面上证据法的角

---

[1] See William Twining, *Rethinking Evidence: Exploratory Essays*, Northwestern University Press, 1994, pp. 72–73.

## 第二章 理性主义传统中的威格莫尔证据法思想

色和基本原理,以及具体规则的细节和其他许多问题上会出现分歧,但这些分歧都发生在一个共享的基本假设和概念框架的内部。[1]

这些假设被特文宁教授归纳为:"认识论是一种可知论而非怀疑论;真理反映论比真理融贯论获得更为普遍的认同;相较于像决斗、免罚宣誓审判(compurgation)或者痛苦考验这样的'非理性'模式来说,裁判制作模式一般被视为是'理性的';推理的主要特征是归纳;通过追求真相达致正义是法律的最高命令,但在所有社会价值中又不是必然的、压倒性的或优先的价值。"[2]而这可以被认为是英美证据法学的理性主义传统的一个简要的描述。

"处于这一模式核心的是两种理念:第一,英美体系已经采纳了相对于旧的'非理性'的证明模式而言的裁判事实问题的'理性'模式。第二,一种特殊的'理性观'被视为理所当然。这可以在培根、洛克和约翰·斯图亚特·密尔著述中的英国经验主义哲学中找到其经典表述。……可以将这种'知识主流'称为证据研究的正统理性主义传统,以强调将'理性证明'视为其核心理念,以及将一种特殊的理性观视为其基本假设之一。"[3]

因此我们可以看出,理性主义传统的核心宗旨在于程序法的直接目的是实现在裁判中判决的准确性。在事实问题方面,包含了通过理性方式去探求与具体的过去事件相关的真相。裁判的准确性作为确保法律下的正义或补偿正义的一种方式,被赋予了一种崇高但却并非压倒一切的优先性。而威格莫尔正是在这一理性主义传统中完成了他的两部伟大的著作:《专论》和《科学》。

---

[1] See William Twining, *Rethinking Evidence: Exploratory Essays*, Northwestern University Press, 1994, pp. 75-76.

[2] William Twining, *Rethinking Evidence: Exploratory Essays*, Northwestern University Press, 1994, p. 78.

[3] William Twining, *Rethinking Evidence: Exploratory Essays*, Northwestern University Press, 1994, pp. 77-78.

## 二、威格莫尔在英美证据法学理性主义传统中的地位

在英美证据法学理性主义传统中,大部分作者都几乎未能意识到将证据研究割裂于程序、实体法以及"非法律"层面——尤其是逻辑学、认识论和心理学层面——的研究所带来的矫揉造作。但是系统化、简单化以及法典化,对于明确而又狭隘地划定证据规范的边界产生了同样强大的压力。以原则为基础对证据法进行系统化阐释,是吉尔伯特及其大部分后继者的一个主要关注点。对于像边沁和坎布莱尼这样一些人来说,基本原则是自由证明的某一版本。吉尔伯特、皮克和19世纪的几位主流作者都试图将证据规则包容在"最佳证据规则"的不同版本之中。斯蒂芬试图找到以"相关性"为概念的单一统一原则。[1] 而威格莫尔的主要贡献之一,就在于他试图在乐观理性主义传统内建构一个"司法证明科学"的体系,这一体系在《专论》和他那本被忽视的著作《科学》中得到了"更为充分的但还仅仅是部分的阐述"。

这位20世纪的权威证据法学者将他对其主题的全面性进路建立在一个全面的、思路相对清晰的证据与证明理论的基础上,这就以一种综合性进路——既包括法律规范也包括逻辑学——超越了以证据规则为中心,转而将证明的心理学和科学维度都涵盖在内。认为《专论》主要研究规则,而《科学》主要研究"非法律"的证明科学维度,这可能会误导人,因为这两部著作都是以一个共享的概念框架和相同的基础理论为基础,这一基础理论,在很大程度上被一部遗忘的著作——《科学》充分阐述。威格莫尔声称,他的著作是自边沁以来,用英语将证明原则"从整体上以及作为一个系统"加以论述的第一次努力。这在他撰写这部著作乃至今天依然是正确的。古尔森(Gulson)、迈克尔(Michael)、阿德勒(Adler)和乔纳森·科恩(Jonathan Cohen)以及其他一些人已经做了一些有价值的理论工作,

---

[1] See William Twining, *Rethinking Evidence: Exploratory Essays*, Northwestern University Press, 1994, p. 75.

## 第二章 理性主义传统中的威格莫尔证据法思想

但他们当中还没有一个着手构建综合性的理论。[1]因此,威格莫尔依然是我们证据法理论的权威理论家,他和几乎所有的英美证据法作者们都属于一个单一的知识传统。

我们都知道,英美传统的证据学科几乎全都集中于证据规则,特别是可采性规则。在这一传统中,证据、证明和事实认定的其他维度被严重地忽略了。像法庭科学、证人心理学、证明逻辑和概率理论的研究,以及事实认定的工具和过程的系统研究,它们不仅在其他学科,而且在证据理论的研究中都是彼此相互独立的。但是,似乎所有这些维度又都是彼此联系的,而且这些联系的确切性质又都是模糊的和充满疑问的。从扩展法律学科这一观点来说,这样一个问题是值得研究的:能不能在法律学科内,发展出一个研究证据、证明和相关因素的统一融贯的框架?[2]而威格莫尔的司法证明科学理论——融贯了证据与证明的司法证明科学理论就是这样一种尝试。这个完整的司法证明科学理论是由上述《专论》和《科学》一起来建构的。它们拥有同一个分类系统和概念系统,建立在同一个理性主义的英美证据法传统之上。因此,"理解威格莫尔的最好视角也许是将威格莫尔的两部著作联系在一起来考察,这两部著作尽管各有侧重但是却共同构成了一个宏大的司法证明科学体系:《专论》主要从规范层面关注证据的可采性问题,而《科学》则从逻辑学、心理学等多学科角度着重关注证据的证明力问题"。[3]

从上文的分析我们已经可以看出,威格莫尔的《专论》和《科学》实际上构成了完整的司法证明科学体系,前者取得了如此大的成功,引起了如此大的关注,以至于被后人称为"英美证据法的集大成之作",而后者却从诞生之日就被忽视,直至几十年之后才又被学者们重新研究和推崇。

---

[1] See William Twining, *Theories of Evidence: Bentham and Wigmore*, Stanford University Press, 1985, pp. 156-159.

[2] See William Twining, *Theories of Evidence: Bentham and Wigmore*, Stanford University Press, 1985, Introduction.

[3] 吴洪淇:"边沁、威格莫尔与英美证据法的知识传统——以证据与证明的一般理论进路为核心的一个叙述",载《比较法研究》2009年第5期。

这的确是一个非常有趣的现象，但其背后的原因是什么呢？

正如上文所说，《专论》的成功主要是因为它是为律师们写的一本参考书，作为一个参考、引用和论证的原始材料之毫无疑问的益处，得到了律师和学界的广泛好评，引用率非常高。而《科学》的失败，其原因之一在于威格莫尔对文学形式的选择掩盖了这本书的性质和意义。[1]另一个可能的解释是，威格莫尔的《专论》恰好满足了当时证据法体系化的迫切需要，而他在《科学》一书中所阐述的思想对于当时的人们来说显得过分超前了。[2]《科学》之所以会如此失败，因为"在普通法传统中，一直有一种把证据学科（the subject of evidence）等同于证据法（the law of evidence）的趋向，其排斥或忽视诸如证明逻辑、证人心理学、法庭科学之证据意义等其他证据维度，以及统计学和叙事法在法律语境中对论证和裁定事实争议问题所起的作用"。[3]而威格莫尔从扩展法律学科的角度，在法律学科内，在同一个理性主义的英美证据法传统之上，发展出了一个研究证据、证明和相关因素的统一融贯的框架——司法证明科学理论。而这一理论在美国还没有一个统一的《美国联邦证据规则》，证据规则还没有得到充分发展之时，显然会被学者们忽视。因为美国法学界当时的任务是制定统一的《美国联邦证据规则》，学界所有的注意力都集中在证据规则的制定上。这也是《专论》会获得如此巨大的成功的主要原因。

---

[1] 威格莫尔没有选择给学术界的读者写一本专著，并详尽阐述和辩护他的证明理论，而是大胆地通过一个方法——需要通过实践练习来掌握，而不是通过一个理论——需要论证和证明其合理性——来展现他的理念。一种新奇的文学形式，内容和描述的原创性，以及威格莫尔近乎独断的自信心可能都集合起来，劝阻其他法学院的教师们不要采取他的方式或者甚至是他的这本书。所以，比起《专论》，《科学》太缺少商业上的成功了。

[2] 秦策："我们研究什么样的证据法学——英美证据法学的转向与启示"，载《中国刑事法杂志》2010年第4期。

[3] Terence Anderson, David Schum, William Twining, *Analysis of Evidence*, 2nd ed., Cambridge University Press, 2005, p. 78.

# 第三章 证据科学的研究现状及其未来走向[1]

"证据学""证据法学"抑或"证据科学"？有关证据学科称谓的"群雄混战"无疑推动了中国证据学科理论与实践的发展，但隐藏在学科称谓之争背后的，却是对研究对象的确定、学科性质的归属、理论基础的构建乃至学科体系的建立等学科基本问题阐释的混乱。中外证据学科称谓及其理论体系的历史演变表明，这场论战的焦点主要集中在学科独立性与跨学科研究范式之争。然而二者并不矛盾，因为学科专业化和综合化都是现代学科发展的必然趋势。因此，应该顺应学科发展和司法实践的需要，在走向独立的"证据法学"与深入规律的"证据学"基础上，形成一种"事实认定一体化"研究范式，从而更加自信且坚定地迈向整合的"证据科学"。

## 第一节 应该建构什么样的证据学科？

有论者曾对目前使用的证据学科称谓做过统计，多达20余种，[2]除此之外，经笔者统计还有证明法学、广义证据科学、狭义证据科学、民事（诉讼）证据学、刑事（诉讼）证据学、行政（诉讼）证据学等多种称谓，学科称谓之多足见这场争论的白热化程度。这场称谓之争不仅进一步推动了中国证据学科理论与实践的发展，而且还从一个宏观角度显示出证据学科在中国正逐渐发展成为一门显学。

---

[1] 本章原载《环球法律评论》2015年第4期，本书出版时做了部分修改。
[2] 参见何家弘："证据学抑或证据法学——兼与龙宗智教授商榷"，载《法学研究》2008年第1期。

然而必须警醒的是，在这场称谓之争所呈现的学科表面繁荣下，中国证据学科仍然处于幼稚园阶段。"学科名称越变越多且有'群雄混战'之势，以至于一些法学后生阅读诸家学说之后颇感一头雾水……而且，在学科名称的争论中还隐含着对学科基本问题的阐释"，[1]它不仅牵涉研究对象的确定、学科性质的归属、理论基础的构建等学科基本概念问题，同时还是进一步建立命题、整合理论和建构统一理论体系的基础，这些问题都彰显着一门学科理论化的程度。"通常，一个学科理论系统的建立，包含着四个层次：第一个层次是概念的制作，第二个层次是命题的建立，第三个层次是理论的整合，第四个层次是统一理论的建构。"[2]因此，证据学科称谓之争背后隐藏的是对该学科研究对象、学科性质、理论基础乃至学科体系等基本问题阐释的混乱，指向的是"我们应该建构一个什么样的证据学科"这一宏大命题。如此说来，关于证据学科称谓之争确有澄清之必要，它有助于祛除证据学科幼稚病，从而为建立成熟的学科体系打下坚实的基础。

但到底采用哪一种称谓更为合适，更能反映出证据学科的本质特征呢？我们可以先对上述30余种证据学科称谓做一个字面上的简单分类：第一类以"证据法学"为称谓，包括证据法学、诉讼证据法学、刑事证据法学、民事证据法学、证据法哲学、证据法社会学、证明法学[3]等；第二类以"证据学"为称谓，包括证据学、诉讼证据学、法律证据学、法证据学、民事（诉讼）证据学、刑事（诉讼）证据学、行政（诉讼）证据学、大证据学、一般证据学、基础证据学、部门证据学、事实证据学、科技证据学、军事证据学、历史证据学、生活证据学、临床证据学、医学证据学、法务会计证据学、纪检证据学、审计证据学等；第三类以"证据科

---

[1] 何家弘："证据学抑或证据法学——兼与龙宗智教授商榷"，载《法学研究》2008年第1期。
[2] 易君博：《政治理论与研究方法》，台湾三民书局2003年版，第5页。转引自易延友："证据学是一门法学吗——以研究对象为中心的省察"，载《政法论坛》2005年第3期。
[3] 本章没有对"证明法学"这一概念进行分析。尽管封利强博士在其论文中采用了"证明法学"的提法，但他同时也在注释里作了说明："在本文中，'证明法学'仅被用来指代证据法学理论体系的一种建构思路，即'以证明为中心'的证据法学。"参见封利强："从'证据法学'走向'证明法学'——证据法学研究的基本趋势"，载《西部法学评论》2008年第6期。

学"为称谓，包括证据科学、广义证据科学和狭义证据科学等。而中国法学界的争论也主要集中在以下三个概念：证据法学、证据学和证据科学。因此，本章试图通过对这三种称谓及其背后所隐含的理论体系演变的历史考察，以及对此问题之相关学说观点的类型化分析与批判性反思，来初步厘清这些称谓及其理论体系之间的相互区别与联系，从而为证据学科称谓的确定与学科体系的建构略尽绵薄之力。

## 第二节 证据学科称谓及其理论体系发展的历史考察

### 一、国外证据学科称谓及其理论体系发展简史

（一）证据法学的独立史

在19世纪前，几乎没有"将证据法作为一门明确而独立的学科进行系统论述"的著作，[1]而证据法真正成为一门独立的学科则是社会发展需要和一代代证据法学家努力的结果。在证据法学史上，英国的吉尔伯特是第一位试图以一种融贯理论来阐释证据法的学者，他极力主张将证据规则以一个单一原则——"最佳证据规则"加以统摄。[2]但该理论随后遭到了

---

[1] 因为当时的争议性事实问题的解决主要依靠神判、决斗和免罚宣誓审判等方式，它根本不需要一套完善的证据制度。尽管在19世纪前，也有以"证据法"命名的书籍出版，比如摩根于1789年出版的三卷本的《证据法散论》等，但无论是专门性著作，还是那些将证据法作为某些更大主题之一部分而特别倾注心力的作品，都未能以一种系统的方式来论述这一学科。因此在那个时代，的确有一些理由确信证据法应该被视为一门"非学科"。See William Twining, *Rethinking Evidence: Exploratory Essays*, Northwestern University Press, 1994, p.38.

[2] 吉尔伯特根据最佳证据规则理论对各种证据的证明力作了等级划分，其中公共记录文书作为最佳证据位于顶端。See Geoffrey Gilbert, *The law of evidence / by a late learned judge*, London : Printed by H. Lintot for W. Owen, 1756. 吉尔伯特之后，包括皮克、菲利普斯、斯达克、格林列夫、泰勒、贝斯特等在内的主流英美证据法学家，对最佳证据原理的内涵、效力作出了进一步发展。但在塞耶和威格莫尔之后，最佳证据原理却被驱赶到文书原件规则这个狭窄角落。20世纪80年代，戴尔·南希（Dale A. Nance）又极具创造性地重塑了最佳证据原则的内涵、法律性质和效力范围。See Dale A. Nance, "The Best Evidence Principle", *Iowa*, *L. Rev.*, Vol.73, 1988, p.227.

边沁的猛烈批判。[1]边沁坚持"不排除原则",反对所有的证据规则,主张建立一些证据的指导性原则而非强制性规则。[2]与边沁同时期的伊文斯则首次区分了可采性和证明力,从而为后世证据法建构一个融贯的理论体系奠定了基础。[3]19世纪中叶以后,尽管美国学者开始逐渐在证据法学研究中占据领导地位,但同时期的英国斯蒂芬爵士也作出了两个重要贡献[4]:一是他试图将大量属于程序法和实体法的内容都排除在证据法之外,以便在证据法与程序法、实体法之间做一个尽可能清晰的分割。二是他试图用"相关性规则"取代"最佳证据规则"作为证据法的统括性原则。然而美国证据法学家塞耶认为,斯蒂芬的相关性规则无法承担起这样的任务,[5]他主张证据法应被压缩成一个简单的体系,该体系是建立在可采性两原则基础之上的:"(1) 对被要求证明之某一问题不具有逻辑证明力的不可采;(2) 任何具有此类证明力的都应该采纳,除非有一个清晰的法律政策理由将之排除在外。"[6]塞耶之后,美国最著名的证据法学家威格莫尔用其可

---

[1] 边沁认为,法律文书这种所谓的"最佳证据"恰恰是最不可靠的,因为制作记录的官员乃是凡人,其记录很可能是谎言与真理的混合物,因此其记录的可靠性也应当按照与其他人一样的标准来判定。See Jeromy Bentham, *Introductory View of the Rationale of Evidence: For the Use of Non-Lawyers as Well as Lawyers*, Thoemmes Press, 1995, p. 143.

[2] 特文宁将之称为反规范论。该理论为后世英美证据法学家们所部分取舍,大多数现代证据法学家认为,证据的数量和分量(证明力)规则不应该受到形式规范的约束(补强证据规则例外),而排除规则(可采性规则)则应该受到形式规范的规制。See William Twining, *Rethinking Evidence: Exploratory Essays*, Northwestern University Press, 1994, pp. 42-43.

[3] 参见易延友:《证据法的体系与精神——以英美法为特别参照》,北京大学出版社2010年版,第22-23页。

[4] 斯蒂芬几乎是独自一人起草了1872年的印度证据法,该法时至今日依然在印度适用。但当他试图为英国也创造一部类似的证据法时,该法案却没有获得议会通过。在这次失败之后,斯蒂芬开始专注于证据法的理论研究,1876年出版的《证据法概要》一书就是他丰硕成果的杰出代表。See Sir James Fitzjames Stephen, *A Digest of the Law of Evidence*, (12th ed., rev./ by Sir Harry Lushington Stephen and Lewis Frederick Sturge), London: Macmillan, 1946.

[5] 塞耶认为,证据排除之最普遍的理由是实质性(一个实体法问题)和相关性,相关性是一个逻辑问题而不是法律问题。斯蒂芬的根本错误在于将证据原理体系的逻辑假设视为证据的形式规则。See William Twining, *Rethinking Evidence: Exploratory Essays*, Northwestern University Press, 1994, p. 61.

[6] 转引自William Twining, *Theories of Evidence: Bentham and Wigmore*, Stanford University Press, 1985, p. 152.

采性两原则对英美所有重要证据规则进行了考古式梳理和注释性研究,从而完成了集英美证据法学大成的《专论》。[1]在教学方面,证据法学经过塞耶和威格莫尔的驯化之后,锚定了可采性两原则,从而正式成为法学院一门独立课程。在立法方面,几乎所有证据立法草案和法律都基本采用了塞耶的可采性两原则体系,从而使得证据法在美国正式成为与实体法和程序法并驾齐驱的第三类法律部门。由此可见,系统化、简单化和法典化成就了现代英美证据法,因为证据法和证据法学的独立史就是一个证据法不断限缩、不断体系化的历史。

尽管有学者指出,"在英美法系国家19世纪的证据类著作中,'证据法'或'证据法学'(the law of evidence)似乎是较为流行的书名,而在20世纪以来的同类著作中,使用'证据'或'证据学'(evidence)作为书名似乎又成为一种时尚。另外,美国法学院目前开设的相关课程一般也以'证据学'(evidence)作为课程的名称"。[2]但在证据学科称谓细微变化的表象背后,其理论体系依然以证据规则为中心。[3]像美国教材 Criminal Procedure 是 Criminal Procedure Law 的简称一样,英语中用 evidence 作为证据法课程或者教材的名称,仅仅是 evidence law 简化的结果,[4]因此不能将其等同于国内的"证据学"概念,对此下文将做详细论述。

---

[1] See John Henry Wigmore, *A Treatise on the Anglo-American System of Evidence in Trials at Common Law*, 2nd ed., Boston: Little Brown, 1923.

[2] 何家弘:"证据学抑或证据法学——兼与龙宗智教授商榷",载《法学研究》2008年第1期。

[3] 尽管美国主流的证据法教材和课程大都以"evidence"命名,但其内容却主要是围绕联邦证据规则进行历史、理论和实践阐释的,其研究对象也大都是围绕可采性规则展开的,证据法授课的内容仍主要是可采性规则。

[4] 或许因为只有在司法活动领域内,证据的运用问题才如此重要如此频繁,所以美国法学教授认为将 evidence law 简化成 evidence 并不会带来理解的问题。而王进喜教授则认为,在英美的证据法教科书中将证据(evidence)等同于证据法(evidence law),一是由于法学教授对于其他技术手段不熟悉;二是由于经济上的原因,例如美国律师考试的一个重要科目就是联邦证据规则,因此其教材中只讲授证据法的内容。参见2006年12月4日张保生、王进喜、常林教授在中国政法大学证据科学论坛上的演讲:《证据科学及其理论体系——证据法的跨学科发展趋势》。

(二) 新证据学的兴起

威格莫尔早在20世纪初就已经意识到,"在普通法传统中,一直有一种把证据学科(the subject of evidence)等同于证据法学(the law of evidence)的趋向"。[1]在这样一种英美证据法传统中,"大部分学者几乎都未能意识到将证据研究割裂于程序法、实体法以及'非法律'层面的逻辑学、认识论和心理学等研究所带来的矫揉造作",[2]同时这种研究范式也无法很好地满足司法实践对准确事实认定的需要。因此,在威格莫尔看来,法律领域中的证据研究应该包括证明原则(科学)和可采性规则(证据法)两部分,而证明原则比可采性规则更重要。[3]于是威格莫尔在《专论》之外,着手用一部独立的著作从逻辑学、心理学以及法庭科学的角度来研究法律领域中运用证据进行的证明,这就是《科学》。但在美国还未出现统一的《美国联邦证据规则》,证据规则(证据法)还未得到充分发展之时,威格莫尔的司法证明科学注定会被忽视。然而,随着证据法的法典化、查姆·佩雷尔曼(Chaim Perelman)及其合作者的"新修辞学"、与法庭场景中的概率推理之性质相关的一系列争论、包括证人心理学在内的法律与心理学兴趣的复苏,[4]威格莫尔司法证明科学逐渐得到学界重视。逐渐地,将证据学科等同于证据法学的传统被打破,"研究证据问题的学者也分化为两派,一部分学者热衷于研究证据规则,甚至以成文化的证据法律为主要研究对象;而另一部分学者则越来越倾向于关注证明的过程,

---

[1] Terence Anderson, David Schum and William Twining, *Analysis of Evidence*, 2nd ed., Cambridge University Press, 2005, p.78.

[2] 郑飞:"论理性主义传统中的威格莫尔证据法思想及其启示",载《中国刑事法杂志》2012年第11期。

[3] 其理由在于,即使当英美司法制度中不存在证据可采性规则之时,我们仍然应该关注证据研究,因为这是证明的手段。他甚至预测可采性规则的相对重要性在下一个发展时期注定要减弱。证明将担当更重要的角色,因而我们必须为重心的转移做好准备。See John Henry Wigmore, *The Science of Judicial Proof: As Given by Logic, Psychology, and General Experience, and Illustrated in Judicial Trials*, 3rd ed., Boston: Little Brown, 1937, p.1.

[4] See William Twining, *Rethinking Evidence: Exploratory Essays*, Northwestern University Press, 1994, pp.73-76.

充分运用逻辑、数学的工具研究如何证明的科学,并形成了所谓的'新证据学派'"。[1]

## 二、中国证据学科称谓及其理论体系的发展简史

(一)证据法学的引进与中断

中国古代司法比较重视证据,但却一直未能产生出系统的证据法学理论。直到1930年,年仅26岁的杨兆龙教授出版了中国第一本证据法学教材《证据法概论》,开启了中国证据法学研究。[2]由于证据法学是舶来品,当时大多数证据法学者又都有留美背景,因此民国时期的证据法学主要以英美证据法传统为师,兼及本国散见于各种法律法规中的证据规则。中华人民共和国成立后,在司法证据与证明研究方面主要是引进苏联的证据法理论,[3]这一时期的新中国证据法学者也开始了独立研究。[4]中华人民共和国成立后"一直到1957年以前,证据法学的研究都还比较正常,但1957年以后,该领域的研究已经深受阶级斗争思想的影响",[5]随后,证据法学乃至整个法学都陷入了停滞,更遑论建立一个系统的证据法学理论了。

---

[1] Richard Lempert, "The New Evidence Scholarship: Analyzing the Process of Proof", *B. U. L. Rev.*, Vol. 66, 1986, p. 439.

[2] 除此之外,1936年,周荣也编著了《证据法要论》一书,该书主要以中华民国证据法为根据,并略述了英美证据法的主要内容。1948年,东吴大学法学院又编著出版了一本集民国证据研究之大成的通用教材《证据法学论》,但未等普及开来,就因政治原因而尘封于历史中。

[3] 最有代表性的是王之相先生翻译的维辛斯基所著《苏维埃法律上的诉讼证据理论》,人民出版社1954年版。除此之外,还有克林曼的《苏维埃民事诉讼中的证据理论的基本问题》、拉洪诺夫的《苏维埃刑事诉讼中证人的证言》等。

[4] 参见陈光中、时伟超:"关于刑事诉讼中证据分类与间接证据的几个问题",载《政法研究》(现为《法学研究》)1952年第2期;杜春生:"关于民事诉讼中证人范围的意见",载《政法研究》(现为《法学研究》)1956年第4期;郝双禄:"刑事诉讼中证据的分类问题和间接证据问题",载《政法研究》(现为《法学研究》)1957年第1期,等等。

[5] 易延友:"证据学是一门法学吗——以研究对象为中心的省察",载《政法论坛》2005年第3期。

## (二) 中国"证据学"的兴起

改革开放以后,证据学科研究再度兴起,出版了一系列名为"证据学"的教材。[1]这类教材"坚持一种'实事求是'的证据制度,以辩证唯物主义认识论为理论基础,以事实真相的发现为唯一目标"。[2]这类教材一般分为导论、证据论与证明论三个部分。由于改革开放初期中国法律法规中的证据规则非常稀少,因此学者们在教材中论述了大量指导法官如何收集、判断证据的规律和方法,在学术论文中亦是如此。如果这些教材和论文是对我国法律中有关证据收集、运用与审查判断的相关规定的分析批判,或者是对证据规则建构的讨论,那么毫无疑问还属于法学的内容。但是其中的绝大部分内容甚至标题所展现出来的问题却与法律规则无关,而是一些明显属于自然科学而不是法学的问题。[3]这类教材和论文研究对象的异化使得中国"证据学"仍旧没有脱离"逻辑学""司法心理学""司法侦查学"的窠臼,其学科定位也游离于法学与自然科学之间。

## (三) 中国"证据法学"的独立运动

中国法学界早期对于证据法学和证据学并没有进行区分,几乎都认为二者可以等同,但是随着研究的不断深入,学界逐渐开始认识到二者之间的区别:"证据学"体系囊括了大量经验论、逻辑论和认识论知识,混淆了其学科性质(到底是法学,还是自然科学,或是交叉学科?),且无法包容大量现代证据规则;[4]而"证据法学"则以证据规则为中心内容,将其

---

[1] 比较有代表性的教材如:巫宇甦主编:《证据学》,群众出版社1983年版;陈一云主编:《证据学》,中国人民大学出版社1991年版,该书影响比较久远,直到2010年出第四版时仍然使用"证据学"的称谓;樊崇义主编:《证据学》,中国人民公安大学出版社2001年版;宋世杰:《证据学新论》,中国检察出版社2002年版;陈浩然:《证据学原理》,华东理工大学出版社2002年版。

[2] 郑飞:"拯救社会公德的证据法药方——论不得用以证明过错或责任的证据规则",载《理论月刊》2014年第1期。

[3] 对这一问题的考察和讨论,参见易延友:"证据学是一门法学吗——以研究对象为中心的省察",载《政法论坛》2005年第3期。

[4] 参见陈瑞华:"从'证据学'走向'证据法学'——兼论刑事证据法的体系和功能",载《法商研究》2006年第3期。

学科性质明确定位为法学。因此1989年裴苍龄教授编写的《证据法学新论》开始使用"证据法学"作为书名，随后这一称谓逐渐流行起来。[1]"进入21世纪以来，学者们越来越多地偏爱使用'证据法学'作为书名，而沿用'证据学'者越来越少。"[2]学者们除呼吁证据法学应独立于自然科学以外，还进一步倡议证据法学应相对独立于程序法学和实体法学，因为作为证据法学核心的可采性规则是不同于程序法规则和实体法规则的第三类规则。为了支持这场证据法学独立运动，许多学者提出了自己的证据法学理论体系，有代表性的观点，比如，易延友提出的以可采性规则为中心的证据法体系、[3]张保生提出的"一条逻辑主线、两个证明端口、三个法定阶段、四个价值支柱"的证据法体系[4]等。

### 三、证据学科称谓及其理论体系的最新发展

"在威格莫尔司法证明科学理念的影响下，威廉·特文宁（William Twining）和戴维·A. 舒姆（David A. Schum）于新世纪之初明确提出或许可以将证据和证明领域的跨学科探索建构成为一个'证据科学'（evidence science）的硬科学，并且组织了一个跨学科的研究小组进行了初步的探索。"[5]尽管舒姆教授认为威格莫尔《科学》的"大多数内容都是对证据

---

[1] 比较有代表性的教材如：裴苍龄：《证据法学新论》，法律出版社1989年版；江伟主编：《证据法学》，法律出版社1999年版；卞建林主编：《证据法学》，中国政法大学出版社2000年版；樊崇义主编：《证据法学》，法律出版社2001年版；何家弘、刘品新：《证据法学》，法律出版社2004年版；陈卫东、谢佑平主编：《证据法学》，复旦大学出版社2005年版；张保生主编：《证据法学》，中国政法大学出版社2009年版。

[2] 何家弘："证据学抑或证据法学——兼与龙宗智教授商榷"，载《法学研究》2008年第1期。此外，笔者在中国国家图书馆网站上以"证据学"和"证据法学"为题名分别进行搜索（搜索时间：2015年1月13日），共搜到113本以"证据法学"为书名的教材、专著和论文集；而以"证据学"为书名的教材、专著和论文集只有32本。

[3] 参见易延友：《证据法的体系与精神——以英美法为特别参照》，北京大学出版社2010年版，序第3页。

[4] 参见张保生主编：《证据法学》，中国政法大学出版社2009年版，前言第Ⅲ页。

[5] 吴洪淇："边沁、威格莫尔与英美证据法的知识传统——以证据与证明的一般理论进路为核心的一个叙述"，载《比较法研究》2009年第5期。

的性质、应用和发现的研究",[1]因此它可以直接以"证据科学"为标题,但二者的体系却有明显区别:威格莫尔司法证明科学主要是对司法证据与证明问题的研究,特文宁和舒姆的证据科学则囊括了所有运用证据进行事实认定的学科领域。[2]

而在中国,张保生教授也于2005年同时提出了"证据科学"概念。[3]他认为可以将证据科学划分为广义和狭义两个领域。广义证据科学的研究领域与特文宁和舒姆教授的证据科学研究领域一致,它囊括了一切指向证据和证明问题的人文社会科学和自然科学研究。[4]几乎就在同时,龙宗智教授也在致力于建构一种不仅适用于法证据学,而且也适用于其他任何使用证据判定事实的学科领域的所谓"大证据学"。[5]同样地,裴苍龄教授也在试图推动证据学大革命,将其所谓的证据学"打造成超越司法程序、全面走向社会的学科……打造成整个社会科学中最伟大的学科

---

[1] [美] David A. Schum:"关于证据科学的思考",王进喜译,载《证据科学》2009年第1期。

[2] 舒姆所谓"证据科学"的研究范围包括以下九个子项目:(1)证据运用的形式工具;(2)依模式而定的证据解释;(3)历史性证据;(4)人类对待证据的态度;(5)用于实践或者决策的复杂证据的综合;(6)自然科学中的证据;(7)证据:跨学科的一个研究范例;(8)询问与侦查;(9)迈向一个整合性的证据概念。以上这九个子项目大体上可以被归为以下三大类:第一类是证据科学本身的学科构建问题,可以被视为较为形而上的,这主要包括多学科视野中的有关证据知识的整合问题,以及证据科学一般理论的提炼;第二类是证据的一般运用、解释及人类的主观态度等一般理论,这可以被视为中级理论;第三类则是证据科学在具体部门中的应用,包括历史、自然科学、侦查、医疗等具体领域,这可以被视为形而下的。参见[美] David A. Schum:"关于证据科学的思考",王进喜译,载《证据科学》2009年第1期。

[3] 2005年6月,中国政法大学在申报证据科学教育部重点实验室之时,对证据科学的学科性质、研究领域和研究内容作了全面系统的论证。后来经检索发现,这一年还有两位英美学者论述了证据科学的学科性质和研究范围,英国特文宁教授于2005年2月发表了一篇网文《证据:跨学科的科目》,美国舒姆教授于2005年12月底发表了一篇网文《关于证据科学的思考》。初步判断,这些事件应该是证据科学形成的标志。参见张保生:"研究证据科学,促进司法公正(发刊词)",载《证据科学》2007年第1期、第2期合刊。

[4] 广义证据科学包括四个方面的研究内容:其一,证据本体论或事实论的研究;其二,证据认识论或证明论的研究;其三,证据科学相关学科的基础理论研究;其四,证据科学的应用研究。参见张保生:"研究证据科学,促进司法公正(发刊词)",载《证据科学》2007年第1期、第2期合刊。

[5] 参见龙宗智:"'大证据学'的建构及其学理",载《法学研究》2006年第5期。

之一"。[1]而狭义证据科学的研究领域则主要包括证据法学、法庭科学及其相互的交叉整合。"在这个范围内,证据科学不是一个对任何事实或证据问题都进行研究的包罗万象的学科群,而是一个研究证据采集、鉴定技术以及案件事实认定一般规律的科学理论和方法体系。"[2]2010年,狭义证据科学的理论框架进一步得到了国外学者的响应,加拿大温莎大学道格拉斯·沃顿(Douglas Walton)教授与张南宁博士提出了证据理论现代化是迈向一种"综合性证据学"的观点。[3]该文的"综合性证据学"实质就是狭义"证据科学",其中,证据法和法庭科学是综合性证据学的两个核心领域。此外,2011年7月,在北京召开的第三届证据理论与科学国际研讨会上诞生了世界上第一个国际证据科学协会(International Association of Evidence Science),致力于促进证据法学和法庭科学的交流与融合。该协会的成立意味着"证据科学"这一概念逐渐开始为世界主流学者所认同和接受。

---

[1] 参见裴苍龄:"证据学的大革命——再论实质证据观",载《法律科学(西北政法大学学报)》2010年第3期,第87页。该观点的进一步阐述,参见裴苍龄:"把证据学打造成全人类的科学——三论实质证据观",载《法律科学(西北政法大学学报)》2012年第1期;裴苍龄:"论证据学的学科定位",载《环球法律评论》2015年第1期。裴教授认为证据学不是法学,是研究证据和证明及其规律的学科,从法教义学的角度看此言不差。但他同时认为法律不应该规制证据或事实认定问题,此观点却值得商榷。首先,证据法的价值追求不仅仅在于求真,更多的时候是在求真与求善之间进行平衡,例如特免权规则就是为了维护某些值得我们社会珍视的社会关系而通过排除证据来放弃求真的价值,不得用以证明过错或责任的证据规则旨在激励人们做有利于社会的事情而排除证据,等等。由此可见,为了某些追求真相之外的外部社会政策,我们必须规制证据或事实认定问题。其次,司法过程中的事实认定与历史学中的历史事实研究不同,审判必须在规定的时限内完成,而证据之镜原理又告诉我们证据常常是不完整的,因此,必须有相应的证据规则如证明责任、证明标准、《美国联邦证据规则》规则403平衡检验规则来规制或指导证据或事实认定问题。
[2] 张保生:"研究证据科学,促进司法公正(发刊词)",载《证据科学》2007年第1期、第2期合刊。
[3] 该综合性证据学包括4个部分交叉的领域:(1)把一般性证据问题作为主要内容的证据科学基本理论;(2)证据法理论;(3)法庭科学;(4)证明理论。See Nanning Zhang and Douglas Walton, "Recent Trend in Evidence Law in China and the New Evidence Scholarship", *Law, Probability and Risk*, Vol. 9, 2010, pp. 103-129.

## 第三节 对相关学说观点的类型化分析与批判性反思

尽管在学术研究上一个学科的称谓并不一定必然要统一，但因证据学科的特殊性，这三组称谓之争涉及了证据学科研究对象的确定、学科性质的归属、理论基础的构建乃至学科体系的建立等学科基本问题的阐释。于是，中国证据法学界的知名学者几乎都不再满足于仅在教材中对这三组称谓进行简单辨析，而是纷纷以专题论文的形式，企图通过证据学科称谓之辩来构建证据学科的理论体系。本部分将结合上文有关证据学科称谓及其理论体系的历史考察，对这场"群雄混战"中的各种主要观点学说进行类型化分析与批判性反思。

### 一、一个分析的框架

在对相关学说观点进行类型化分析之前，必须要有一个分析的框架。对司法证据与证明领域所涉及的问题，我们可以从横向和纵向两个方面进行划分。在司法证据与证明问题领域的纵向分布上，吴洪淇博士已经在塞耶框架的基础上为我们提供了一个很好的分析框架：他将司法证据与证明领域的问题分为八个部分[1]，囊括了从侦查到起诉再到审判的几乎所有

---

[1] 参见吴洪淇：" 证据科学的走向：国际视野与中国语境——对证据问题研究领域的初步分析"，载《证据科学》2009年第4期。笔者对该文中的这8个问题做了部分修正，包括：（1）争议性事实应该由谁来证明？涉及证明责任和推定问题，这一问题处于证据法、程序法和实体法的交界；（2）需要证明哪些事实？涉及证明对象（英美称为实质性问题）和司法认知问题，证明对象一般由实体法来规定，司法认知属于传统证据法的范畴；（3）用于证明事实的证据如何获得？涉及取证问题，主要由侦查学等学科和规范取证程序的程序法来规范；（4）哪些证据可以用于证明争议性事实？涉及相关性和可采性问题（或证据能力问题），这是证据法最为核心的部分；（5）证据如何组织和提出？这是举证问题，涉及证据法、程序法、法庭心理学、叙事学、修辞学等学科；（6）证据如何质证？这是质证问题，同样涉及证据法、程序法、法庭心理学、叙事学、修辞学等学科；（7）某一项证据或者某几项证据将争议性事实证明到了什么程度，也就是说应该赋予此项证据（或者作为整体的证据）以多大的分量？这是分量（或说服力或证明力）评价或者认证问题，它受"逻辑与一般经验"的支配并且属于陪审团或者其他事实裁判者的问题，部分涉及证

涉及证据与证明的问题，这些问题分别被不同学科占据着，使得司法证据与证明问题领域缺乏一种系统宏观的研究视角。在司法证据与证明问题领域的横向分布上，我们则可以将其分为"规范"与"规律"两个部分。其中"规范"主要涉及证据法、程序法和实体法对司法证据与证明的法律规制问题，包括法律规则与法律原则；而"规律"则主要涉及心理学、逻辑学、概率论、叙事学、修辞学、法医学、物证技术学等研究的司法证据与证明规律（或事实认定规律）[1]问题。下文将根据不同学者提出的学科称谓及其理论体系在司法证据与证明问题领域中的分布情况，"从窄到宽"地对各种学说观点进行类型化分析与批判性反思。

## 二、作为"法学"的证据法学

### （一）作为独立部门法学的证据法学

有学者在对英美证据法学和中国证据法学发展史作出深入考察之后，发现了证据学科研究对象异化和学科属性定位不清的问题，于是提出了"证据法学是一门法学吗"的命题，[2]并将这一命题分解为两个问题，即证据法学是不是一门法学？如果是，那它能否成为一门独立的法学学科？论者经过论证后认为：首先，只有将证据法学的研究对象限定于证据规则，才能明确证据法学的学科性质是法学，从而独立于自然科学；其次，证据法学所研究的证据规则主体应该是可采性规则，这样，证据法学才能独立于诉讼法学和实体法学。可以看出，其所主张的证据法学范围，在司法证据与证明问题领域的纵向分布上仅限于审判阶段，而在横向分布上又基本仅限于可采性规则。笔者认为其中存在两个问题：一是"他既没有区分'证据法学'与'证据学'这两个重要概念，也没有在学界通常定义

---

（接上页）法（主要指补强证据规则和一些证明指导原则）；(8) 应当将争议性事实证明至什么程度？这是证明标准问题，主要由证据法和宪法等法律来规范。

〔1〕 尽管在后文中会根据不同的语境使用"司法证据与证明规律"和"事实认定规律"这两个词，但它们的内涵和外延在本章中都是相同的。

〔2〕 参见易延友："证据学是一门法学吗——以研究对象为中心的省察"，载《政法论坛》2005年第3期。

的'法学'语境下进行沟通。所以，该文中忽而'证据学'，忽而'证据法学'，题目与文章的主体分道扬镳，成为一个硬伤"。[1]尽管如此，但该论者的上述第一个观点仍然是很有见地的，证据法学的研究对象当然应该是规制司法证据与证明的证据规则（当然还应包括证据原则在内的证据法律规范），因为它的学科性质是社会科学中的法学，因此从法教义学或规范法学的角度出发，必然要求将非法律性的司法证据与证明规律研究排除出证据法学。二是其主张证据规则的主体应该是可采性规则的观点也同样很有见地，因为这正是证据法与诉讼法或实体法相区分的关键所在。但我们同时也应该看到，任何一个学科的研究范围都有其核心和边缘地带。我们不仅应在深度上限定证据法学的研究对象以区别于其他部门法，同时也应在广度上适当地扩充证据法学所研究的范围以建构更为完善的学科体系。因此，在笔者看来，证据规则除包括其核心可采性规则之外，还应包括规制事实认定的其他实体性规则和程序性规则。[2]

（二）依附于程序法学的证据法学

有学者从认识论和价值论两个角度对证据学与证据法学作了区分，认为司法证据与证明问题研究"应当存在两个不同的方向：（1）从'如何发现事实真相'的角度出发，研究如何有效地收集、审查和判断证据，如何全面地发现案件的事实真相；（2）站在'如何限制和规范发现事实真相的活动'的立场上，将证据规则问题纳入诉讼程序的轨道，使之成为法庭审判程序的有机组成部分"。[3]该论者将前者称为广义上的"证据学"，将后者称为具有崭新功能和体系的"证据法学"。按照这样的思路，他认为"中

---

[1] 吴丹红："面对中国的证据法学——兼评易延友《证据学是一门法学吗》"，载《政法论坛》2006年第2期。

[2] 实体性规则主要包括两个方面：一是证据相关性、证明力、证据种类等方面的规则；二是体现在各种实体权利如对质权和作证特免权，以及证明责任和证明标准等中的实体性规则。程序性规则包括证据取证方式、出示方式、询问方式等方面的程序性规定。参见张保生主编：《证据法学》，中国政法大学出版社2009年版，第40-41页。

[3] 陈瑞华："从'证据学'走向'证据法学'——兼论刑事证据法的体系和功能"，载《法商研究》2006年第3期。

国并不存在典型意义上的'证据法学',而只有所谓的'证据学'。……这种建立在认识论基础上的'证据学'理论,不仅无法包含大量的现代证据规则,而且与现有的刑事诉讼法学理论也呈现出明显的不兼容性"。[1]据此,其得出结论,认为应该将证据法学的价值基础从促进事实真相发现的认识论,调整到规范和限制事实真相发现的价值论。只有将证据法学纳入法庭审判程序,纳入程序法学的范畴,证据法学才能获得崭新的生命。但我们都知道,在证据法中既有规范和限制事实真相发现的规则,比如,促进外部政策的作证特免权规则、非法证据排除规则和不得用以证明过错或责任的证据规则等;也有促进事实真相发现的证据规则,比如,优势证据规则、意见证据规则、传闻证据规则和品行证据规则等。因此,证据法应该具有求真与求善的双重功能,它是二者的辩证统一,即合理而正当地求真,故而必须奠定在认识论和价值论的基础之上。而该论者将证据法学的理论基础从认识论调整到价值论的观点,实际上是从一个极端走向了另一个极端。此外,"判断证据法学能否作为一门独立的学科……关键看是否有独立的研究对象和完整的理论体系。……就研究对象和理论体系而言,证据法学尽管与诉讼法学和民法学等实体法学在部分内容上有交叉,但是没有哪一部门法学能完全包容证据法学的全部研究内容"。[2]加之证据法学的核心内容可采性规则也具有不同于程序法和实体法的性质,因此证据法学不应该依附于程序法或实体法,而应该成为一门相对独立的法学学科。

### 三、证据法学与证据学的界分

有论者通过考察中外证据与证明问题研究的历史,发现社会分工、学科分化以及一代代证据法学家的努力促成了证据学和证据法学的分野,因

---

[1] 陈瑞华:"从'证据学'走向'证据法学'——兼论刑事证据法的体系和功能",载《法商研究》2006年第3期。也就是说,"假如我们依然站在前一立场上并将认识论奉为证据规则赖以安身立命的指导原则,使得各方的诉讼活动都匍匐在所谓的'客观真实'的幻影之下,那么,包括非法证据排除规则、沉默权规则、证人作证豁免规则、证明责任分配规则在内的一系列证据规则,都将没有存在的空间"。

[2] 陈光中主编:《证据法学》,法律出版社2015年版,第9—10页。

而有必要对二者进行区分。他认为"证据学是研究如何运用证据来查明事实的学科，是系统地研究司法实践中证据收集、保全、判断等规律和规则的应用法学"。[1]从广义上讲，它是一个由物证技术学、侦查学、法医学等组成的学科群。而"证据法学主要是研究如何在法律上对待收集的证据，是以一系列约束查明案件事实方法的规则为主要研究对象的理论法学，它并不致力于发现事实真相，而是旨在保障合理而正当地发现真相"。[2]还有学者亦认为，应该合理区分证据法学与证据学，认为证据法学是一门法学学科，而证据学则是一门交叉学科或者学科群。[3]这种主张也印证了上文的历史考察：为了克服证据法学的局限性和满足司法实践的需要，随着社会分工的日益细化，以司法证明规律为研究对象的新证据学才逐渐兴起，拓展了司法证据与证明领域的研究范围。笔者基本赞同以上论者的观点，但同时又认为证据学是研究诉讼中基于证据的事实认定规律而不是规则的一个辅助性法学学科或学科群。因为按照前述论者的观点，它主要建立在认识论基础之上，"从'如何发现事实真相'的角度出发，研究如何有效地收集、审查和判断证据，如何全面地发现案件的事实真相"，[4]所以，证据学的研究对象应该是司法证据与证明规律。至于有关证据收集、保全、判断的规则，则属于诉讼法学和证据法学的范畴。而对于证据法学来说，虽然它的首要价值在于求真，但它还必须以价值论为基础，必须是合理而正当地求真，即求真与求善的辩证统一。证据学与证据法学的

---

[1] 吴丹红："面对中国的证据法学——兼评易延友《证据学是一门法学吗》"，载《政法论坛》2006年第2期。

[2] 吴丹红："面对中国的证据法学——兼评易延友《证据学是一门法学吗》"，载《政法论坛》2006年第2期。

[3] 有观点认为"证据学是关于证据的科学或学问；证据法学是关于证据法的科学或学问，或者说，是关于证据的法律科学或学问。正是在这个意义上，笔者曾经说过，证据学是一个学科群"。参见何家弘："证据学抑或证据法学——兼与龙宗智教授商榷"，载《法学研究》2008年第1期。还有论者也认为，应将证据学逐渐培育成一种由多个学科组成的"学科群"。参见陈瑞华："从'证据学'走向'证据法学'——兼论刑事证据法的体系和功能"，载《法商研究》2006年第3期。

[4] 陈瑞华："从'证据学'走向'证据法学'——兼论刑事证据法的体系和功能"，载《法商研究》2006年第3期。

分野确实扩展了司法证据与证明领域问题的研究范围,但上述两个概念却都不能单独完全地涵盖司法证据与证明领域的所有问题,"因为证据学主要是对司法证据与证明规律的研究,这种规律对司法证明活动具有指导性;而证据法学则主要是对证据规则的研究,证据规则在司法证明活动中具有强制性。对此,能否建立一个囊括司法证据与证明领域所有问题的证据学科呢?这需要一个崭新的概念来展现"。[1]

(一)"规则+规律"型证据(法)学、狭义证据科学和综合性证据学

有学者针对上文提到"应确立一种'规则型'证据法学的学科模式"的观点进行了批判。该论者认为"这种观点忽视了20世纪60年代以来英美证据法学的转向趋势,即其研究触角从'证据规则'扩展到'证明过程',研究方法突破'学科自洽'的藩篱,走向了'学科交叉'。这一转向的根本原因在于'规则型'证据法学存在着局限性和片面性……立足于我国证据法学的固有传统和英美证据法学的优秀因素,结合英美证据法学的自我反思及最新转向,我国应当建构一种'规则+规律'型的证据法学"。[2]这位论者看到了规则型研究的局限性——不能涵盖司法证据与证明领域的所有问题(特别是司法证据与证明规律问题),从而主张突破"学科自洽"走向"学科交叉",运用"规则+规律"的交叉学科研究范式去研究司法证据与证明问题。对此,笔者十分赞同。但是,其虽在文章的摘要中已意识到"学科性质和研究对象的确定是证据法学的基本理论问题",[3]可综观其全文却都没有对"证据法学的学科性质到底是交叉学科还是法学"作出一个明确的判断。他一方面主张应该建立一种"规则+规律"的交叉学科研究范式,将证据规则和非法律性的司法证据与证明规律都作为证据法学的研究对象,让读者以为他将证据法学定位为一门交叉学科;可在

---

[1] 郑飞:《威格莫尔司法证明科学研究》,中国政法大学2011年硕士学位论文。
[2] 秦策:"我们研究什么样的证据法学——英美证据法学的转向与启示",载《中国刑事法杂志》2010年第4期。
[3] 参见秦策:"我们研究什么样的证据法学——英美证据法学的转向与启示",载《中国刑事法杂志》2010年第4期。

另一方面他又将证据法学定位为一门法学，认为之所以将非法律性的规律作为证据法学的研究对象，是由证据法学的独特性所决定的，并对这种独特性作了一番论述。但问题在于，如果证据法学是交叉学科，那当然可以将非法律性的规律和证据规则一起作为研究对象。但如果证据法学是一门法学，按照法教义学或规范法学的观点，就算它再特殊，它也应该保持一种法学的学科属性和学科自洽性，而不能将非法律性的规律纳入证据法学研究范围。总之，总体上看，该论者仍然延续了中国传统证据（法）学的错误，将许多本属于自然科学的规律判断也纳入了证据法学范畴中，因此未能对该学科到底属于法学还是交叉学科作出应有的定位。

与此不同的是，也有学者明确将狭义证据科学的学科性质定位为交叉学科。他认为，狭义"证据科学不是一个对任何事实或证据问题都进行研究的包罗万象的学科群，而是一个研究证据采集、鉴定技术以及案件事实认定一般规律的科学理论和方法体系"。[1]它的研究领域包括证据法学、法庭科学及其相互交叉融合。与此相似的理论是道格拉斯·沃顿与张南宁提出的证据理论现代化是迈向一种"综合性证据学"的观点，其中，证据法和法庭科学是综合性证据学的两个核心领域。我们可以从"规则+规律"型狭义证据科学和"综合性证据学"的研究领域中看出，这两个概念实际上包含了上文所说的研究司法证据与证明规律的"证据学"和研究规制事实认定的证据法律规范的"证据法学"的内容。不管从横向还是纵向看，狭义证据科学都几乎囊括了司法证据和证明领域的所有问题，它应该成为一门新兴的交叉学科。

（二）广义证据科学、大证据学或证据学大革命

按照上文所述，论者所定义的广义证据科学，涵盖了一切指向证据和证明问题的人文社会科学和自然科学研究。与此相类似的一些理论，还有

---

[1] 张保生："研究证据科学，促进司法公正（发刊词）"，载《证据科学》2007年第1期、第2期合刊。

龙宗智教授提倡的"大证据学"理论和裴苍龄教授力图推动的"证据学大革命"等。我国的这些理论与舒姆和特文宁的证据科学理论在证据与证明问题领域的研究范围上大致相当,企图将一切指向证据问题的人文社会科学和自然科学研究都纳入其中,从而建立一种作为"科学之科学"的证据科学。但建立超越法律事务范围的"大证据学"是否有必要呢?众所周知,"学科的形成有其自身的规律,而且要具备一定的条件。一方面,社会生活或科学研究中要有建立这门学科的需要;另一方面,社会生活或科学研究中要有足够的相关知识的积累。……虽然人类在社会生活的其他领域内也会使用证据,但是只有在司法活动领域内,证据的运用问题才如此重要如此频繁,以至于产生了建立专门学科的客观需要"。[1]因此,证据科学应该局限于法律事务范围之内,而不能成为取代哲学的万事通用且包罗万象的学科。"一言以蔽之,超越法律事务的范围去建构'大证据学',既是没有必要的,也是不可能的。"[2]尽管中外学者们都提出了诸多整合所有涉及证据与证明问题研究的概念,但广义证据科学的研究范围过于泛化,而狭义证据科学在社会实践需要和相关知识积累两方面都具备了形成一个学科的条件。正是基于这样一种认识,中国政法大学证据科学研究院的工作重心才主要围绕着狭义证据科学展开。[3]

从上述对相关学说观点的类型化分析与批判性反思中可以看出,这场争论的焦点主要集中在证据学科独立性和跨学科研究范式之间的矛盾上。首先,主张"证据法学"称谓的学者往往认为证据法学作为一门拥有自己

---

[1] 何家弘:"证据学抑或证据法学——兼与龙宗智教授商榷",载《法学研究》2008年第1期。

[2] 何家弘:"证据学抑或证据法学——兼与龙宗智教授商榷",载《法学研究》2008年第1期。

[3] 中国政法大学证据科学研究院目前的研究工作主要围绕狭义证据科学而展开,可以概括为一个目标、两大领域、三个方向、四项任务:一个目标,就是要破解事实认定的千古难题;在此目标下,以法庭科学和证据法学为两大研究领域,以法医学、物证技术和证据法学为三个研究方向,承担着四项任务:一是推动法庭科学和证据法学的同步、快速发展;二是努力解决司法实践面临的重大证据问题;三是培养证据科学人才;四是优化证据科学的服务。参见张保生:"研究证据科学,促进司法公正(发刊词)",载《证据科学》2007年第1期、第2期合刊。

独特研究对象的法学学科，理应独立于自然科学和其他部门法学，从而建构起自己的学科体系；其次，虽主张"证据法学"称谓，但企图通过交叉学科研究范式来建立"规则+规律"型证据法学的学者，却未能厘清这一学科的性质到底是法学还是交叉学科，而个别学者提出的狭义证据科学（如张保生教授以及道格拉斯·沃顿教授提出的"综合性证据学"）则明确定位为交叉学科，克服了学科性质不明确的理论缺陷；再次，尽管有学者对"证据法学"和"证据学"作了相对区分，但却未能提出一个整合性的概念，运用跨学科研究范式针对司法证据与证明问题领域进行综合性研究；最后，主张"广义证据科学"或"大证据学"称谓的学者，则企图建立超越法律事务范围的"大证据学"。因此可以看出，上述各种观点都分别在司法证据与证明问题领域的横向和纵向分布中占据了不同的波段，它们限缩自己的研究范围是为了促进证据法学的独立，而通过跨学科研究范式来扩展自己的研究范围则是为了促进有关司法证据与证明问题（或一切社会生活中的证据与证明问题）研究的整合。当然，关于证据学科称谓的争论远不止这些，[1]到目前为止这场争论依然呈现出白热化的状态。真理总是越辩越明，囿于主题与篇幅，本章只能选择具有代表性的观点进行分析评论。

## 第四节 中国证据学科的未来走向

尽管这场论战呈现出限缩和扩张证据学科研究范围的两种不同趋势，

---

[1] 除本章重点分析的具有代表性的文章之外，讨论这一主题的文章还包括：郭金霞："法庭科学、科技发展与证据法之间的互动"，载王进喜、常林主编：《证据理论与科学——首届国际研讨会论文集》，中国政法大学出版社 2009 年版；万毅、林喜芬、何永军："刑事证据法的制度转型与研究转向——以非法证据排除规则为线索的分析"，载《现代法学》2008 年第 4 期；张南宁："从新证据学到证据科学"，载《中南大学学报（社会科学版）》2009 年第 8 期；王跃、易旻："迈向'证据科学'——法庭科学学科建设模式的'大证据学'视野"，载《法制与社会发展》2011 年第 3 期；钱洪良："论循证视角下的证据科学"，载《证据科学》2013 年第 5 期；等等。

但学科专业化和综合化趋势都是现代社会发展所必须的。首先,专业分工的日益细化给现代社会带来了持续繁荣,但它所造成的学科壁垒也在阻碍着知识的整合效应,因此,学科知识整合的力量无疑将会成为未来学术研究的发展趋势;其次,应注意到,知识大爆炸使得现代社会再也不会出现文艺复兴时期那样的百科全书式人物,专业分工仍具有其现实合理性。有关司法证据与证明问题的研究也不例外。因此,我们应该在专业日益细分(促进证据法学的独立)的同时,进行学科知识的整合(整合司法证据与证明问题领域研究的证据科学),形成针对某一专门性问题的跨学科研究范式。每年的国家社科基金重大项目无一不要求对某一重大问题进行跨学科研究,便是最好的诠释。我们大可以从研究对象、理论基础和学科性质三个角度,厘清"证据学""证据法学"和"证据科学"这三个既相互区别又相互联系的学科称谓及其背后的理论体系;并顺应学科发展和司法实践的需要,在走向独立的"证据法学"和深入规律的"证据学"之基础上,形成一种"事实认定一体化"的跨学科研究范式,从而更加自信且坚定地迈向整合的"证据科学"。这样,我们在司法证据和证明领域研究的深度和广度上都能得到更好的拓展。

## 一、走向"独立"的证据法学

正如论者指出的,"一方面,我国证据法学研究大部分仍然游离于法学和自然科学之间,这种研究既不能增长自然科学方面的知识,也无法增长法学方面的知识;另一方面,在有可能增长法学知识的领域,证据法学却又依附于法学的其他门类,从而丧失了自身独立存在的价值"。[1]因此,证据法学要走向独立,必须解决两个问题,第一,如何独立于自然科学;第二,如何独立于其他法律学科,特别是诉讼法学。

"毫无疑问,证据法学要想成为一门独立学科,首先必须成为一门法

---

[1] 易延友:"证据学是一门法学吗——以研究对象为中心的省察",载《政法论坛》2005年第3期。

学。"[1]按照法教义学或规范法学对法学的基本定义,法学的研究对象是法律规范(包括法律规则和法律原则),因此证据法学的研究对象当然就应该是包括(以可采性规则为核心的)证据规则和其他证据原则在内的证据法律规范,它是法学之下的一个分支学科,它的学科性质毫无疑问应该是法学。我们大可以将证据法学的研究对象限定为证据法律规范,并剔除非法律性的事实认定规律问题,着重对证据法律规范的建构、解释及应用问题进行研究,使之成为真正独立的法学学科。而证据法也可以这样来界定,即它是规制在诉讼活动中运用证据进行的事实认定之法律规范的总称,具有求真与求善的双重功能。因为证据法中既有规范和限制事实真相发现的规则,也有促进事实真相发现的证据规则,而"证据法的主要任务之一就是要决定为了促进准确的司法裁判,何时应当遵从自然推理而何时不遵从",[2]也即求真与求善的权衡,因此,以证据法律规范为研究对象的证据法学之理论基础当然就应包括认识论与价值论两方面。综上,只有将证据法学的研究对象限定为证据法律规范,将其理论基础奠定在认识论和价值论之上,将其学科性质定位为法学学科,证据法学才不会再游离于自然科学和法学之间,从而走向真正的独立,成为一门相对独立的法学学科。

此外,近年来,由于证据法学研究对象(以可采性为核心的证据规则)的独特性(独立于实体法规则和程序法规则的第三类规则),司法实践防止冤假错案的需要,[3]以及三大诉讼证据规定的制定,使得中国证据法学有了实在法的研究对象,证据法学也已逐渐从诉讼法学中独立出来。首先,在立法方面,从1998年开始,连续多年都有人大代表或政协委员提

---

[1] 易延友:"证据学是一门法学吗——以研究对象为中心的省察",载《政法论坛》2005年第3期。

[2] Ronald J. Allen, "The Domain of Evidence Law", *Evidence Science*, Vol. 23, No. 3, 2015, p. 380.

[3] 正如论者所指出的,从1994年佘祥林案、1998年杜培武案、2003年黄静案、2006年高莺莺案到2010年赵作海案,司法不公的问题无不指向证据制度的缺陷,司法不廉的问题也直指证据制度的不健全。See Baosheng Zhang & Fei Zheng, "Reforming the Criminal Evidence System in China", *Asian Journal of Criminology*, Vol. 2, 2014, p. 104.

出议案呼吁制定独立统一的证据法。[1]其次,法学界的专家学者们也已经在深入考察世界各国证据制度的基础上,提出了若干部证据法草案建议稿。尽管这些建议稿在回应我国司法实践中的证据与证明问题上仍有许多不足,但它们无疑已经为证据法的独立奠定了一定的理论基础。[2]再次,学者们的研究成果为中国证据法学独立作出了许多贡献,尽管其界定的证据法学研究对象范围和提出的证据法学学科体系还存在较大争议。最后,证据法学学术共同体不断壮大,很多大学设立了专门研究证据法学的学术机构。同时,学科发展速度也明显加快,证据法学在一些学校已被列为必修课程,甚至成为独立的法学二级学科。这些趋势清晰地表明,中国证据法学正在逐渐成为一门不仅独立于自然科学而且还相对独立于其他部门法学的重要法学学科。

证据法学之所以要走向独立,其原因和意义在于:第一,证据法学只有独立于自然科学,才能明确自己的研究对象,保持自己的法学学科属性和学科自洽性,进而提出基本命题并整合相关理论,以达成构建完善的证据法学学科理论体系之目标;第二,证据法学因其研究对象的独特性,且其内容无法被实体法和程序法完全容纳,证据法学必然走向独立;第三,也是最重要的,证据法学的独立有助于促进统一独立的证据法出台,以便

---

[1] 从1998年召开的第九届全国人大第一次会议陈华姣等32名代表第一次提出《建议制定"证据法"(第580号)》的议案以来,几乎在每年的"两会"上都有代表提出议案呼吁制定证据法。这股呼吁制定证据法的人大提案风暴在2001年召开的第九届全国人大第四次会议上达到高潮,此次会议共有五个议案建议制定证据法。此后,2003年有3个,2004年有1个,2006年有1个议案建议制定证据法。尽管在2007年以后由于各种原因再也没有人大代表提出议案建议制定证据法,但是至今每年的人大会议上都有代表提出议案建议制定民事证据法和刑事证据法,或是建议制定有关证人作证的单行法律,以完善中国的证据制度。值得一提的是,在2015年的政协会议上,有政协委员仍在呼吁:"避免冤假错案应尽快制定证据法。"

[2] 学者们不仅以发表文章的形式呼吁制定证据法,同时还提出了诸多证据法立法建议稿,包括毕玉谦、郑旭、刘善春:《中国证据法草案建议稿及论证》,法律出版社2003年版;陈光中主编:《中华人民共和国刑事证据法专家拟制稿(条文、释义与论证)》,中国法制出版社2004年版;江伟主编:《中国证据法草案(建议稿)及立法理由书》,中国人民大学出版社2004年版;张保生主编:《〈人民法院统一证据规定〉司法解释建议稿及论证》,中国政法大学出版社2008年版。

更好地规制诉讼中的事实认定，从而满足司法实践防止冤假错案的需要。

## 二、深入"规律"的证据学

关于证据学的学科性质，"虽然它研究的某些内容似乎与法律关系不大，但我们不能就此断然认为证据学不是（广义的）法学，因为证据学所研究的证据，主要是诉讼过程中的证据，而非常识意义上的证据，……证据学的研究成果主要也是服务于司法实践，因此，现代法学理论仍然把它归于（广义的）法学，只是定位为'辅助法律科学'"。[1]但在广义法学范围内，必须对规制事实认定的证据法学和促进事实发现的证据学作一个区分：前者的研究对象是证据法律规范，而后者的研究对象则是诉讼活动中的事实认定规律。因此，我们就可以这样来重新定义证据学，即它是研究司法证据和证明规律的辅助性法学学科或学科群，它的理论基础是如何发现事实真相的认识论。

此外，这一概念与最广泛意义上的"法庭科学"（forensic science）概念基本相当。"法庭科学广义的概念，是指运用一切医学、自然科学的理论与技术，研究并解决刑事侦查、审判以及民事纠纷中有关专门性问题的一门自然科学。"[2]但是，法庭科学的产生源于法律实践的需要，因此，"从更广泛的意义上说，任何科学技术被应用于解决诉讼中的事实认定问题，都可以被视为法庭科学"。[3]故而，应当将人文社会科学中涉及证据与证明问题的研究也纳入法庭科学的范畴，"其理由在于：一方面，随着现代科学的文理交叉、文理渗透的发展，自然科学与社会科学的分界必然会变得相对模糊，自然科学和人文社会科学的联合应用也会日益广泛；另一方面，就刑事诉讼实践而言，以人文社会科学为其理论基础的科技证据

---

[1] 吴丹红："面对中国的证据法学——兼评易延友《证据学是一门法学吗》"，载《政法论坛》2006年第2期。在英美法理学对法学的分类中，把法医学、法律精神病学等作为法学附属学科。苏联法学理论也将之定位为辅助法律科学。也即都在法学范畴之列，只是属于边缘法学而已。参见张文显主编：《法理学》，法律出版社2004年版，第9页。

[2] 常林主编：《法医学》，中国人民大学出版社2008年版，第15页。

[3] 张保生主编：《证据法学》，中国政法大学出版社2009年版，第216页。

也客观存在,譬如有关文物鉴定、价格鉴定等"。[1]因此,按照最广义的法庭科学定义,一切自然科学和人文社会科学的研究成果和方法都可以在事实认定的司法实践中得以运用,以便更好地揭示事实认定规律。其中典型的例子就是美国热门电视连续剧《犯罪现场调查》(Crime Scene Investigation)中法庭科学家们所运用的广义法庭科学知识。上文所述的狭义证据科学和综合性证据学的分支之一,即是研究事实认定规律的法庭科学。综上,可以看出,这里的证据学概念几乎等同于最广泛意义上的"法庭科学"概念。同时,考虑到如何能有效地将本章意义上"证据学"的英文翻译区别于"证据科学"(evidence science),考虑可以用广义的"法庭科学"(forensic science)来取代本章意义上的"证据学"称谓。当然,二者还是有一些细微区别的。法庭科学更侧重于研究事实认定中的专门性问题,而证据学则以整个事实认定过程为研究对象,试图揭示事实认定的基本规律。

法庭科学(或证据学)存在的意义在于:第一,它可以利用心理学、逻辑学以及其他自然科学和人文社会科学的知识来揭开司法证明过程的"黑箱",让司法判决中的"自由心证"变得可以言说,从而增加判决的可接受性;第二,法庭科学(或证据学)所揭示的司法证据和证明规律具有指导性,可以用于指导司法实践,从而让司法证明过程中的事实认定更加准确;第三,随着司法证据和证明规律研究的不断深入,还有可能促进证据规则的改变,从而让立法者制定出更加完善的证据法律规范。正如艾伦教授所指出的,法庭科学(或证据学)所追求的目标十分明确——事实真相(或事实认定规律),它的"未来是继续推进特别是上个世纪以来所发生的不可思议的科学知识大爆炸,以及掌握这些科学知识以便其能够用来促进任何理性法律制度的主要目标的实现——即促进纠纷的准确解决"。[2]

---

[1] 陈学权:《科技证据论:以刑事诉讼为视角》,中国政法大学出版社2007年版,第60页。
[2] Ronald J. Allen, "The Future of Evidence Law",载常林、张中主编:《证据理论与科学——第三届国际研讨会论文集》,中国政法大学出版社2012年版,第1页。

### 三、迈向"整合"的证据科学

近年来,司法实践中冤假错案频发,其中大部分冤假错案都错在事实认定上。而事实认定错误的原因又是多方面的,其中有证据规则或证据制度不完善的原因,有诉讼程序和司法制度设置不合理的原因,有法庭科学(或证据学)未能充分揭示事实认定规律的原因,还有法官对事实认定规律掌握不够等原因。尽管法庭科学和证据法学的研究对象都是以证据为基础的事实认定,但"法庭科学家和证据法学者所处的是两个不同的世界,就像英国和美国一样,由一种共通的语言划分开来。虽然在一些重要方面彼此关联,但法庭科学和证据法学作为两个独立的学科,有着各自独特的构造和演进,关注不同的问题并运用各具特色的认识论。因此,这两个学科之间存在着自说自话的重大风险。该风险的迹象体现在法庭科学家与证据法学者之间时常沟通不畅"。[1]正是基于此,2009年美国法庭科学院和美国科学院联合制定的《美国法庭科学发展规划报告》第7条明确要求:"与法庭科学家或法庭科学证据工作相关的律师和法官必须掌握科学方法和法庭科学原理。"[2]因此证据法学和法庭科学(或证据学)二者都不能单独承担起解决事实准确认定这一千古难题的重任,这需要对司法过程中的事实认定领域进行综合研究,即"事实认定一体化"研究。而这种"事实认定一体化"的跨学科研究范式,又必然要求建立一门以司法证据和证明问题为研究对象的整合性科学。故而,狭义证据科学的提出有可能成为未来证据学科建构的范本,因为它既保持了学科的专业分化(促进证据法学的独立),增加了司法证据与证明问题研究的深度,同时其主张的跨学科研究范式("事实认定一体化")也增加了司法证据与证明问题研究的广度。

根据上文所引论者对狭义证据科学的定义,证据科学的研究范围包括

---

[1] [美]罗纳德·J. 艾伦:"证据法的法域范围",汪诸豪、李吟、蒋毅译,载《证据科学》2015年第3期。

[2] 杨敏、李昌钰:"美国法庭科学证据的应用与发展",载《政法学刊》2013年第2期。

证据法学、法庭科学（或证据学）及其相互交叉整合，其学科性质是交叉学科或学科群，其研究对象是诉讼活动中的事实认定规律和规制事实认定的证据法律规范，以及它们之间相互促进和相互抑制的关系。因此，证据科学的理论基础不仅包括认识论和价值论，还包括研究证据法学与证据学之间的交叉整合（或"事实认定一体化"研究）所需要的系统论。因为作为一门新兴交叉学科的证据科学体系的建构以及相关理论问题的研究要想有所突破，必然要运用系统论的知识和方法，以达到整合证据法学与法庭科学（或证据学）实现1+1>2的目的，从而更好地服务于司法实践中的事实认定。正如论者所言，"证据科学（法庭科学或证据学）的发展，将对证据法的发展产生积极影响"，[1]而证据法的发展也同样会对法庭科学（或证据学）的发展产生推动作用，从而促进整个证据科学的发展。例如，DNA科学技术的发展改变了有关DNA可采性的证据规则；证人心理学的发展在某种程度上证明了直接言词规则的正确性和必要性；科技证据的可采性标准从相对宽松的普遍接受性标准变革为相对严格的经验有效性标准；[2]相信未来测谎技术的发展也同样有可能改变目前测谎结论不可采的证据规则。

但必须注意的是，不能将"证据科学"概念泛化（例如，广义证据科学的概念，或"大证据学"概念），不能将社会生活中一切有关证据和证明的问题都纳入"证据科学"范围。正如何家弘教授所言，这既没有必要，也不可能。因此，应当将"证据科学"的研究对象限定于司法证据与证明问题领域，也即狭义证据科学领域；至于研究方法，因为不存在唯我独具的方法，[3]所以可以运用多学科研究方法对司法证据与证明问题进行综合研究，也即"事实认定一体化"研究。

按照上文提出的分析框架，以"事实认定一体化"研究为目标的证据

---

[1] 王进喜："证据科学的两个维度"，载《政法论坛》2009年第6期。

[2] [美] Edward J. Imwinkelrid："从过去30年美国使用专家证言的法律经历中应吸取的教训"，王进喜、甄秦峰译，载《证据科学》2007年第1期、第2期合刊。

[3] 参见郑永流："法学方法抑或法律方法？"，载郑永流主编：《法哲学与法社会学论丛（六）》，中国政法大学出版社2003年版，第20-30页。

科学理论体系可以大致分为四个部分：

第一，以一般性证据问题为主要内容的证据科学基本理论，包括证据和事实的定义与属性、证据的分类、证据科学的理论基础（认识论、价值论和系统论）、证据理论发展史等。

第二，以研究法律对事实认定过程的规制为主要内容的证据法学，以及与事实认定相关的程序法学和实体法学部分，包括证据制度、证据规则、证明原则（包括证明责任、证明标准、证明的指导性原则等）、司法认知和推定、与事实认定相关的程序法规则和实体法规则等。

第三，以揭示事实认定规律为主要内容的法庭科学（或证据学），即其他一切涉及司法证据与证明的自然科学和人文社会科学知识在司法证明过程中的应用，包括证明逻辑、司法心理学、司法侦查学、法医学和物证技术学等。

第四，证据法学（以及与事实认定相关的程序法规则和实体法规则）与法庭科学（或证据学）的交叉整合，也即"证据法律规范"与"司法证据与证明规律"的整合。法庭科学（或证据学）对事实认定规律的发现为证据法学如何规制事实认定提供了坚实的科学依据，"证据规则的建构也正是在证据学的知识基础上完成的，而证据法学的研究也为证据学的发现提供了一种程序规则，使得查明事实的手段具有了正当性和可接受性"。[1]

这样一种以"事实认定一体化"研究为目标的证据科学理论体系，将司法证据和证明领域问题从横向和纵向两个方面都统一了起来，它不仅明晰了证据法律规范的生成机理，而且还将有可能使"自由心证"变得可以言说。

尽管证据科学是一门刚刚兴起的交叉学科，但近年来，这门新兴的交叉学科已经在学科建设、人才培养、研究机构、科学研究等方面取得了重大进展。在学科建设和人才培养方面，北京市教育委员会、北京市学位委

---

[1] 吴丹红："面对中国的证据法学——兼评易延友《证据学是一门法学吗》"，载《政法论坛》2006年第2期。

员会于 2010 年首次将"证据科学"确定为北京市交叉学科重点学科。[1]这是证据科学首次以交叉学科重点学科的名义立项,表明证据科学的交叉学科性质已得到教育管理部门和有关学科组评审专家的一致认可。此外,在研究机构和科学研究方面,除中国政法大学证据科学研究院之外,中国人民大学法学院的证据学研究所、甘肃政法学院的证据科学研究中心、西安交通大学的法学与证据科学研究所等也在证据科学研究领域发挥了重要作用。同时,还创办了专属于本学科的学术性刊物《证据科学》和《证据学论坛》等。在国际学术交流方面,2011 年 7 月旨在促进证据法学和法庭科学交流与融合的国际证据科学协会宣告成立,2013 年中瑞证据科学联合研究中心也挂牌成立,这些努力无疑将进一步促进证据科学的融合与发展。

至此,我们就可以比较清晰地对证据法学、证据学(或法庭科学)和证据科学这三组称谓进行区分了。证据法学是研究规制事实认定的证据法律规范的一门独立的法学学科,其理论基础包括认识论和价值论;证据学(或法庭科学)是研究司法证据和证明规律的辅助性法学学科或学科群,其理论基础是认识论;证据科学以"事实认定一体化"研究为目标,是证据法学(以及与事实认定相关的程序法规则和实体法规则)与证据学(或法庭科学)的交叉整合,其研究对象是诉讼活动中的事实认定规律和规制事实认定的证据法律规范,以及二者之间的相互影响和相互促进关系,其理论基础包括认识论、价值论和系统论。当然,区分证据法学、证据学(或法庭科学)和证据科学,"不是就此断绝(证据法学)与证据学(或法庭科学)的天然联系,而是要实现'法学的归法学,技术的归技术',让证据学(或法庭科学)在一个法学辅助学科地位为证据法学的研究提供更多的基础性知识"。[2]"证据科学(中法庭科学或证据学)的发展,将

---

[1] 参见北京市教育委员会、北京市学位委员会:《关于公布增列北京市重点学科名单的通知》(京教研〔2010〕14 号)。

[2] 吴丹红:"面对中国的证据法学——兼评易延友《证据学是一门法学吗》",载《政法论坛》2006 年第 2 期。

对证据法的发展产生积极影响",[1]而证据法的发展也同样会对证据学（或法庭科学）的发展产生推动作用，从而促进整个证据科学以"事实认定一体化"的跨学科研究范式来解决司法证据与证明这一千古难题，这正是迈向整合的"证据科学"的意义所在。当然，证据科学的出现也并不意味着要取代与证据相关的诸学科，因为它的提出充分反映了学科专业化和综合化这两个现代学术研究发展趋势的要求：它不仅可以进一步促进证据法学的独立，同时也可以采用跨学科研究范式对司法证据与证明问题进行一体化研究。这样，在司法证据和证明领域研究的深度和广度上都能够得到更好的拓展。

## 第五节 中国证据科学的使命

众所周知，尽管相关学者和全国人大代表们基于司法实践的需要已经呼吁了多年，但中国至今仍没有一部统一的证据法典，"证据规则还在很大程度上附庸于三大诉讼法和相关的实体法之中，其根本不具有自己的独立性……而中国证据法学也还处于初级阶段，并没有形成自己完整的理论体系，它还是一个可以随意侵入的领地"。[2]基于此，我们确实应该为恢复证据法的传统领地而努力，为构建独立的证据法二级学科和制定统一的证据法而奔走。

在威格莫尔司法证明科学的影响下，由特文宁和舒姆教授于新世纪所倡导的那种开放的跨学科研究范式，对于中国证据学科的发展仍然具有重要意义。"我们大可以建立'规范+规律'的跨学科研究范式，在加强证据法学理论研究，完成现阶段证据法学的主要任务——制定统一的证据法和促进证据法学之独立的同时，对证据科学的另一部分——证据学（或法庭科学）展开深入研究，并由此形成一个跨学科的、针对诉讼活动中的证据

---

[1] 王进喜："证据科学的两个维度"，载《政法论坛》2009年第6期。
[2] 郑飞："论理性主义传统中的威格莫尔证据法思想及其启示"，《中国刑事法杂志》2012年第11期。

与证明问题进行交叉研究的证据科学学术共同体。"[1]对于中国证据学科发展和防止冤假错案的司法实践需要,这样一种"事实认定一体化"的跨学科研究范式,显然比单纯地限定在证据规则内的研究更有理论价值和实践意义。

但是,要想在证据科学理论研究和立法上有所突破,还需要在若干方面有所作为:怎样构建一个独立、系统的证据法学理论体系?如何实现这一理论体系与程序法学和实体法学的衔接,以解决相互交叉和冲突问题?什么样的证据立法模式才适合中国现行的诉讼模式和司法体制?何种证据法律规范既符合事实认定规律,又能有效规制诉讼中的事实认定并维护其他重要的外部社会价值?证据学(或法庭科学)对事实认定规律的研究如何揭开司法证明过程的"黑箱",让司法判决中的"自由心证"变得可以言说,从而增加判决的可接受性?如何充分运用系统论原理整合事实认定领域的"规范"和"规律"问题研究,从而建立一个整合的证据科学理论体系?面对这些尚未解决的理论难题,中国的证据科学学者没有理由袖手旁观。

---

[1] 郑飞:"论理性主义传统中的威格莫尔证据法思想及其启示",《中国刑事法杂志》2012年第11期。

中篇　证据制度的理论反思

# 第四章　证据属性的层次性与证据规则的结构体系[1]

证据属性学说众说纷纭，四套话语体系并立，形成如此局面的根本原因是我国已有学说未认识到证据属性的层次性。层次性的第一个体现是要素论与结构论的区分，关联性（相关性）、真实性和合法性等要素属性是证据评价的基本要素，证据能力（可采性）和证明力等结构属性则体现事实认定的程序结构进程。三个要素属性之间是由关联性（相关性）统领的平行关系，两个结构属性之间是基于程序结构进程的递进关系；同时，三个要素属性都不同程度地影响着对两个结构属性的审查判断。层次性的第二个体现是基于认识论与价值论的区分，可将证据属性分为自然属性与法律属性。在要素属性中，关联性（相关性）和真实性是促进事实认定准确性之内部目标的自然属性，合法性是促进除事实认定准确性之外的外部目标的法律属性；在结构属性中，证据能力（可采性）是属于法律问题的法律属性，证明力是属于事实问题的自然属性。我国证据法学应从"只注重要素论"或"只注重结构论"迈向"要素论与结构论并重"的研究范式，并在深入理解"证据规则体系是证据属性层次性的逻辑展开"的基础上，通过改造后的西式结构属性或改良后的"中式结构属性三分法"重塑我国的证据规则体系。

## 第一节　证据属性的理论纷争

我国证据属性研究曾有四次比较大的争议：一是证据是否具有阶级

---

[1]　本章原载《法学研究》2021年第2期，本书出版时做了部分修改。

性，二是证据是否具有客观性，三是证据是否具有合法性或者法律性，四是学术界是否应从证据属性研究转向证据能力与证明力研究。

首先，关于证据是否具有阶级性的问题。在以"阶级斗争为纲"的20世纪60年代，证据法学界就围绕着证据是否具有阶级性展开过一场激烈的争论。[1]一部分学者认为证据具有阶级性，[2]另一部分学者认为证据不具有阶级性。[3]改革开放后，随着"实践是检验真理的唯一标准"大讨论的

---

[1] 关于这场争论的综述，参见崔敏："刑事证据理论研究综述（第一部分）——《刑事证据的理论与实践》课题组研究成果之一"，载《公安大学学报》1988年第6期。

[2] 主张证据具有阶级性的主要理由：（1）刑事诉讼证据的本质特征是阶级专政的手段，是属于历史范畴的社会现象，而不是自然现象。（2）既然是在阶级社会中，犯罪有阶级性，刑事诉讼有阶级性，那么，刑事诉讼证据当然也有阶级性。（3）一部分证据事实本身就是客观存在的阶级斗争的事实及其反映，如受害人、证人等陈述的反革命破坏、阶级报复、反攻倒算、投机倒把等事实。（4）人的证言是一种思想意识的反映，具有明显的阶级性。（5）刑事诉讼证据是经过侦查、检察、审判人员调查认定的，因而不能离开人——侦查、检察、审判人员的认识或活动的阶级性，孤立地看待客观事实。（6）物证的物理性能不具有阶级性，但当它作为证据出现在诉讼中时，就具有阶级性了，应该分析它所证明的罪是在为哪个阶级服务。（7）认识证据阶级性在实践中的意义，是无产阶级立场和党的阶级路线的体现。参见崔敏主编：《刑事证据理论研究综述》，中国人民公安大学出版社1990年版，第9—11页；田静仁："关于刑事诉讼证据的客观性和阶级性问题"，载《政法研究》（现为《法学研究》）1964年第2期；戴福康："证据本身是没有阶级性的"，载《政法研究》（现为《法学研究》）1964年第3期；凌代权："两点意见"，载《政法研究》（现为《法学研究》）1964年第3期；陆研："谈谈刑事诉讼证据有无阶级性的问题"，载《政法研究》（现为《法学研究》）1964年第4期；王净："关于刑事诉讼证据理论几个问题的商榷"，载《政法研究》（现为《法学研究》）1964年第4期。

[3] 主张证据不具有阶级性的主要理由：（1）不能把刑事诉讼证据制度同刑事诉讼证据混同起来，刑事诉讼证据本身是不以人们的意志为转移而存在的客观事物，因而证据本身不具有阶级性；（2）不能把有些证据事实本身所含有的政治内容作为证据阶级性来看待，否则将得出一部分证据事实有阶级性，另一部分证据事实则没有阶级性的结论，会造成证据概念上的混乱；（3）不能把刑事诉讼证据在刑事诉讼活动中所起的追诉犯罪的作用当作诉讼证据的阶级性来看待；（4）因为人有阶级性，所以证据事实被政法工作人员认识和采用之后也就具有了阶级性，这一见解过于牵强、简单，对实务未必会有什么帮助；（5）办案人员只应听取证人等对案情事实真相的陈述，而不应要求证人说明对案件性质的认识，不能混淆人对证据的认识与客观存在的证据事实两个不同性质的问题；（6）主张部分证据有阶级性的观点，显然是把作为证明手段的证据事实和作为证明对象的犯罪事实混淆在一起；（7）发现、认识、收集、采用证据的立场、观点和方法问题，与证据事实本身有无阶级性是两回事。参见崔敏主编：《刑事证据理论研究综述》，中国人民公安大学出版社1990年版，第11—13页；张绶平："关于刑事诉讼证据理论的几个问题的探讨"，载《政法研究》（现为《法学研究》）1964年第1期；前进："谈谈刑事诉讼证据的阶级性"，载《政法研究》（现为《法学研究》）1964年第3期；孙兴起："有无阶级性要区别看待"，载《政法研究》

## 第四章 证据属性的层次性与证据规则的结构体系

展开,以及"以经济建设为中心"路线逐渐取代"以阶级斗争为纲"路线,学界对证据具有阶级性的观点进行了系统的批判和清算之后,[1]证据具有阶级性的观点就逐渐被人们摒弃,故本书将不再讨论证据的阶级性问题。

其次,关于证据是否具有客观性的问题。在1966年以前,证据是否具有客观性同样是证据属性的争论焦点之一,主流观点认为证据具有客观性,但也有观点认为证据是客观性与主观性的统一体,还有观点认为证据的客观性,应当归结为真实性。[2]而且需要注意的是,这场争论在改革开放之后持续展开,到21世纪之后仍然争议不断。[3]

---

(接上页)(现为《法学研究》)1964年第3期;戴福康:"刑事诉讼证据为什么具有阶级性?",载《政法研究》(现为《法学研究》)1964年第4期。

[1] 主要观点认为,证据具有阶级性不符合"实践是检验真理的标准",具有很多弊端:(1)影响收集证据工作上的全面性;(2)强调证据要有阶级性,成了某些承办人员得以随心所欲地取舍证据,甚至创造证据的借口;(3)强调证据的阶级性,其结果往往成了"证据事实"加"主观的阶级分析",成了客观证据与主观分析相结合的混合体;(4)赋予证据阶级性,会导致以所谓阶级性的强弱来确定证据的真假和其证据力的大小;(5)强调证据有阶级性,当收集的证据不足以体现阶级性时,容易导致非法取证。参见崔敏主编:《刑事证据理论研究综述》,中国人民公安大学出版社1990年版,第13-14页;戴福康:"刑事诉讼证据有没有阶级性?",载《群众论丛》1981年第4期。有趣的是,戴福康的观点前后经历了"否定—肯定—否定"的三个阶段,颇有"否定之否定"的哲学意味。20世纪60年代,他先是反对证据具有阶级性[参见戴福康:"证据本身是没有阶级性的",载《政法研究》(现为《法学研究》)1964年第3期],但随后又很快发表文章公开声明放弃原来的观点,反过来论证刑事证据应当具有阶级性[参见戴福康:"刑事诉讼证据为什么具有阶级性?",载《政法研究》(现为《法学研究》)1964年第4期]。到了20世纪80年代,他又撰文论证刑事证据不具有阶级性[参见戴福康:"刑事诉讼证据有没有阶级性?",载《群众论丛》1981年第4期]。这个有趣的现象是被阳平博士再次挖掘出来的(参见阳平:"从客观性到相关性:中国证据法学四十年回顾与展望",载《浙江工商大学学报》2018年第6期),最早是由崔敏总结发现出来的[参见崔敏:"刑事证据理论研究综述(第一部分)——《刑事证据的理论与实践》课题组研究成果之一",载《公安大学学报》1988年第6期]。

[2] 参见崔敏主编:《刑事证据理论研究综述》,中国人民公安大学出版社1990年版,第14-20页。

[3] 参见张晋红、易萍:"证据的客观性特征质疑",载《法律科学(西北政法学院学报)》2001年第4期;张弢、王小林:"诉讼证据客观性的理性定位——与绝对肯定说、否定说和统一体说商榷",载《现代法学》2002年第3期;熊志海:"论证据的本质",载《现代法学》2002年第4期;周千淇:"证据客观性的重新解读",载《法律适用》2015年第5期;阳平:"从客观性到相关性:中国证据法学四十年回顾与展望",载《浙江工商大学学报》2018年第6期;张保生、阳平:"证据客观性批判",载《清华法学》2019年第6期;何家弘、马丽莎:"证据'属性'的学理重述——兼与张保生教授商榷",载《清华法学》2020年第4期。

再次，关于证据是否具有合法性的争议，主要在两性说与三性说之间展开，两性说不承认合法性，三性说则赞同证据具有合法性。[1]

最后，随着研究的不断深入，进入21世纪之后学界又提出应从证据属性研究转向证据能力和证明力研究。[2]

证据属性研究在21世纪沉寂一段时间之后，近来又有重回争论热点之势，尤以张保生教授与何家弘教授的隔空商榷为标志。张保生教授主张证据属性"是证据法学的'本体论'问题，是构建证据制度的理论基础"，[3]并极力批判证据客观性，认为相关性才是证据的根本属性。[4]何家弘教授则认为证据属性已成为"伪命题"和"废矿区"，"我们应该从证据属性问题的研究转向证据的审查认定标准的研究"。[5]双方最大的争议在于证据属性问题是否还值得进一步研究。本章即针对此问题，从证据属性的类型化出发，以要素论和结构论、认识论和价值论的区分为基础，提出证据属性层次论。

## 第二节 证据属性的类型化

新近有学者仔细梳理了证据属性学说的发展史，[6]对54部主流的证据法学教材中关于证据属性（或特征）的各种学说做了横向整体统计，分

---

[1] "持两性说者认为，证据具有客观性与相关性两种属性，它们是证据的本质属性；持三性说者则认为，证据具有客观性、相关性和法律性三种属性，法律性是将诉讼证据与一般证据区分开来的基本属性。"卞建林主编：《证据法学》，中国政法大学出版社2000年版，第78页。

[2] 参见陈瑞华："关于证据法基本概念的一些思考"，载《中国刑事法杂志》，2013年第3期；李勇："重视证据能力与证明力之证据判断功能"，载《检察日报》2017年12月31日，第3版；陈卫东、谢佑平主编：《证据法学》，复旦大学出版社2009年版，第51页；占善刚、刘显鹏：《证据法论》，武汉大学出版社2009年版，第27页；易延友：《证据法学：原则 规则 案例》，法律出版社2017年版，第12页。

[3] 张保生、常林：《中国证据法治发展的轨迹：1978~2014》，中国政法大学出版社2016年版，第282页。

[4] 参见张保生、阳平："证据客观性批判"，载《清华法学》2019年第6期。

[5] 何家弘、马丽莎："证据'属性'的学理重述——兼与张保生教授商榷"，载《清华法学》2020年第4期。

[6] 参见阳平："从客观性到相关性：中国证据法学四十年回顾与展望"，载《浙江工商大学学报》2018年第6期。

为老三性说、两性说、新三性说、四性说等,见表4.1。[1]如果对这些学说中提到的所有证据属性(或特征)做进一步的纵向类型化分析,可以大致将它们分为以下五类,见表4.2。

表4.1 证据法学教材中关于证据属性(或特征)的各种学说

| 学说类型 | 属性内容 | 教材部(版)数 |
|---|---|---|
| 老三性说 | 客观性、关联性、合法性 | 28 |
| | 客观性、关联性、可采性 | 4 |
| 两性说 | 客观性、关联性 | 3 |
| | 证据能力、证明力 | 4 |
| | 关联性、适格性 | 2 |
| 新三性说 | 证据能力、证明力、证据的客观性与主观性 | 2 |
| | 真实性、关联性、合法性 | 1 |
| | 真实性、关联性、可采性 | 1 |
| | 关联性、客观性、合法性 | 3 |
| | 相关性、可采性或证据能力、证明力 | 2 |
| 四性说 | 客观性、主观性、证明性、法律性 | 1 |
| | 关联性、可采性、证据能力、证明力 | 1 |
| | 相关性、可采性或证据能力、证明力、可信性 | 2 |

表4.2 证据法学教材中关于证据属性(或特征)的类型

| 属性含义 | 属性内容 |
|---|---|
| 证据是否具有证明作用 | 关联性、相关性、证明性 |
| 证据是否真实可信 | 真实性、客观性(主观性)、可信性 |
| 证据是否合法 | 合法性、法律性 |
| 证据准入资格 | 证据能力、可采性、适格性 |
| 证据证明作用的大小 | 证明力 |

---

[1] 参见张保生、阳平:"证据客观性批判",载《清华法学》2019年第6期。

第一类是关于证据是否具有证明作用的属性，主要有三种表述：关联性、相关性、证明性。关联性是中国证据属性的传统表述之一，[1]相关性则译自英美法系，[2]但二者实质上是一致的，只是表述稍有差异而已。证明性源自对我国《刑事诉讼法》第50条证据概念的解析，"可以用于证明案件事实的材料，都是证据"。但这里的"用于证明"的证明作用（证明性）只是与《美国联邦证据规则》规则401（a）中的"证明性"相同，而与规则401（b）中的实质性还有很大差距，后者指对待证要件事实的证明性。《美国联邦证据规则》规则401规定，"如果证据具有使对确定诉讼具有重要意义的事实更有可能或者更不可能的任何趋向性，则该证据具有相关性"。根据该定义，相关性实际上包含了两层关系，一是证据与事实主张的证明性，二是事实主张对审判的实质性，也即事实主张必须对确定诉讼具有重要意义。由此可见，完整的关联性（相关性）应等于证明性加实质性，即证据对待证要件事实的证明性。鉴于关联性和相关性已是规范性文件和学术研究的通常表述，关于证据对待证要件事实是否具有证明作用的属性，宜用关联性或相关性来表达，下文会结合语境交替使用这两个词汇。

第二类是关于证据是否真实可信的属性，也有三种表述：客观性、真实性、可信性。客观性是中国证据属性的传统表述之一，主要受到苏联

---

〔1〕 最早明确使用"关联性"一词的司法解释是2001年《最高人民法院关于民事诉讼证据的若干规定》（以下简称《民事诉讼证据规定》）第66条："审判人员对案件的全部证据，应当从各证据与案件事实的关联程度、各证据之间的联系等方面进行综合审查判断。"以及2002年《最高人民法院关于行政诉讼证据若干问题的规定》第54条："法庭应当对经过庭审质证的证据和无需质证的证据进行逐一审查和对全部证据综合审查，……确定证据材料与案件事实之间的证明关系，排除不具有关联性的证据材料，准确认定案件事实。"对证据相关性的一个相对完整的表述，是2012年《刑事诉讼法》第48条（现为2018年《刑事诉讼法》第50条），即"可以用于证明案件事实的材料，都是证据"，这被认为是中国式证据相关性定义。

〔2〕 《证据的相关性》一文较早向国内介绍了证据"相关性"概念。参见［美］格雷厄姆·利利："证据的相关性"，蒋恩慈摘译，陈光中校，载《法学译丛》（现为《环球法律评论》）1984年第2期。

"客观真实"学说和"实事求是"政治思想路线的影响,[1]但客观性学说存在客观性与主观性之谬,混淆了本体论问题与认识论问题,将证据与事实混为一谈,没有认识到事实认定的盖然性特点等问题。[2]而真实性更多是一个认识论概念。按照逻辑实证主义的观点,"真理"就是"符合事实",[3]就是主观与客观的相符。舒炜光教授甚至认为:"主体和客体发生作用的结果,达到主观和客观的符合度占百分之五十以上,这种认识就具有真理性质。"[4]故在事实认定领域应用体现认识论的"真实性"来替代"客观性"和"主观性",[5]所谓真实性即主观与客观相符的属性。而且我国现行《刑事诉讼法》、主要司法解释和规范性文件的具体条文中也均未使用"客观性"一词,而是采用"真实性"的表述,见表4.3。可信性是英美法系中的概念,主要指证据本身及其来源是否可信,[6]对言词证据一般用"可信性"一词,如证人证言是否可信;对实物证据一般用"可靠性",如物证是否可靠。[7]从实质上讲,可信性其实就是指证据是否真实可信、是否真实可靠,如表4.3所示,我国法律中也常常用真实性来表达可信性。[8]但"真实性"从中文语境来讲,暗含着"非真即假",并不能很好地表达证据真实可信的程度,而"可信性"更能表达真实可信的程

---

[1] 新中国成立初期,随着我国学界对苏联刑事诉讼法、证据法教材的译介,"客观真实"原则和证据"事实说"传到我国,并俨然成为"我国证据制度的灵魂"。参见阳平:"从客观性到相关性:中国证据法学四十年回顾与展望",载《浙江工商大学学报》2018年第6期;张保生、阳平:"证据客观性批判",载《清华法学》2019年第6期。

[2] 参见阳平:"从客观性到相关性:中国证据法学四十年回顾与展望",载《浙江工商大学学报》2018年第6期;张保生、阳平:"证据客观性批判",载《清华法学》2019年第6期。

[3] 参见[英]卡尔·波普尔:《猜想与反驳》,傅季重等译,上海译文出版社1986年版,第325页。

[4] 舒炜光:《科学认识论的总体设计》,吉林人民出版社1993年版,第206页。

[5] 何家弘教授也持类似观点,认为应用"真实性"代替"客观性",参见何家弘、马丽莎:"证据'属性'的学理重述——兼与张保生教授商榷",载《清华法学》2020年第4期。

[6] 这里的证据本身既包括证据的载体也包括证据的内容,参见[美]特伦斯·安德森、[美]戴维·舒姆、[英]威廉·特文宁:《证据分析》,张保生等译,中国人民大学出版社2012年版,第84-88页。

[7] 参见张保生主编:《证据法学》,中国政法大学出版社2018年版,第28页。

[8] 参见张保生主编:《证据法学》,中国政法大学出版社2018年版,第295页。

度。因此，从理论上讲，笔者更倾向于用"可信性"来表述证据的真实可信问题，但考虑到我国相关规范性文件更习惯用"真实性"，后文如无特别说明，将根据不同语境交替使用二者。

表 4.3　现行《刑事诉讼法》、主要司法解释和规范性文件中的"客观性"和"真实性"用词统计对比

| 序号 | 法律、主要司法解释和部门规章 | 客观性 | | 真实性 | |
| --- | --- | --- | --- | --- | --- |
| | | 出现次数 | 具体内容 | 出现次数 | 具体内容 |
| 1 | 《刑事诉讼法》 | 0 | 无 | 1 | 第190条第2款："……审查……认罪认罚具结书内容的真实性……。" |
| 2 | 《最高人民法院关于适用〈中华人民共和国刑事诉讼法〉的解释》（法释〔2021〕1号） | 0 | 无 | 10 | 第74条："……导致有关证据的真实性无法确认的，不得作为定案的根据。"<br>第77条："……材料来源不明或者真实性无法确认的，不得作为定案的根据。"<br>第91条第3款："……法庭对其证言的真实性无法确认的，该证人证言不得作为定案的根据。"<br>第105条："……（六）违反有关规定，不能确定辨认笔录真实性的其他情形。"<br>第114条："……（二）有增加、删除、修改等情形，影响电子数据真实性的；（三）其他无法保证电子数据真实性的情形。"<br>第139条第1款："对证据的真实性，应当综合全案证据进行审查。"<br>第249条第2款："控辩双方对……证据真实性……等有异议……"<br>第351条："……认罪认罚具结书内容的真实性……"<br>第372条："……核实具结书签署的……真实性……" |

第四章　证据属性的层次性与证据规则的结构体系

续表

| 序号 | 法律、主要司法解释和部门规章 | 客观性 | | 真实性 | |
| --- | --- | --- | --- | --- | --- |
| | | 出现次数 | 具体内容 | 出现次数 | 具体内容 |
| 3 | 《人民检察院刑事诉讼规则》（高检发释字〔2019〕4号） | 0 | 无 | 2 | 第75条第1款："……对……犯罪嫌疑人、被告人供述的真实性进行审查……"<br>第263条第3款："……对……讯问笔录真实性等产生疑问的……" |
| 4 | 《公安机关办理刑事案件程序规定》（公安部令2020年第159号） | 0 | 无 | 1 | 第192条："……对收集、调取的证据材料的真实性……予以审查、核实。" |
| 5 | 《关于办理刑事案件收集提取和审查判断电子数据若干问题的规定》（法发〔2016〕22号） | 0 | 无 | 3 | 第2条："……应当围绕真实性……审查判断电子数据。"<br>第28条："……（二）电子数据有增加、删除、修改等情形，影响电子数据真实性的；（三）其他无法保证电子数据真实性的情形。" |
| 6 | 《公安机关办理刑事案件电子数据取证规则》（公通字〔2018〕41号） | 0 | 无 | 2 | 第46条第2款："……可能影响证据真实性……"<br>第58条第1款："……并对报告的真实性……负责。" |
| 7 | 《人民法院办理刑事案件庭前会议规程（试行）》（法发〔2017〕31号） | 0 | 无 | 1 | 第21条："……人民法院核实被告人认罪的……真实性后……" |
| 8 | 《人民法院办理刑事案件第一审普通程序法庭调查规程（试行）》（法发〔2017〕31号） | 0 | 无 | 7 | 第7条第1款："……应当核实被告人认罪的……真实性……"<br>第11条第3款："……法庭核实被告人认罪的……真实性……"<br>第13条第3款："控辩双方对……证据真实性……有异议……"<br>第25条第2款："为核实……证据真实性等问题……" |

续表

| 序号 | 法律、主要司法解释和部门规章 | 客观性 出现次数 | 客观性 具体内容 | 真实性 出现次数 | 真实性 具体内容 |
|---|---|---|---|---|---|
| 8 | 《人民法院办理刑事案件第一审普通程序法庭调查规程（试行）》（法发〔2017〕31号） | 0 | 无 | 7 | 第45条第1款："……从……证据自身的真实性程度等方面，综合判断证据能否作为定案的根据。"<br>第47条："收集证据的程序、方式不符合法律规定，严重影响证据真实性的……"<br>第48条第1款："证人没有出庭作证，其庭前证言真实性无法确认的，不得作为定案的根据。" |
| 9 | 《关于办理死刑案件审查判断证据若干问题的规定》（高检发研字〔2010〕13号） | 0 | 无 | 4 | 第26条第2款："……勘验、检查人员违反回避规定的等情形，应当结合案件其他证据，审查其真实性和关联性。"<br>第27条第3款："对视听资料，应当结合案件其他证据，审查其真实性……"<br>第29条第3款："对电子证据，应当结合案件其他证据，审查其真实性……"<br>第30条第1款："……不能确定其真实性的，辨认结果不能作为定案的根据……" |

第三类是关于证据是否符合法律所规定的要求的属性，主要有两种表述：合法性和法律性。二者没有显著差别，均代表法律关于证据的特别评价，主要指取证的合法性，但也涉及广义合法性所包含的合伦理性（如近亲属作证特免权规则）、合效率性（如《美国联邦证据规则》规则403[1]）

---

[1]《美国联邦证据规则》规则403（因损害、混淆、浪费时间或者其他原因而排除相关证据）规定，"如果相关证据的证明价值为以下一个或者多个危险所严重超过，则法院可以排除该证据：不公平损害、混淆争点或者误导陪审团、不当拖延、浪费时间或者不必要地出示重复证据"。

第四章 证据属性的层次性与证据规则的结构体系

和合政策性（如不得用以证明过错或责任的证据规则）等，即公正、人权、和谐和效率等方面的法律要求。从证据规则的角度讲，相对于法律性，合法性更符合其本质特征，即证据必须符合法律所规定的要求，否则不可采或不具有证据能力。

第四类是关于证据准入资格的属性，主要有三种表述：证据能力、可采性、适格性。证据能力是大陆法系的表述，已被学术界和实务界普遍接受；可采性是英美法系的概念，近年来也逐渐被学术界和实务界接受。二者本质上没有区别，均指证据的适格性，是法律拟制的证据准入资格，只是在表述和适用程序上有两点差异：（1）需要排除的证据，在大陆法系被称为"不具有证据能力"或"缺乏证据能力"，在英美法系被称为"不具有可采性"或"不可采性"（inadmissibility）；[1]（2）大陆法系的证据能力规则主要适用于严格证明，英美法系的可采性规则则没有此限制。[2]鉴于证据能力和可采性已在实务界和学术界使用，因此后文将结合语境交替使用这两个词汇。

第五类是关于证据的证明作用大小或程度的属性，是唯一表述较为统一的属性，即"证明力"。[3]不管是大陆法系还是英美法系均使用这一词汇，但有时也会有与之类似的不同表述，比如《美国联邦证据规则》规则403中的"证明价值"（probative value）等，但在实质意义上并无不同，均指证据对待证要件事实的证明作用大小或程度。

在我国已有的各种学说中，学者们总是将上述五种证据属性类型进行各种混搭，导致理解上的混乱。究其根本原因，各种学说都是一种二维平面式思维，未认识到证据属性具有层次性，[4]因此大家基本都是各说各

---

[1] 参见张保生主编：《证据法学》，中国政法大学出版社2018年版，第23页。

[2] 参见卞建林主编：《证据法学》，中国政法大学出版社2007年版，第59页。

[3] "证明力"在英文中主要有两种表述：probative force 和 weight of evidence。前者主要指单个证据的证明力，后者指的是与对方的证据进行比较后，己方证据在总体上具有的证明力。参见王进喜：《美国〈联邦证据规则〉（2011年重塑版）条解》，中国法制出版社2012年版，第26页。

[4] 根据笔者的详细检索与查阅，目前尚未发现英文文献中有关于证据属性层次性的研究，这可能是因为英美法系主要以程序结构进程为主来架构证据法。在中文文献中有论及层次性的论文，但主要是针对证据在诉讼过程中所展现的层次性，而未论及证据属性的层次性（参见金彭年、

话。为进一步厘清各方争论的实质，必须对上述五种证据属性的层次性作系统梳理。从比较法、立法和司法实践等角度看，我国已经形成了四套关于证据属性的主流话语体系：一是传统的三个基本属性，关联性、真实性和合法性；二是大陆法系的证据能力和证明力；三是英美法系的可采性和证明力；[1]四是我国立法和司法实践中逐渐形成的证据资格、定案根据资格和证明力。[2]对此，本书将基于对要素论与结构论、认识论与价值论的分析，最大限度地厘清证据属性的层次性以及四套主流话语体系之间的关系，并进一步反思我国证据规则的结构体系。具体的证据属性的层次性结构见图4.1。

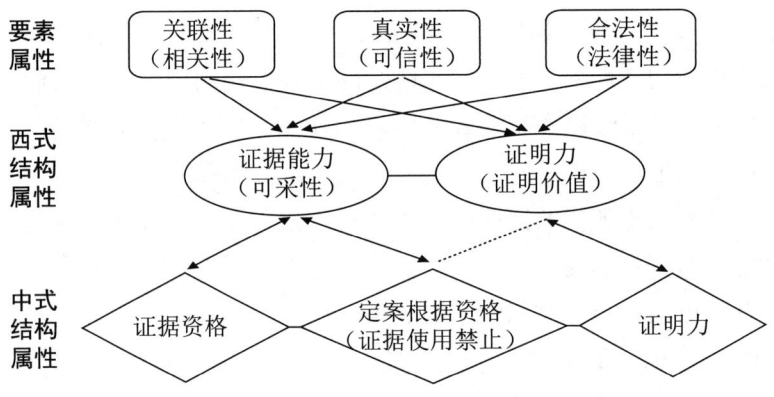

**图4.1 证据属性的层次性结构**

---

（接上页）王若青："关于证据定义、属性及层次分类的法理思考"，载《浙江社会科学》2005年第3期）。其中只有一篇论及了"证据属性层次理论"（参见栗明："民事诉讼测谎意见证据地位的实证考察与理论反思——以北大法宝188份民事判决书为分析样本"，载《河北法学》2018年第5期），虽然作者指出了传统三性（关联性、真实性和合法性）具有并列性，并提到英美法系和大陆法系国家"对证据属性的描述重在从动态上考察证据对程序的作用或影响，并对此进行价值评断后来设定证据的条件"，但是作者并未进一步准确揭示传统三性与英美法系和大陆法系的"证据能力""可采性""证明力"的关系。

[1] 笔者认为相关性是可采性的前提和影响因素之一，故将其纳入可采性。对此，后文将详细论述。

[2] 参见吴洪淇："刑事证据审查的基本制度结构"，载《中国法学》2017年第6期。

第四章　证据属性的层次性与证据规则的结构体系

## 第三节　证据属性的层次性

### 一、层次性体现一：要素属性与结构属性

（一）区分标准：要素论与结构论

根据要素论和结构论的观点，可以将前述五类证据属性分成两个层次：要素属性和结构属性。

首先，要素属性是证据评价的基本要素。所谓要素论，指的是从证据评价的角度看，影响证据评价的基本要素或标准是什么。[1]这些基本要素或标准就是证据的要素属性，包括证据对待证要件事实是否具有证明作用的相关性（关联性），证据本身和来源是否真实可信或真实可靠的真实性（可信性），以及证据是否符合法律相关要求（这些要求包括公正、人权、和谐和效率等）的合法性。需要注意的是，完整性并非证据的要素属性，证据是否完整主要是证据真实性的一个影响因素。例如，2016年最高人民法院、最高人民检察院和公安部联合印发的《关于办理刑事案件收集提取和审查判断电子数据若干问题的规定》（以下简称2016年《电子数据规定》）第22条，就将"完整性"作为"真实性"的一个影响或考察因素，即"对电子数据是否真实，应当着重审查……电子数据的完整性是否可以保证"。

其次，结构属性是程序结构进程的体现。所谓结构论，指的是从事实认定的程序结构进程角度看，可以将事实认定分成若干审查判断阶段，每个阶段针对证据评价设置了不同规则，由此形成了结构属性，主要包括作为证据准入资格的证据能力（可采性），以及获得证据准入资格之后判断

---

[1] 这里的"要素属性"就是何家弘教授所说的审查认定证据的标准，即采纳标准和采信标准。参见何家弘、马丽莎："证据'属性'的学理重述——兼与张保生教授商榷"，载《清华法学》2020年第4期。

证明作用大小的证明力（证明价值），也称"采纳"与"采信"。[1]例如，英美法系陪审团审判就将证据的可采性主要交由法官来判断，然后再由陪审团对具有可采性的证据之证明力进行自由评价并最终作出事实裁判。而大陆法系在严格证明中，也会首先判断证据是否具有证据能力，然后在具有证据能力的证据基础上判断现有证据能在多大程度上证明案件事实，即判断证据的证明力。由此可见，两大法系的证据结构属性基本是一致的，即证据能力（可采性）与证明力（证明价值）。

（二）各层次内部的逻辑关系：平行关系与递进关系

在基于要素论和结构论，对证据属性作了要素属性与结构属性的层次区分后，须进一步探讨各层次内部证据属性之间的关系。

首先，三个要素属性在逻辑上是平行关系，体现的是一种二维平面思维，类似于刑法中犯罪构成"四要件"之间的关系。[2]三个要素属性分别从三个不同维度对证据进行评价：（1）关联性是指证据对待证要件事实之证明作用的有无，指代的是证据与待证要件事实的证明作用关系维度，体现的是证据与待证要件事实之间的逻辑联系；（2）真实性是证据本身及其来源的真实可信性或真实可靠性，指代的是证据本身及其来源的真实可信或真实可靠维度，体现的是对证据本身可信程度的要求；（3）合法性是指证据是否符合法律的相关规定，指代的是法律规定对进入诉讼中的证据的基本要求维度，是法律对司法证据的特别要求。然而，在表4.1的统计中，我们却看到部分学说只考虑证据的相关性（关联性），不考虑证据的真实性（可信性或可靠性），例如，认为证据属性包括"关联性、适格性""相关性、可采性或证据能力、证明力""相关性、可采性、证据能力、证明力"等学说。需要注意的是，三个要素属性之间的平行关系是从证据评

---

[1] 何家弘教授所谓"采纳"与"采信"基本可以对应"证据能力（可采性）"和"证明力"，参见何家弘："证据的采纳和采信——从两个'证据规定'的语言问题说起"，载《法学研究》2011年第3期。

[2] 参见李勇："重视证据能力与证明力之证据判断功能"，载《检察日报》2017年12月31日，第3版；栗明："民事诉讼测谎意见证据地位的实证考察与理论反思——以北大法宝188份民事判决书为分析样本"，载《河北法学》2018年第5期。

价的维度讲的，实质上，从重要性的程度看，相关性是现代证据制度的根本原则和逻辑主线，[1]因此三个要素属性体现的是相关性统领下的不同证据评价维度。如果从三个要素属性的相互影响关系看，真实性在某种程度上是关联性的影响因素之一，例如，2017年《人民法院办理刑事案件第一审普通程序法庭调查规程（试行）》第49条第1款就明确规定："通过勘验、检查、搜查等方式搜集的物证、书证等证据，未通过辨认、鉴定等方式确定其与案件事实的关联的，不得作为定案的根据。"此外，证据收集程序的合法性通常也会成为真实性的保障，例如，《人民法院办理刑事案件第一审普通程序法庭调查规程（试行）》第50条规定："收集证据的程序、方式不符合法律规定，严重影响证据真实性的，人民法院应当建议人民检察院予以补正或者作出合理解释；不能补正或者作出合理解释的，有关证据不得作为定案的根据。"

其次，两个结构属性之间是递进关系，是根据事实认定的程序结构进程得出的。在这一点上两大法系比较相似，一般都是先判断证据是否具有证据能力（是否具有可采性），如果有，再判断其证明力大小，呈现出程序结构进程的递进性。因此，两个结构属性之间"在逻辑结构上是递进的关系，没有证据能力就不具备作为认定案件事实根据的资格，当然也就谈不上证明力，即没有对事实的证明作用与证明价值，换言之，证据能力是证明力的前提和条件。这与犯罪构成'三阶层'理论中构成要件符合性、违法性和有责性逻辑上的递进关系是一致的"。[2]但在表4.1的统计中，我们却看到部分学说对结构属性的概括不周延，只考虑证据能力（可采性），不考虑证明力，例如，认为证据属性包括"客观性、关联性、可采性""关联性、适格性""真实性、关联性、可采性"等学说。

---

[1] 参见张保生、阳平："证据客观性批判"，载《清华法学》2019年第6期。
[2] 李勇："重视证据能力与证明力之证据判断功能"，载《检察日报》2017年12月31日，第3版。

## （三）各层次之间的逻辑关系：要素属性都不同程度地影响着结构属性的判断

除了讨论各层次内部证据属性之间的关系，还要进一步讨论不同层次之间证据属性的关系。总体来看，每一个要素属性都不同程度地影响着每一个结构属性的判断。

首先，相关性是证据能力的必要条件，例如，《美国联邦证据规则》规则402就明确指出，相关的证据一般是可采的，不相关的证据不可采。[1] 同样地，相关性的程度也是证明力的重要影响因素。甚至一般来讲，当证据的真实性、合法性没有异议时，证明力就是证据与待证要件事实的关联程度，即关联性的大小。[2] 例如，2021年《最高人民法院关于适用〈中华人民共和国刑事诉讼法〉的解释》第139条第2款就将证据与待证要件事实的关联程度作为证据证明力审查判断的重要因素，即"对证据的证明力，应当根据具体情况，从证据与待证事实的关联程度、证据之间的联系等方面进行审查判断"。

其次，真实性是证据能力（可采性）的重要影响因素，不具有真实性（可信性或可靠性）或真实性较弱的证据，有可能被相应的证据规则排除。2018年《刑事诉讼法》第50条第3款就明确规定："证据必须经过查证属实，才能作为定案的根据。"与之相似的是，英美证据法"有一个普遍原则，即必须首先证明有关证据就是提出证据的人所主张的证据，然后才有该证据的可采性问题。这个普遍要求有时被称作为证明奠定基础"。[3] 具体到实物证据，作为证据铺垫的辨认、鉴真规则所保障的就是证据的真实性和同一性，证据的真实性和同一性是证据可采性的基础。比如，传闻证

---

[1] 参见《美国联邦证据规则》规则402："相关证据的一般可采性。相关证据具有可采性，下列规定另有规定者除外：《合众国宪法》；联邦制定法；本证据规则；或者最高法院制定的其他规则。不相关证据不可采。"

[2] 张保生教授对证明力也作出了类似定义："证明力是相关性的程度。证明力（probative force），又称'证明价值'（probative value），是指证据对待证要件事实证明作用的大小或程度。"参见张保生主编：《证据法学》，中国政法大学出版社2018年版，第24页。

[3] [美]罗纳德·J.艾伦、理查德·B.库恩斯、埃莉诺·斯威夫特：《证据法：文本、问题和案例》，张保生、王进喜、赵滢译，满云龙校，高等教育出版社2006年版，第205页。

据规则的理论基础之一就是传闻易于失实,"传闻是一种存在固有不可靠性的证据",[1]其可信性不足。由此可见,真实性(可信性)显然是证据能力(可采性)的重要影响因素。同样地,真实性(可信性)也是证明力的重要影响因素,尽管有的证据被采纳了,但如果其真实性(可信性)存疑,其证明力也会受到很大影响。例如,被采纳的目击证人证言,如果我们相信证人所说的为真,显然可以不经推论就能证明案件主要事实。但如果证人本身的可信性存疑,比如证人撒谎成性或与案件有利害关系等,不管证人说得多么详细、描绘得多么似真,都必然会影响事实认定者对证人证言的证明力的判断。正如特伦斯·安德森等人所说:"任何一项直接相关的证据,必须通过推论链条与次终待证事实联系起来。这个链条包括几个环节。在这个链条中,第一个环节总是可信性环节,……一个证据的证明力取决于该链条中的每一个环节的强度。"[2]边沁也认为,证据的证明力既取决于前提具有怎样的盖然性(可信性或可靠性的程度),也取决于前提与结论之间的联系强度(相关性程度)。[3]由此可见,真实性(可信性)显然也是证明力大小的重要影响因素。

最后,合法性同样也是证据能力的影响因素,典型的例子是非法证据排除规则。尽管证据是相关的,但取证违法,违反了法律的强制性规定并侵犯了公民在宪法上的基本权利,该证据也是不可采的。当然,这里的合法性宜作广义理解,除了违法取证侵犯人权的取证合法性问题外,基于公正、和谐和效率等广义合法性价值考量的证据排除规则,比如近亲属作证特免权规则、不得用以证明过错或责任的证据规则等,也是证据广义合法性的体现。同样地,合法性也影响着证明力的判断,典型的例子是瑕疵证据规则。严重的违法取证侵犯了基本人权,所获取的证据是非法证据,应

---

[1] [美]罗纳德·J. 艾伦、理查德·B. 库恩斯、埃莉诺·斯威夫特:《证据法:文本、问题和案例》,张保生、王进喜、赵滢译,满云龙校,高等教育出版社2006年版,第675页。

[2] [美]特伦斯·安德森、[美]戴维·舒姆、[英]威廉·特文宁:《证据分析》,张保生等译,中国人民大学出版社2012年版,第93页。

[3] [美]道格拉斯·沃尔顿:《法律论证与证据》,梁庆寅等译,中国政法大学出版社2010年版,第118页。

当排除；但并未侵犯基本人权的轻微违法取证，其获取的证据应属瑕疵证据，经过补正或合理解释之后仍然可以采纳。然而需要注意的是，尽管瑕疵证据经过补正或合理解释之后仍然可采，但在法官对瑕疵证据进行证据评价时，其程序违法总会或多或少影响证据证明力的判断。

综上所述，每一个要素属性都不同程度地影响着每一个结构属性的判断，只不过这种影响的程度有大小和情形之分。但在表4.1的统计中，笔者未发现任何一种学说谈到了要素属性与结构属性之间的逻辑关系，相反，这些学说存在三种不足：第一，只考虑证据的要素属性，不考虑证据的结构属性，例如，认为证据属性包括"客观性、关联性、合法性""客观性、关联性、可采性""客观性、关联性""真实性、关联性、合法性""关联性、客观性、合法性""客观性、主观性、证明性、法律性"等学说；第二，只考虑证据的结构属性，不考虑证据的要素属性，例如，认为证据属性包括"证据能力、证明力"等学说；第三，要素属性与结构属性混搭，没有区分要素属性与结构属性的不同层次，例如，认为证据属性包括"客观性、关联性、可采性""证据能力、证明力、证据的客观性与主观性""真实性、关联性、可采性""相关性、证据能力、证明力""相关性、证据能力、证明力、可信性"等学说。

## 二、层次性体现二：自然属性与法律属性

### （一）区分标准：认识论与价值论

在英美法系证据法传统中，基于认识论与价值论的区分，一般将证据规则分为内部规则与外部规则。所谓内部规则，是以准确认定案件事实为主要目标而设立的证据规则；所谓外部规则，是主要为了追求准确认定事实以外的其他价值（包括公正、人权、和谐和效率）而设立的证据规则。[1]

---

[1] 例如，被称为"英美证据法学集大成者"的威格莫尔就将证据规则区分为外部政策规则与辅助性证明政策规则，参见John H. Wigmore, "Evidence in Trials at Common Law", *Tillers rev.*, 1983, p.689. 转引自［美］米尔建·R. 达马斯卡：《漂移的证据法》，李学军等译，何家弘审校，中国政法大学出版社2003年版，第17页脚注13和第19页脚注20。同样地，比较证据法学大师

在证据属性的层次性区分上，也可以借鉴此种分类方式，将证据属性区分为自然属性与法律属性。在三个要素属性中，相关性和真实性显然指向的是案件事实的准确认定，属于自然属性，合法性则指向的是除求真价值之外的其他价值，比如公正、人权、和谐和效率等，属于广义的法律属性。在结构属性中，证据证明力大小的判断是属于认识论的事实问题，在陪审团审判中主要是陪审团的职权，在我国七人合议庭审判中，人民陪审员也只负责事实问题的裁决，[1]故其属于自然属性；证据能力则主要是属于价值权衡的法律问题，在陪审团审判中主要是法官的职权，故其属于法律属性。

（二）要素属性中的自然属性与法律属性：内部目标与外部目标

在三个要素属性中，相关性和真实性是所有类型的事实认定者都必须考虑的因素，促进的主要是事实认定准确性这一内部目标，具有认识论上的普适性。这种普适性表现在两个方面，一是司法领域中的事实认定与其他领域比如历史领域中的事实认定一样，都要考虑证据本身及其来源的真实性，以及作为证据与待证要件事实之间逻辑联系的相关性；二是中外的司法事实认定无一例外地都要求考虑证据的真实性和相关性，尽管它们在各国法律中的表现形式不同。

---

（接上页）达马斯卡也将证据规则区分为外部排除规则与内在排除规则。参见［美］米尔建·R.达马斯卡：《漂移的证据法》，李学军等译，何家弘审校，中国政法大学出版社2003年版，第16-23页。然而，亚历克斯·斯坦区分内外部规则的标准与威格莫尔和达马斯卡有一些区别。他以是否促进内部事实认定的目标（获得最好的事实认定裁决，而非单纯的准确的事实认定裁决）为标准，认为"只有那些促进内部事实认定目标的规则才真正地属于证据法；促进其他目标和价值的规则虽然关涉证据（evidence-related），但不属于证据法领域"。内在事实认定的目标包括："（1）提高事实认定的准确性，换言之，使错误风险最小化；（2）使事实认定程序及裁决所引发的成本最小化；（3）在诉讼双方之间分配错误风险以及由此引发的错案风险。"参见［美］亚历克斯·斯坦：《证据法的根基》，樊传明等译，中国人民大学出版社2018年版，第1页。本章采用了威格莫尔和达马斯卡的区分方式，因为这种方式贯彻了认识论与价值论分离的立场，不仅更加融贯，而且与当代证据法的体系比较契合。参见郑飞：《证据性权利研究》，法律出版社2019年版，第46-49页。

[1] 2018年《人民陪审员法》第22条规定："人民陪审员参加七人合议庭审判案件，对事实认定，独立发表意见，并与法官共同表决；对法律适用，可以发表意见，但不参加表决。"

而要素属性中的合法性"并非证据与生俱来的属性，合法性是为保证证据的品质以及法律诸多价值的实现而存在的"[1]，因此"合法性作为证据的属性是外加进去的"[2]，促进的主要是与事实认定准确性无关的外部目标，比如公正、人权、和谐和效率等。为进一步理解该观点，可以将证据分成两类，一类是非司法领域中的证据，我们可以通过过去事件发生之后遗留下来的痕迹或信息来证明过去的事实，此时考虑的主要是证据的相关性和真实性，起作用的主要是认识论；另一类是司法程序中的证据，除了考虑证据的相关性和真实性，还要考虑取证的合法性，以及基于该证据的事实认定是否会产生其他风险，比如经济风险、侵权风险和伦理风险等。[3]如果存在这些风险，又应该如何权衡错误风险与其他风险，这主要取决于特定国家法律所体现的社会主流价值观。因为每个国家的历史传统和具体国情不一样，其社会主流价值观也不太一样，所以证据的合法性就较多地具有了地方性。例如，从纵向看，法定证据主义时期的刑讯合法化与现代自由证明制度的禁止酷刑、要求取证合法性形成了鲜明对比；从横向看，不同国家对取证合法性的要求也不一致，"渗透着立法者的价值选择，是为实现国家一定的法律或政策目的而存在的"。[4]

但在表4.1的统计中，笔者却发现，有些学说只考虑要素属性中的自然属性，不考虑要素属性中的法律属性，例如，认为证据属性包括"客观性、关联性"等学说。

（三）结构属性中的自然属性与法律属性：事实问题与法律问题

在两个结构属性中，证明力的判断是事实问题，一般不由法律预先规定，而是在陪审团审判中由陪审团成员基于本案证据（也称基础性证据），并运用常识和经验法则（也称概括或推论性证据）以及逻辑规则等作出自

---

[1] 王晶、张弘："从功能视角看证据的属性"，载《人民检察》2005年第21期。
[2] 黄耀祖："'合法性'不是民诉证据的本质属性"，载《法学》1984年第11期。
[3] 关于司法事实认定中的各类风险，参见郑飞：《证据性权利研究》，法律出版社2019年版，第33-39页。
[4] 王晶、张弘："从功能视角看证据的属性"，载《人民检察》2005年第21期。

由评价,[1]在法官审判中则由法官自由评价,属于认识论层面的自然属性。而证据能力(可采性)是法律问题,是法律对进入诉讼程序的信息进行过滤筛选的一道证据准入资格门槛,是法律外加进司法事实认定中的证据法律属性,是司法事实认定与其他领域事实认定的重要区别之一。对于证据能力(可采性),两大法系都采取了法定证据主义,即由法律预先规定证据能力(可采性)规则,法官在个案中适用这些规则;而证明力的判断,则普遍采用自由评价的自由心证主义,很少对作为事实认定者的陪审团和法官施加法律限制。

## 第四节 证据属性研究范式的转型

证据属性在20世纪80年代、90年代是中国证据法学的核心命题之一,讨论者众多,但进入21世纪后,证据属性的讨论逐渐减少,证据法学的核心命题逐渐转移到了证据能力(可采性)和证明力。[2]甚至有学者主张无须关注证据属性问题,应转而研究证据能力(可采性)规则和证明力规则。[3]还有学者甚至进一步断言,证据属性已经成为"伪命题"和"废矿区"。[4]

---

〔1〕 基础性证据和推论性证据的概念由亚历克斯·斯坦提出,其中基础性证据是指本案中的具体证据,总是个案具体化的;推论性证据是指事实认定者从常识和经验中提取出来的普遍规律性,也被称为二阶证据(second-order evidence),"这种规律性转换为概括,并通过将基础性信息转换为证据来推动推论过程向前发展。事实认定者诉诸将相关概括与符合其事实模式的基础证据联系起来的论证,来完成推论过程"。因此,我们一般也将"推论性证据"称为概括,或者常识和经验法则。参见[美]亚历克斯·斯坦:《证据法的根基》,樊传明等译,中国人民大学出版社2018年版,第111-113页。

〔2〕 参见何家弘、马丽莎:"证据'属性'的学理重述——兼与张保生教授商榷",载《清华法学》2020年第4期。

〔3〕 相关论述参见陈瑞华:"关于证据法基本概念的一些思考",载《中国刑事法杂志》2013年第3期;李勇:"重视证据能力与证明力之证据判断功能",载《检察日报》2017年12月31日,第3版;陈卫东、谢佑平主编:《证据法学》,复旦大学出版社2009年版,第51页;占善刚、刘显鹏:《证据法论》,武汉大学出版社2009年版,第27页;易延友:《证据法学:原则 规则 案例》,法律出版社2017年版,第12页。

〔4〕 参见何家弘、马丽莎:"证据'属性'的学理重述——兼与张保生教授商榷",载《清华法学》2020年第4期。

但是，这些观点忽略了一个问题：证据的要素属性正是证据的结构属性的影响因素或判断标准，二者只是不同层次的存在而已。对作为结构属性的证据能力（可采性）和证明力的审查判断，离不开对作为证据要素属性的关联性、真实性和合法性的研究，后者是前者的审查判断基础。这一点上文已经阐释得非常清楚，在此不再赘述。

需要强调的是，我国之前的证据属性研究更多偏向"证据到底具有哪些属性"的语词之争，而对各种证据的证据属性影响因素缺乏更深入的研究。例如，对于证人证言的可信性问题，我国的相关规范主要通过是否直接感知、认知能力、记忆能力、表达能力、利害关系、取证程序、与其他证据相互印证等因素来判断，[1]但国外对此已经有了更为深入的理论研究，包括证人证言三角形理论、[2]言词证据的可信性理论。[3]综合国内外观点，影响证人证言可信性的因素主要包括：（1）认知能力的差异：认识因素与控制因素、精神状况与年龄差异；（2）证人证言来源的不确定性：亲身知识、传闻与意见；（3）感知能力的差异：自身条件与环境条件的不同；（4）信念加工根据不同：感官证据、前理解与愿望；（5）记忆能力的差异：干扰记忆的各种因素；（6）诚实性的考量：品性、倾向与利害关

---

[1] 例如，2021年《最高人民法院关于适用〈中华人民共和国刑事诉讼法〉的解释》第87条规定："对证人证言应当着重审查以下内容：（一）证言的内容是否为证人直接感知；（二）证人作证时的年龄，认知、记忆和表达能力，生理和精神状态是否影响作证；（三）证人与案件当事人、案件处理结果有无利害关系；（四）询问证人是否个别进行；（五）询问笔录的制作、修改是否符合法律、有关规定，是否注明询问的起止时间和地点，首次询问时是否告知证人有关权利义务和法律责任，证人对询问笔录是否核对确认；（六）询问未成年证人时，是否通知其法定代理人或者刑事诉讼法第二百八十一条第一款规定的合适成年人到场，有关人员是否到场；（七）有无以暴力、威胁等非法方法收集证人证言的情形；（八）证言之间以及与其他证据之间能否相互印证，有无矛盾；存在矛盾的，能否得到合理解释。"

[2] 证言三角形的概念是由劳伦斯·特赖布教授在其文章"对传闻的三角形测量"（Laurence Tribe, "Triangulating Hearsay", *HARVARD LAW REVIEW*, Vol. 87, 1974, p. 957.）和理查德·O. 伦珀特与斯蒂芬·A. 萨尔茨伯格在其文章"证据法的一个现代进路"[Richard O. Lempert & Stephen A. Saltzburg, A MODERN APPROACH TO EVIDENCE (1977)]中论述之后，才开始在法学界流行起来。转引自 Ronald J. Allen et al., *AN ANALYTICAL APPROACH TO EVIDENCE: TEXT, PROBLEMS, AND CASES* (6th Edition), Wolters Kluwer, 2016, p. 446.

[3] 参见[美]特伦斯·安德森、[美]戴维·舒姆、[英]威廉·特文宁：《证据分析》，张保生等译，中国人民大学出版社2012年版，第84—93页。

系；(7) 陈述能力的差异：能力程度与反常表现。针对上述影响因素，应从不同角度进行不同程度的体系化规制：(1) 对认知能力与表达能力的规制，主要由证人资格规则来承担；(2) 对证人证言来源的规制，需要由传闻证据规则和意见证据规则来承担；(3) 对其他因素的程序规制，需要由证人出庭规则、对质与交叉询问规则来承担；(4) 除以上，还需要对事实认定者施加特定要求的直接审理原则与审理者裁判原则等。显然，我国在体系化规制方面还存在很多问题，比如部分影响因素分析不足、缺失部分规制规则（如传闻证据规则和对质规则）等。对此，需要另文详细探讨。

综上所述，证据属性仍应是我国证据法学的核心命题之一。我们的研究范式不应从一个极端即"只注重要素属性（关联性、真实性和合法性）的要素论"，转向另一个极端即"只注重程序结构进程（证据能力或可采性与证明力）的结构论"，而应当迈向"要素论与结构论并重"。这种"要素论与结构论并重"的研究范式，主要涉及两个先前被忽视的面向：第一是微观的面向，即影响各类证据要素属性判断的因素或标准分别有哪些；第二是宏观的面向，即证据属性（包括要素属性和结构属性）与证据规则体系的关系如何。下文将对这两个问题展开深入详细的分析。

## 第五节 比较法视野下的证据属性与证据规则体系

大陆法系并未形成体系化的证据法和证据法学，但其仍然将证据规则主要分成两类：一是证据能力规则，二是证明力规则。在证据能力问题上，大陆法系一般"不对证据的采纳做出明确的限制性规定"，[1]但零星的规定其实也是以证据属性为基础展开的。例如，德国的证据禁止理论包括"证据取得之禁止"与"证据使用之禁止"，前者以限制国家刑事机关之取证过程为目的（如不当讯问、违反告知义务、侵犯公民特定之拒绝作

---

[1] 何家弘、姚永吉："两大法系证据制度比较论"，载《比较法研究》2003年第4期。

证权等）；后者的目的在于禁止法院使用特定证据作为判决之基础。[1]这类规则便是关于证据合法性的规定，其中的证据使用之禁止是典型的证据能力规则。

在英美法系，从吉尔伯特、边沁、斯蒂芬到塞耶、威格莫尔、摩根已经形成了体系化的证据法和证据法学。证据法的体系化工作始于1872年英国高等法院法官斯蒂芬起草的《印度证据法》，该法典将一些程序性规定排除出了证据法。此后，塞耶继承了这一路线并奠定了现代英美证据法的基础。[2]以美国为例，塞耶的排除性原则和包容性两原则、[3]摩根的自由裁量权规则[4]共同架构了《美国联邦证据规则》：塞耶的两原则被修改吸收为规则401和规则402，摩根的自由裁量权规则被修改吸纳为规则403。[5]因此，规则401、规则402和规则403便成为理解《美国联邦证据规则》体系的钥匙。通过对英美证据法体系的进一步解剖，还可以明显看出证据规则体系是证据属性层次性的逻辑展开。

在要素属性方面，英美证据法强调证据的真实性（可信性或可靠性）、相关性和合法性，例如，真实性（可信性或可靠性）主要体现在辨认、鉴真、专家证人和传闻证据等规则上；相关性主要体现在表达逻辑相关性的《美国联邦证据规则》规则401关于相关性的定义和规则402关于"相关的证据一般是可采的……不相关的证据不可采"的部分规定上；合法性则

---

[1] 参见刘磊："德美证据排除规则之放射效力研究"，载《环球法律评论》2011年第4期。

[2] See William Twining, *Rethinking Evidence: Exploratory Essays*, 2nd ed., Cambridge University Press, 2006, pp. 56-63.

[3] 第一个原则为排除性原则，即对被要求证明的任一问题在逻辑上无证明力的证据不可采；第二个原则为包容性原则，即任何具有证明力的都应该进入，除非有一个明确的法律上的政策理由将其排除在外。See James Bradley Thayer, *A Preliminary Treatise on Evidence at the Common Law*, Little Brown, 1896, p. 314.

[4] 由摩根担任报告人的《模范证据法典》（Model Code of Evidence）第303条确立了法官裁量权的权衡框架："（1）当法官发现证据的证明力被采纳该证据的下列风险所超过，他可以行使裁量权将证据予以排除：（a）不必要的时间耗费；（b）产生不恰当的偏见或者混淆问题或者误导陪审团等重大危险；（c）将使一方当事人由于没有合理基础预测到将会提出该证据而导致不公正的惊诧。（2）所有规定证据可采性的规则都应该遵守本规则，除非明确规定相反的情形。"

[5] 参见张保生主编：《证据法学》，中国政法大学出版社2018年版，第113页。

主要体现在规则 402 的剩余部分规定,即"即使是相关的证据,如果《合众国宪法》、联邦制定法、《美国联邦证据规则》或者最高法院制定的其他规则另有规定的,也不可采",以及其他大部分证据排除规则。

在结构属性方面,英美陪审团审判将可采性的判断与证明力的判断做了二分,前者主要是由法官判断的法律问题,后者主要是由陪审团判断的事实问题。如果对英美陪审团审判的证据结构属性做进一步精细化分析可以发现,英美证据法的体系可以被形象地比喻成两个湖和一条河流,上游的湖叫"证据信息",下游的湖叫"具有可采性的证据",连接上下游两个湖的是一条充满"暗礁"的河流[1],如图 4.2 所示。这些"暗礁"就是一个个证据排除规则,大致可以分为四类:(1)第一类"暗礁"是关于证据本身及其来源之真实性的证据铺垫规则,主要涉及证据的真实性和同一性认定,主要体现在《美国联邦证据规则》规则 104 的预备性问题以及规则 901—903 的辨认鉴真规则上,属于真实性问题。(2)第二类"暗礁"是关于证据对待证要件事实是否具有证明作用的相关性规则,主要体现在《美国联邦证据规则》规则 401、规则 402 关于"相关的证据一般是可采的……不相关的证据不可采"的部分规定,属于逻辑相关性问题。(3)第三类"暗礁"是其他证据排除规则,即逻辑上相关的证据也有可能基于其他价值比如公正、人权、和谐和效率等方面的权衡而不可采。这类规则主要由因其他原因而否定逻辑相关性的《美国联邦证据规则》规则 402 的剩余部分规定,以及规则 403—415 和其他大部分证据排除规则组成,主要涉及的是因其他原因而否定逻辑相关性的问题以及其他合法性问题(如非法证据排除规则[2]),当然也包含真实性问题,如传闻证据规则。(4)第四类"暗礁"是美国证据法所特有的规则 403 平衡检验规则。当所有证据排除规则都未能排除该证据时,法官还可以适用规则 403 赋予法官的自由裁

---

[1] 这个比喻来自笔者 2012—2013 年在美国西北大学法学院访学期间选修证据法课程时受到的启发。

[2] 尽管非法证据排除规则并未直接规定在《美国联邦证据规则》中,其通常被视为一个宪法性刑事诉讼规则,但从《美国联邦证据规则》规则 402 的剩余部分规定看,基于宪法的非法证据排除规则也可以纳入美国证据法体系。

量权，以决定是否排除该证据。

在上述四类规则中，前两类无疑更为重要，这是因为任何证据都需要通过辨认、鉴真和相关性判断，这是所有证据审查的必经程序。而"其他证据排除规则"正逐渐表现出缩小的趋势。以传闻证据规则为例，在美国，一场被称为"传闻证据规则自由化"的运动已经悄然拉开帷幕。[1]麦考密克也认为，美国法官适用传闻证据规则要比法律条文的规定自由得多。[2]这一变化趋势体现了证据法鼓励采纳证据的基本精神。同样，平衡检验规则被适用的频率也十分有限。据有关学者统计，只有在证据的证明力很低、危险性很高的情况下，法官才运用自由裁量权排除该相关证据。[3]

当上游湖泊中的"证据信息"历经劫难，通过了上述四重"暗礁"之后，就来到了下游湖泊成为"具有可采性的证据"。这整个过程都由法官主导，法官根据法律所规定的可采性规则作出采纳或排除的裁决。庭审结束后，陪审团再闭门评议这些"具有可采性的证据"的证明力，并作出最终的事实裁判。一般来讲，证明力的判断秉持自由心证主义，除了证据补强规则外，几乎没有对证据的证明力判断进行法律上的预先规制。由此可见，英美证据法主要是以相关性为逻辑主线、以可采性为中心的证据规则体系，真实性、相关性和合法性的判断都是影响证据可采性的主要因素，其证据规则体系显然是证据属性层次性的逻辑展开。类似地，大陆法系也以证据能力规则为中心，秉持证据法定主义；对证明力的判断则由法官自由评价，同样秉持自由心证主义。

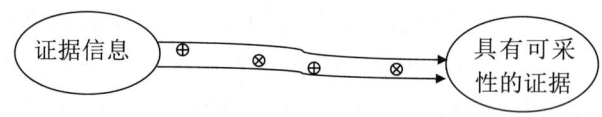

图 4.2　英美证据法的形象比喻

---

〔1〕 较详细的阐述参见周叔厚：《证据法论》，三民书局 1995 年版，第 796 页以下。

〔2〕 See McCormick, *Evidence*, 3rd ed., West Publishing Co., 1984, p.918.

〔3〕 [美] 罗纳德·J. 艾伦、理查德·B. 库恩斯、埃莉诺·斯威夫特：《证据法：文本、问题和案例》，张保生、王进喜、赵滢译，满云龙校，高等教育出版社 2006 年版，第 175 页。

## 第六节  以证据属性层次论重塑我国证据规则体系

### 一、中式结构属性的弊端与改良

有学者对我国刑事证据审查的基本制度结构进行了细致考察，认为我国"刑事证据立法已经通过'材料—证据—定案根据'这三个基本范畴确立起证据准入的两道审查门槛"。[1]从证据结构属性的角度看，实际上我国已经形成了包括证据资格、定案根据资格和证明力在内的"中式结构属性三分法"，见图4.1。首先，证据资格主要包括两个判断因素，即相关性（证明作用的有无）和是否属于法定的证据种类。需要注意的是，将是否属于法定的证据种类作为证据资格的判断因素之一，是早已被大陆法系弃用的法定证据主义的遗存。其次，定案根据资格的判断性质有点含混不清，既包括西方意义上的证据能力（可采性）规则，又包括证据证明力不够而不得作为定案根据的判断，这其实是证据的证明力问题，而不属于证据能力问题。"将证据的真实性、合法性以及证明要求都附加于'定案的根据'这一范畴之下的一个直接结果就是证据准入与证据证明力评估这两项活动被有意无意地混同在一起了。当两者趋于混同的时候，将会带来以下两种危险。第一种危险是将大大提高证据准入的一般性标准，一个具有证明力的证据如果与其他证据无法形成相互印证共同指向待证事实，则极有可能被过早地排除。……第二种危险是可能鼓励事实认定者为了获得证据的相互印证而忽略了证据的准入这一前提条件。"[2]因此，在图4.1的"西式结构属性"中的"证明力（证明价值）"与"中式结构属性"中的"定案根据资格（证据使用禁止）"之间用虚线相连，以表示存在学者指出的上述问题。最后，是证明力的判断，我国基本沿袭了西方的自由评价传统，但在之前很长一段时间都存在证明力法定的法定证据主

---

[1] 吴洪淇：“刑事证据审查的基本制度结构”，载《中国法学》2017年第6期。
[2] 吴洪淇：“刑事证据审查的基本制度结构”，载《中国法学》2017年第6期。

义的残留。[1]

针对传统"中式结构属性三分法"的问题，可以对其进行改良，方案大致有两种。一种是直接将大陆法系和英美法系的证据能力（可采性）和证明力体系与我国传统的三个基本属性（关联性、真实性和合法性）相对应，如图4.3所示。这种方案需要我们摒弃"定案根据资格"的提法，将"定案根据资格"融入"证据能力（可采性）"，这会对传统的证据规范体系和用语造成较大冲击。

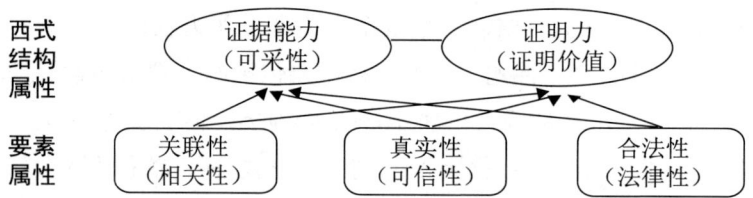

图4.3 改良后的中式传统三属性与改良后的西式结构证据属性对应

另一种是对目前的"中式结构属性三分法"进行改良，见图4.4。第一，证据资格（证据准入）的判断只应关注2018年《刑事诉讼法》第50条第1款规定的证据的相关性，证据信息或材料只要与待证要件事实相关，具有证明作用，就应当是证据，就应当获得进入法庭审判的资格，而不再将第50条第2款规定的法定证据种类作为证据准入的资格标准。对此，可以通过修法在第50条第2款列举完证据种类之后加一个"等"字，将封闭式证据种类规定改为开放式证据种类规定，以符合现代自由证明主义抛弃法定证据主义的取向。第二，定案根据资格主要关注证据的真实性、合法性而非证据证明力不够而不得作为定案根据的判断。2018年《刑事诉讼

---

[1] 例如，2001年《最高人民法院关于民事诉讼证据的若干规定》第77条规定："人民法院就数个证据对同一事实的证明力，可以依下列原则认定：（一）国家机关、社会团体依职权制作的公文书证的证明力一般大于其他书证；（二）物证、档案、鉴定结论、勘验笔录或者经过公证、登记的书证，其证明力一般大于其他书证、视听资料和证人证言；（三）原始证据的证明力一般大于传来证据；（四）直接证据的证明力一般大于间接证据；（五）证人提供的对与其有亲属或者其他密切关系的当事人有利的证言，其证明力一般小于其他证人证言。"2018年《刑事诉讼

法》第 50 条第 3 款明确规定："证据必须经过查证属实，才能作为定案的根据。"这是在证据信息或材料具有了相关性，获得了进入法庭的证据资格之后，再判断其是否真实可信、是否可以作为定案根据，这是一个证据使用禁止问题。有论者指出，"我国的非法证据排除，指的就是不得作为定案根据，属于证据使用禁止，而并非指不得进入法庭的准入资格"。[1] 这样，证据资格（证据准入）和定案根据资格（证据使用禁止）的双重门槛既保留了我国证据规范的话语体系，又可以合在一起与西方的证据能力（可采性）相对应，构成了广义上的证据准入资格。第三，在证据的证明力方面，以 2019 年《民事诉讼证据规定》删除了 2001 年《民事诉讼证据规定》第 77 条有关证据证明力大小比较的规定为代表，我国证据法正在摒弃证据证明力的法定主义，逐渐迈向证据证明力的自由评价，由法官结合个案中的具体情况自由判断证据的证明力。

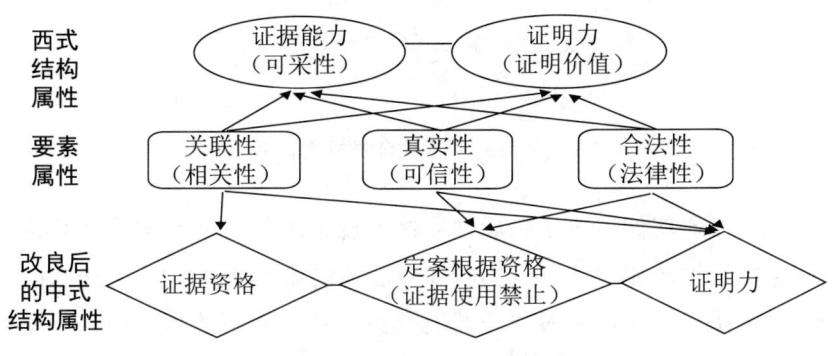

图 4.4 改良后的"中式结构属性三分法"对应

---

[1] 我国《刑事诉讼法》第 52 条规定的是证据取得禁止，即"严禁刑讯逼供和以威胁、引诱、欺骗以及其他非法方法收集证据，不得强迫任何人证实自己有罪"。第 56 条规定的是证据使用禁止，即"采用刑讯逼供等非法方法收集的犯罪嫌疑人、被告人供述和采用暴力、威胁等非法方法收集的证人证言、被害人陈述，应当予以排除。……在侦查、审查起诉、审判时发现有应当排除的证据的，应当依法予以排除，不得作为起诉意见、起诉决定和判决的依据"。这两条"完整地体现了大陆法系的证据禁止理论（证据取得禁止和证据使用禁止），……可见，我国刑事诉讼在立法和司法解释上采取的是大陆法系的证据禁止理论和证据能力的概念"。参见李勇："重视证据能力与证明力之证据判断功能"，载《检察日报》2017 年 12 月 31 日，第 3 版。

当然，前述两种改革方案各有利弊。第一种完全移植西式话语体系的方案，需要考虑我国的程序法环境以及与现有证据规范话语体系的冲突等问题；第二种本土化改造方案则需要进一步改造和澄清"定案根据资格"的含义，并讨论如何与国际接轨。最终采用何种方案，需要证据法学者继续从各个维度进行深入论证，并由规则制定者作最终决断。

## 二、改良后的"中式证据规则体系"

基于改良后的"中式结构属性三分法"，可以构建一种改良后的"中式证据规则体系"，见图4.5。

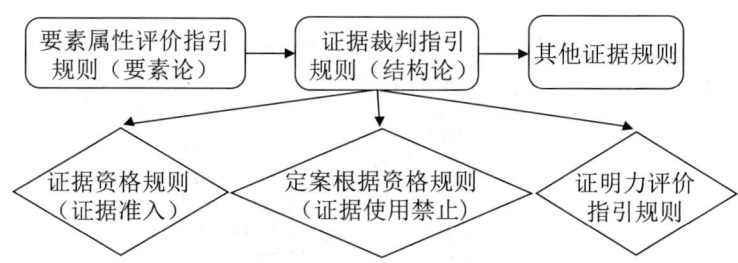

**图 4.5 改良后的"中式证据规则体系"对应**

首先，要素属性评价指引规则。这类规则主要是从要素论的角度，细化规定各类证据的相关性、真实性和合法性的影响因素以及对法官的评价指引。这种指引并非像一般的证据规则那样具有强制效力，而仅仅是对法官如何评价证据要素属性的指引。现行司法解释中已有诸多类似规定，例如，2016年《电子数据规定》第22条就明确规定了影响电子数据真实性的五类因素，[1]第24条明确规定了影响电子数据合法性的四类因素。[2]

---

〔1〕 2016年《电子数据规定》第22条规定："对电子数据是否真实，应当着重审查以下内容：（一）是否移送原始存储介质；在原始存储介质无法封存、不便移动时，有无说明原因，并注明收集、提取过程及原始存储介质的存放地点或者电子数据的来源等情况；（二）电子数据是否具有数字签名、数字证书等特殊标识；（三）电子数据的收集、提取过程是否可以重现；（四）电子数据如有增加、删除、修改等情形的，是否附有说明；（五）电子数据的完整性是否可以保证。"

〔2〕 2016年《电子数据规定》第24条规定："对收集、提取电子数据是否合法，应当着重

此类指引规则是后续各种证据规则的基础。

其次，证据裁判指引规则。这类规则主要从结构论的角度，以证据属性评价为基础，从程序结构进程对证据资格、定案根据资格和证明力评价进行规制。具体包括三项内容：（1）证据资格（证据准入）规则。这类规则主要是传统的相关性（证明作用的有无）规则。是否具有相关性、是否具有证明作用或价值，决定了提交法庭的证据信息或材料是不是证据、是否具有证据资格。（2）定案根据资格（证据使用禁止）规则。这类规则涉及证据准入之后因真实性或合法性欠缺而导致的证据使用禁止，主要包括各种证据的真实性（可信性）规则和合法性规则。（3）证明力评价指引规则。这类规则与要素属性评价指引规则一样，是非强制性的，主要对法官或人民陪审员如何评价证据的证明力进行指引。

最后，其他证据规则。这类规则包括作为两个证明端口的证明责任与证明标准规则，作为司法事实认定三个阶段的举证、质证与认证的程序性规则等。[1]

总之，证据属性问题并非像有些学者所言是"伪命题"或"废矿区"，它仍然是我国证据法学的核心命题之一。证据属性是有层次性的，证据规则体系是证据属性层次性的逻辑展开。我们不应该从一个极端即"只注重要素属性（关联性、真实性和合法性）的要素论"，转向另一个极端即"只注重程序结构进程（证据能力与证明力）的结构论"，而应当迈向"要素论与结构论并重"的证据法学研究范式，并深入探讨证据属性的微观和宏观两个层面的问题。在微观层面，要拓展研究影响各类证据（尤其

---

（接上页）审查以下内容：（一）收集、提取电子数据是否由二名以上侦查人员进行，取证方法是否符合相关技术标准；（二）收集、提取电子数据，是否附有笔录、清单，并经侦查人员、电子数据持有人（提供人）、见证人签名或者盖章；没有持有人（提供人）签名或者盖章的，是否注明原因；对电子数据的类别、文件格式等是否注明清楚；（三）是否依照有关规定由符合条件的人员担任见证人，是否对相关活动进行录像；（四）电子数据检查是否将电子数据存储介质通过写保护设备接入到检查设备；有条件的，是否制作电子数据备份，并对备份进行检查；无法制作备份且无法使用写保护设备的，是否附有录像。"

[1] 参见张保生主编：《证据法学》，中国政法大学出版社2018年版，第92-93页。

是新技术条件下的电子数据）要素属性判断的因素或标准，以及相应的评价指引规则、程序和方法；在宏观层面，要深入研究证据属性（包括要素属性和结构属性）与证据规则体系的关系，澄清四套主流话语体系的相互关系，以构建适合我国国情的证据规则体系。

# 第五章　证据法的运行机制与社会控制功能[1]

我国诸多社会失范现象有着复杂的成因，这要求法律制度必须作出必要的回应。但目前我国证据制度中的规则缺位，不仅导致其难以很好地回应某些社会失范现象，甚至还加剧了事态的严重性。作为规制司法审判事实认定过程的证据法，应当具备促进事实真相发现和维护社会普遍价值的双重功能。正是在求真与求善的价值权衡过程中，证据法对解决中国的某些社会失范现象将有所助力。因为通过证据筛选、举证激励、行为制裁、动机保护和证据裁定救济等运行机制，证据法能够发挥降低错案风险、抑制司法腐败和保障被追诉者人权等直接社会控制功能，以及保护社会关系和增进社会福利等间接社会控制功能。因此，我们必须认真对待证据法。

## 第一节　社会失范与证据规则的缺位

随着中国经济、社会的快速发展，诸多社会失范现象也频繁出现在各种现代传媒中，成为公众讨论的话题。在我们这个急剧转型的社会中，这些失范现象的发生有着非常复杂的政治、经济、社会和文化原因。本章无意分析这些社会失范现象的深层次成因，而是想思考这样一个问题：我们的法律制度，具体而言，证据法律制度，是否对某些社会失范现象作出了必要的回应？证据法本身的运行机制，能否发挥某些社会调控功能，对解决这些社会失范问题有所助力？

---

[1] 本章原载《南通大学学报（社会科学版）》2014年第1期，本书出版时做了部分修改。

法律制度应当致力于解决同时代的社会问题，对社会失范现象作出回应，推动法制和伦理秩序的恢复或重建。证据法作为规制司法审判事实认定过程的规范体系，与其他实体法和程序法律部门一样，应当在其功能限度内，发挥调整社会行为和关系的作用，实现法律预设的价值目标。然而，当前中国证据制度的不完善，尤其是某些规则的缺位，导致其难以很好地回应某些社会失范现象。以近年来频发的刑事冤案问题为例，从佘祥林案、杜培武案、聂树斌案到赵作海案，再到张辉和张高平叔侄案、梅吉祥和梅吉杨案以及李怀亮案，这些冤假错案的发生固然主要是因为"司法行政化"问题，使法官背离了正当法律程序和证据裁判的要求，而按照上级指示进行裁判，[1]但我国证据制度的不完善实际上又进一步加剧了司法行政化。因为证据规则的缺失和不完善，实际上给司法证明留下了很大的规范空白，既无法防止法官对事实认定裁量权的滥用，也无法给法官提供防止外界不当因素干扰的屏障。最终，现有的证据法律制度无法保证事实裁判的作出是理性证据评价的结果，从而为司法行政化（行政命令的干扰）提供了很大的空间。

与司法行政化相联系的另一个问题是司法腐败。司法腐败案件一定程度上昭示着法官职权的滥用，尤其是对审判权力的滥用。作为事实认定者的法官的司法权与行政官员的审批权有着很大的不同，法官的司法权在事实认定阶段主要表现为采纳和排除证据的权利，它总是与滥用纠缠在一起。"例如，一个受贿的法官只要擅自排除一个重要证据，就可以使判决结果发生实质性改变。根据这个特点，司法反腐必须依靠完善的证据制度，用精致的证据规则对事实认定各个环节和法官的司法行为加以规范。"[2]但遗憾的是，我国证据规则的粗疏为法官滥用事实认定裁量权留下了过大的空间，不足以规制法官的司法行为，从而，也为司法腐败留下了很大的空间。

另一个证据制度不完善加剧社会失范的例子是，"不得用以证明过错

---

[1] 参见张保生："证据制度建设是司法改革首要任务"，载《中国改革》2011 年第 9 期。
[2] 张保生："证据制度建设是司法改革首要任务"，载《中国改革》2011 年第 9 期。

## 第五章　证据法的运行机制与社会控制功能

或责任"的这类证据规则的缺位。2011年"小悦悦事件"后,《中国青年报》社会调查中心曾通过民意中国网和新浪网做过一个在线调查,调查结果显示:造成社会冷漠的首要原因是"'南京彭宇案'等案例暗示公众做好事可能会吃亏(65.7%)"。[1]彭宇案之所以成为热议话题,是因为该案一审中采用了这样一种常理推断:将"被告把原告扶起并送往医院,且垫付医药费的行为"作为被告应负过错责任的不利证据。[2]这个将被告的救助行为作为对其不利证据的判决,暗示人们做好事可能会吃亏,从而阻却了人们在社会中作出救助行为的动力。而在美国,基于不降低人们从事有益社会之行为的动力的考虑,法律制定了一类"不得用以证明过错或责任的证据规则":事后补救措施、提议和解和谈判、支付医药费用或类似费用、购买责任保险等行为,不得作为证明行为人侵权或应当承担责任的证据使用。[3]这类规则从法律上切断了从行善行为到过错责任的自然推理链条,消除了人们因增加败诉风险而不敢做好事的后顾之忧,从而保护了人们积极从事对社会有益之行为的动机。但中国目前尚未完全确立这类规则,所以我们看到彭宇案经过媒体放大之后,给人们相互之间的救助行为带来了抑制效应,加剧了道德滑坡。

　　从以上分析可以看出,至少对于某些与司法审判紧密相关的社会失范问题而言,中国当前的证据制度并未作出有效回应。而且证据规则的缺位,实际上为社会失范现象提供了空间,加剧了社会失范问题的严重性。因此,本章将基于对证据法运行机制的分析,论证证据法所可能具有的社会控制功能,从而呼吁通过证据立法对某些社会失范现象作出回应,以提供解决这些问题的切入点。

---

〔1〕 参见向楠:"76.3%受访者承认小悦悦的死让自己反思",载《中国青年报》2011年10月27日,第7版。

〔2〕 参见南京市鼓楼区人民法院民事判决书(2007)鼓民一初字第212号。

〔3〕 这一类规则可见于《美国联邦证据规则》规则407、规则408、规则409、规则411。See Ronald J. Allen et al., *Evidence: Text, Problems, and Cases* (5th ed.), Wolters Kluwer Law & Business, 2011, p. 327.

## 第二节　证据法的规范体系与价值追求

证据法的运行机制实际上是由它的独特规范体系——证据排除规则体系决定的，排除规则决定了证据法的作用方式或者调整方式。而证据法基于其独特的运行机制所能够发挥的社会控制功能，又取决于证据法的价值追求，因为它是其内在价值目标的客观实现方式。因此，在分析证据法的运行机制和社会控制功能之前，有必要概述其规范体系和价值追求。

### 一、证据法的规范体系

英美证据法在很大程度上是英美学者对普通法中零散的证据规则进行融贯性研究和体系化梳理的结果。在经过了几次并不成功的尝试后，[1]现代英美证据法基本上沿袭了19世纪著名证据法学家塞耶所确立的框架。根据塞耶的理论，证据法的规范体系奠定在两项基本原则上："（1）逻辑上不相关的或者被认为是不相关的东西不可采，且不存在任何例外；（2）逻辑上相关的东西都可采，但存在许多例外和限制。"[2]因此，英美证据法实际上主要是各类证据排除规则的集合。无论是系统编纂的成文证据法典（《美国联邦证据规则》就是一个典范），还是分布在先例中的普通证据法规则，其主要内容都是规范证据的采纳与排除。

然而，以证据排除规则为核心的英美证据法，在大陆法系也是可以找

---

〔1〕 在英美证据法研究史上曾先后出现过四种具有代表性的为证据规则提供统括性原则的尝试：吉尔伯特的最佳证据规则、边沁的"反规范论"、斯蒂芬的相关性原则、塞耶的可采性原则。See Terence Anderson, David Schum, William Twining, *Analysis of Evidence* (2nd ed.), Cambridge University Press, 2005, p. 290.

〔2〕 James Bradley Thayer. *A Preliminary Treatise on Evidence at the Common Law*, Little Brown, 1898. From Peter Murphy, *Evidence, Proof, and Facts*, Oxford University Press, 2003, pp. 32-33.

## 第五章 证据法的运行机制与社会控制功能

到某些实际上发挥证据排除功能的规则,如某些证人也享有特免权,[1]违反法定程序收集的证据不得作为定案根据（在德国被称为证据禁止制度）等。因此有学者指出,将排除规则视为英美证据法的特色,是明显夸大了,"因为排除规则中只有一小部分真正是英美法系所特有的。……为了与事实真相的追求无关的诸多价值而排除有证明力之信息的诸多规则显然不是英美法系所特有的"。[2]实际上,如果超越英美证据法的语境,从广义的视角观之,证据排除规则在不同法域中是普遍存在的,只是因为程序环境、价值诉求等差异而呈现不同的特征。如果将司法审判中的事实认定看作一个决策过程,那么允许哪些信息进入决策者的视野就具有了重要意义,而这正是证据排除规则的功能所在。现代的任何法律制度都不会完全放任法庭决策过程,必然会基于各种各样的理由进行适度管制,或多或少、以此种或彼种方式排除证据,预先筛选所输入的信息[3],尽管它们可能不将这类规则称为"证据排除规则"。正如罗纳德·J. 艾伦教授所言："任何诉讼或争端解决制度都有大量的排除规则。实际上,所有证据规则和许多程序规则都规定了什么能够在法庭上出示。所有这类规则都区分了什么可采和不可采以及证据排除的可能后果。"[4]

因此,本章在使用证据法这一部门法概念时,指代的是以证据排除规则为核心的一系列规范的集合。[5]虽然主要以英美证据法的体系为参照,

---

[1] 德国法关于特免权的类似规定参见《德国刑事诉讼法典》第55条,类似的规定还存在于奥地利（《奥地利刑事诉讼法典》第152条）、瑞士的许多自治区以及采用德国民事诉讼和刑事诉讼模式的那些中欧国家。转引自［美］米尔建·R. 达马斯卡:《漂移的证据法》,李学军等译,何家弘审校,中国政法大学出版社2003年版,第16页。

[2] ［美］米尔建·R. 达马斯卡:《漂移的证据法》,李学军等译,何家弘审校,中国政法大学出版社2003年版,第16页。

[3] 冯俊伟博士将证据规则定性为"约束裁判信息的程序机制"。参见冯俊伟:《欧盟证据法一体化趋势研究》,中国政法大学2012年博士学位论文。

[4] ［美］罗纳德·J. 艾伦:"排除规则的困难",郑飞、强卉译,张保生校,载《证据科学》2012年第6期。

[5] 本章不局限于英美证据法语境,因此在使用"证据法"一词时,指代的是在不同法系可能都存在的那类以规范证据采纳与排除问题为核心的规则,包括在英美法系往往被划入宪法性刑事诉讼法的非法证据排除规则。

但也涵盖了大陆法系中存在的那些规范证据采纳与排除问题的规则。因此，本章所要分析的也就是以证据排除规则为核心的证据法体系，所具有的独特运行机制与社会控制功能。

## 二、证据法的价值追求

与实体法和程序法相比，以排除规则为主体规范的证据法，在调整对象和价值诉求上有所不同。实体法面对的是裁决性风险问题，调整的是公民之间实体权利义务的分配；程序法面对的是参与性风险问题，调整的是诉讼参与人的参与性权利/权力的分配；而证据法则不同，它面对的是信息性风险问题，调整的是诉讼活动中信息性风险的分配。[1]当然，三者之间也有着紧密的联系：因为实体法是调整公民日常生活中的权利和义务关系的法律，它直接影响和控制着人们的日常行为；而程序法则是规制审判过程和步骤的法律，证据法是规制法庭审判中运用证据进行事实认定的法律，二者结合起来共同调整审判中诉讼参与人的诉讼行为，而诉讼行为的最终目的又是间接影响和控制人们的日常行为。因此，只有实体法、程序法和证据法的紧密协作，才能更好地调整社会秩序，实现"通过法律的社会控制"。但在作为社会控制规则系统的法律体系中，证据法基于其规范结构和调整对象的独特性，必然在所追求的价值目标上表现出特殊性。

司法审判的过程分为两个阶段：事实认定和法律适用。而证据法正是规制前一阶段的证据运用和事实认定的法律规范。证据法的首要目标是促进事实真相的发现，即求真；但这不是其唯一目标，它同时还维护着众多的社会普遍价值，即求善。[2]因此在司法实践中，求真与求善常常具有竞争关系，当鱼与熊掌不可兼得时，证据法往往会牺牲求真的目标以追求某种更为重要的善。世界各国的法律和国际公约中有许多证据规则都反映了这种价值权衡：如《美国联邦证据规则》规则403规定的一个平衡检验标

---

〔1〕 See Alex Stein, "Constitutional Evidence Law", *Vanderbilt Law Review*, Vol. 61, 2008, pp. 65-124.

〔2〕 参见张保生："证据规则的价值基础和理论体系"，载《法学研究》2008年第2期。

准,反映了在某种特定情况下,求真的目标将让位于公正、效率等价值;美国诸多特免权规则的设置则是为了保护诸如律师—委托人、医生—患者、牧师—忏悔者、夫妻等被社会珍视的各种特殊社会关系,他们认为通过破坏这些特殊关系而获得查明事实真相的价值,不及牺牲查明事实真相而维护这些关系的价值;[1]联合国《禁止酷刑公约》第15条关于"不得授权业经确定系以酷刑取得的口供为证据"的规定,也反映了在某些情况下,求真的目标应该让位于人权保护这一法治社会的最高价值;我国《最高人民法院关于适用〈中华人民共和国民事诉讼法〉的解释》第106条规定,"对以严重侵害他人合法权益、违反法律禁止性规定……的方法形成或者获取的证据,不得作为认定案件事实的根据",也同样反映了其他社会价值与求真目标的权衡;等等。这种有关价值权衡的证据规则不胜枚举,价值选择问题在证据法中几乎是随处可见。正如美国德博拉·琼斯·梅里特(Deborah Jones Merritt)教授所言,整部《美国联邦证据规则》都在试图平衡各种相互竞争的政策(或价值),[2]这一点集中体现在《美国联邦证据规则》规则102所述的立法目的中,即"应当保证在每个程序中司法公平,消除不合理的耗费与迟延,促进证据法的发展,从而实现查明真相与公正判决之宗旨"。

## 第三节 证据法运行机制的类型化分析

从上文的分析可以看出,证据法既致力于促进对事实真相的发现,也致力于促进与事实真相发现无关的"外部政策":降低司法程序的成本、保护人权、保护某些社会关系、保护隐私权和保护人们作出有益于社会之行为的动机等。那么,证据法又是通过怎样的运行机制来促进对事实真相

---

[1] See John Henry Wigmore, *Evidence* § 2285, John T. McNaughton rev., 1961, p. 527.

[2] See Deborah Jones Merritt, Ric Simmons, *Learning Evidence: From the Federal Rules to the Courtroom*. Thomson/Reuters, 2009, p. 21. 此外,美国 Alex Stein 也有类似论述,See Alex Stein, *Foundations of Evidence Law*, Oxford University Press, 2005, pp. 25-31.

的发现和对外部政策的保护的呢？根据证据法发挥规制作用的客观方式的不同，本章将证据法的运行机制区分为证据筛选、举证激励、行为制裁、动机保护四种基本的运行机制，以及辅助性的证据裁定救济机制。证据法正是通过这些运行机制促进着具体的求真与求善之价值目标，发挥对社会的控制功能。

## 一、证据筛选机制

证据法首先是一种证据信息的过滤、筛选机制。并非所有携带案件信息的潜在证据材料都被允许提交到法庭上，成为事实认定的推论前提。"可采性和证据能力虽然都以鼓励采纳证据为主旨，但它们同时也对证据采纳具有限制功能，起着某种'过滤器'或'安全阀'的作用。因此，我们在两大法系都看到一种以排除规则来贯彻可采性和证据能力规则的相似情况。"[1]携带案件信息的资料具有相关性，能够起到证明案件事实的作用，但一部分这样的资料却被排除规则阻挡在事实认定者进行决策的法庭之外。传闻规则、意见证据规则、品性与倾向证据规则、最佳证据规则（文书原件规则）等都在发挥这样的功能。之所以对诉讼双方所提交的证据进行预先的筛选，是因为考虑到这些证据的潜在危险性：事实认定者可能被这些证据所误导，过高地评价其证明力；或者，这些证据会引起不公正的偏见。[2]例如，对于传闻证据而言，由于难以通过交叉询问程序质证，所以很难保证其可信性；对于品性证据而言，用某个人的品格特征证明他在特定场合的行为，证明力很微弱，并且可能带来"坏人"偏见——陪审团可能会仅仅因为某人是"坏人"而惩罚他。此外，《美国联邦证据规则》规则403还赋予了法官排除证据的自由裁量权："如果相关证据的证明价值为以下一个或者多个危险所严重超过，则法院可以排除该证据：不公平损害、混淆争点或者误导陪审团、不当拖延、浪费时间或者不必要

---

[1] 张保生主编：《证据法学》，中国政法大学出版社2009年版，第25页。

[2] See Lisa Dufraimont, "Evidence Law and the Jury: A Reassessment", *McGill L. J.*, Vol. 53, 2008, p. 199.

地出示重复证据。"因此,证据排除规则实际上建立起了一种信息隔离机制,将某些被认为具有认知危险性的信息阻隔在事实认定者(尤其是陪审团)的视野之外。这种预先筛选机制在证据法的诸多运行机制中处于核心的地位。通过这样一种预先筛选的方式,证据法致力于优化供法庭决策的信息。

## 二、举证激励机制

证据法促进对事实真相的发现,并不仅仅是通过预先筛选证据信息的方式实现的。除了对证据进行预先的过滤筛选,证据法实际上还有激励诉讼双方提交最佳证据的功能。诉讼双方所提交的供法庭决策的证据,应当是最大限度上有利于发现真相的证据,即"最佳证据"。正如18世纪的英国法学家吉尔伯特所言:"有关证据的首要也是最显著的规则是,一个人必须提出事实的性质所能允许的最佳的证据。"[1]以文书原件规则为例,为了证明一份文件(如合同)的内容,最佳的证据是这份文件的原件。复印件或者证人的描述(如证人曾看过这份文件,于是该证人在法庭上针对这份文件的内容作证)的证明力相对于原件而言较低。原件被假定为"最佳",因为它可以减少其他证据的欺诈、错误和疏漏风险。[2]因此,在证据法中有一条历史悠久的规则:为了证明文书的内容,需要提交该文书原件。[3]这样一条规则实际上为诉讼双方提供了一种激励机制:胜诉的欲望必然促使诉讼双方提交证据支持己方事实主张,但原件(在《美国联邦证据规则》中还包括例外情形下的复制件)之外的其他证据对于证明文书内容而言,将不被采纳。因此诉讼双方有足够的动因提交原件。除了文书原件规则,传闻规则也体现了激励举证的功能,促使诉讼双方的证人出庭作证。

---

[1] Geoffrey Gilbert, *The Law of Evidence* 3-4 (1754). 转引自易延友:"最佳证据规则",载《比较法研究》2011年第6期。

[2] See John Henry Wigmore, *Evidence in Trials at Common Law*, Little Brown and Company, 1983, p. 1180.

[3] 在《美国联邦证据规则》(规则1002)中,文书原件规则被表述为:"除非本法或联邦制定法另有规定,否则,为了证明其内容,必须提交文书、录制品和照片的原件。"基于对现代复印技术的认可,该规则承认了复印件原则上也可采。

### 三、行为制裁机制

很多情况下,证据法要求排除证据,实际上是提供了一种行为制裁机制:某些诉讼行为因为侵犯了诉讼参与人的权利或者侵害了其他司法政策目标,而被视为"不正当"。因此,需要通过排除证据这种方式对这样的行为施加制裁。这被中国学者总结为"程序性制裁"原理。[1]通过制裁,证据法提供了反向激励机制。关于排除规则制裁不当诉讼行为,最明显的例子就是非法证据排除规则。如果警察在收集证据的过程中使用了侵犯宪法权利的手段,那么所获得的证据将被排除。这显然不是为了优化法庭决策的信息,因为通过非法手段获取的证据往往具有很大的证明力。排除非法证据的制度逻辑在于,如果非法获取的证据不具有可采性,那么警察就不会有动力从事非法取证行为,因为它对于控方所追求的诉讼结果来说,不会产生任何收益。对于违法取证行为,当然可以追究行为人的实体责任,如构成刑法上的暴力取证罪等。但如果放任非法取证行为产生其所追求的法效果,将不足以消除警察实施不当行为的动机。所以,还需要"剥夺违法者违法所得的利益","令违法行为不发生预期的法律效果"[2]。排除规则对不当诉讼行为的反向激励功能还可见于民事诉讼中的举证期限规定。在民事诉讼中,出于诉讼效率的考虑,当事人超过举证期限提交的证据[3]和违反证据交换规则的证据[4]都将面临着被法官排除的风险;而

---

[1] 参见陈瑞华:《刑事诉讼的前沿问题》,中国人民大学出版社2005年版,第288页。

[2] 参见陈瑞华:《刑事诉讼的前沿问题》,中国人民大学出版社2005年版,第313页。

[3] 《民事诉讼法》第68条规定:"……人民法院根据当事人的主张和案件审理情况,确定当事人应当提供的证据及其期限。……当事人逾期提供证据的,人民法院应当责令其说明理由;拒不说明理由或者理由不成立的,人民法院根据不同情形可以不予采纳该证据,或者采纳该证据但予以训诫、罚款。"

[4] 《民事诉讼证据规定》第56条第1款规定:"人民法院……通过组织证据交换进行审理前准备的,证据交换之日举证期限届满。"因此,在证据交换之日前没有提交的证据可能会因举证期限届满而被排除。通过排除证据的威胁督促当事人交换证据,背后的政策目标包括防止证据偷袭、保障庭审顺利进行、实现当事人阅卷权、增加庭审对抗实质性、提高诉讼效率、促成当事人庭前和解等。参见樊传明:"论证据排除规则的激励功能",载《证据科学》2013年第1期。

《最高人民法院关于适用〈中华人民共和国民事诉讼法〉的解释》第106条所规定的排除规则，则是出于防止以侵害他人合法权益或者违反法律禁止性规定的方法收集证据的考虑。

### 四、动机保护机制

有些排除规则意味着"制裁"，但有些排除规则却意味着"保护"，旨在保护行为人从事某些行为的动机。这主要体现在两大类规则上：一类是各种作证特免权规则，另一类是"不得用以证明过错或责任的证据"规则。设置特免权的理由包括两类，一类是传统的功利主义理由，认为特免权主要是用来保护各种职业关系中作出的交流。"这些交流需要由国家政策加以鼓励，否则这些职业关系将不能顺利开展。"[1]威格莫尔是这种观点的积极拥护者。另一类是隐私权保护的理由，"社会中某些秘密性的利益需要用特权加以保护，不管这些特权能否对它所保护的关系中的行为产生影响。"[2]这对于婚内交流特免权、配偶之间的秘密交流特免权有明显的解释力度。不管作何种解释，特免权规则都是一种动机保护机制：如果没有特免权规则，那么人们在建立某种家庭或职业关系的过程中披露给对方的一些个人信息，在日后可能成为法庭上对自己不利的证据；这不仅会降低人们建立这种关系的动机，也会导致人们对已经建立的关系失去信心。对于"不得用以证明过错或责任的证据规则"而言，它最重要的目的在于保护人们积极从事对社会有益之行为的动机。从功利主义的角度来看，之所以排除事后补救措施、提议和解和谈判、支付医疗费和类似费用以及是否购买了责任保险的证据，防止其用来证明行为人有过错或责任，最重要的原因乃是基于"被立法机关或法院视为社会得

---

[1] [美]约翰·W. 斯特龙主编：《麦考密克论证据》，汤维建等译，中国政法大学出版社2004年版，第150页。

[2] [美]约翰·W. 斯特龙主编：《麦考密克论证据》，汤维建等译，中国政法大学出版社2004年版，第150页。

以存在的原则和标准"[1]之社会政策的考量。因为如果不排除此类证据将有可能暗示人们"做好事可能会吃亏或掉入陷阱",从而产生一种阻却效应,即人们可能不敢再积极从事这些对社会有益的行为——比如在事故发生后积极采取补救措施促进进一步的安全;在纠纷发生后努力寻求私人和解降低社会成本;在事故发生后积极采取垫付医药费等救助行为,避免受害人遭受进一步的损害;积极购买责任保险以促进社会互助;等等。然而法律并不想担此恶名,因此规定排除此类证据防止其用来证明行为人有过错或责任,从而保护了人们积极从事对社会有益之行为的动机。

### 五、证据裁定救济机制

证据筛选、举证激励、行为制裁和动机保护是证据法的四种基本运行机制,但几种机制的发挥有赖于法官作出采纳或排除证据的裁定。如果法官的裁定是错误的,背离了证据法的精神,那么它将会扭曲这四种机制的良好运行。因此,现代证据法还确立了一种救济机制来纠正法官的错误证据裁定。我们都知道,案件事实是过去发生的,它具有不可逆性;而事实认定者又不具有亲身知识,因此他只能通过"证据之镜"去努力"折射"(还原)出案件事实,但证据又常常是不完整的,这就导致了对事实的逆向认知具有很大的模糊性和不准确性;[2]加之司法审判具有很高的时效性,要求必须在规定诉讼期间作出事实认定裁判,故而,司法审判中的事实认定必然存在错误风险。如果司法实践中发生了错误事实认定,那么证据法又如何对错误事实认定进行救济呢?这主要通过"错误裁定后果规则"来实现,即法官采纳或排除证据的裁定,如果使当事人的实质权利受到影响,就属于错误裁定,它将成为一种法定的上诉理由。这在美国被称

---

[1] Bryan A. Garner, *Black's Law Dictionary*, 8th, Thomson West, 2004, p.1196.
[2] "证据之镜原理",参见张保生主编:《证据法学》,中国政法大学出版社2009年版,第15—16页。

为"为上诉之错误保全"或"为上诉而保全证据争点"。[1]尤其是排除证据的错误裁定,属于一种适用法律错误,上诉法院可以撤销原判、发回重审。但是,证据法的这种救济机制要想得到实现,还必须建立和完善认证理由公开制度,要求法院的"判决书、裁定书中应当写明诉讼各方对证据提出的异议,以及审判人员予以支持或者驳回的认证及理由"。[2]只有法官的认证理由公开,当事人才能知晓法官对证据的采纳或排除是否存在错误,才能保证该错误裁定后果规则在司法实践中不被架空,以达到救济错误事实认定的最终目的。

## 第四节 通过证据法的社会控制

综上所述,以证据排除规则为核心的证据法拥有证据筛选、举证激励、行为制裁和动机保护四种基本的运行机制,以及辅助性的证据裁定救济机制。正是通过这些机制的有效运行,证据法才能在其价值追求的引导下,发挥对社会的良好控制功能。证据法对社会的控制功能可以区分为两个不同的方面。首先,证据法直接规制司法审判中的事实认定活动,因此对于诉讼中的参与主体(法官和控辩双方)有直接的约束力,对于诉讼活动所直接涉及的社会利益关系具有调节作用。这是证据法的直接社会控制功能,包括降低错案风险、抑制司法腐败、保障被追诉者人权等。其次,证据法作为一种行为激励机制,它所带来的行为调节作用不限于诉讼过程中,而且还借助诉讼中的事实认定程序这样一个"杠杆",对诉讼外的社

---

[1] "为上诉之错误保全"或"为上诉而保全证据争点"体现在《美国联邦证据规则》规则103。参见[美]罗纳德·J.艾伦、理查德·B.库恩斯、埃莉诺·斯威夫特:《证据法:文本、问题和案例》,张保生、王进喜、赵滢译,满运龙校,高等教育出版社2006年版,第123-125页。

[2] 具体内容请参见《人民法院统一证据规定》司法解释建议稿第10条(证据认证理由的说明),参见张保生主编:《〈人民法院统一证据规定〉司法解释建议稿及论证》,中国政法大学出版社2008年版;另参见《民事诉讼证据规定》第97条:"人民法院应当在裁判文书中阐明证据是否采纳的理由。对当事人无争议的证据,是否采纳的理由可以不在裁判文书中表述。"《最高人民法院关于行政诉讼证据若干问题的规定》第72条第2款规定:"人民法院应当在裁判文书中阐明证据是否采纳的理由。"

会关系和行为具有调控作用。这是证据法的间接社会控制功能，包括保护社会关系、增进社会福利等。当然，证据法作为一个以排除规则为核心的法律规范体系，在发挥社会控制功能方面并不是万能的。因此，本章将分析指出，证据法可以通过它的直接控制功能和间接控制功能，推动解决我国当下社会中的某些社会失范问题。

## 一、直接控制功能

### （一）降低错案风险

根据上文的分析，证据法通过两种运行机制促进事实认定的准确性：一方面，通过信息筛选机制，对法官或陪审团所能够接触到的证据进行预先的筛选，将可能被高估证明力或者引起不公正偏见的材料排除。这在客观上优化了法庭决策信息。另一方面，通过举证激励机制，对作为证据搜集和提交主体的诉讼双方提供激励。某些证据因为对于发现案件事实而言并非最佳证据，因此法律将它们排除，从而促使诉讼双方搜集并提交更有利于证明案件事实的证据。证据筛选机制着眼于排除规则对事实认定者的直接影响；而举证激励机制则着眼于对诉讼双方的直接影响，进而间接影响到事实认定者，因为诉讼双方的举证是为事实认定者提供据以裁决的信息。通过这两种机制，证据法促进了事实认定的准确性。当然，基于司法证明的认识论性质，对案件事实的认定无法达到百分之百的准确性。因为"事实认定是一个概率推论过程，所得到的'思想产品'是概率真理，达不到绝对的确定性，却存在着出错的巨大危险性"。[1]但是，证据筛选机制和举证激励机制，提高了决策信息的质量，为事实认定者的裁判活动提供了信息上的保障。因此，客观上具有降低事实认定错误风险的功能，对于防范刑事冤案具有重要意义。尤其是在刑事诉讼中，证据法在理论上区分了两种错案：一是错判有罪（将无辜者定罪），二是错判无罪（将有罪者释放）。从一项法律推理的结果来看，如果对无罪者治罪就等于经济成

---

[1] 张保生："刑事错案及其纠错制度的证据分析"，载《中国法学》2013年第1期。

本加上道德成本，其成本更高；而如果是未对有罪者治罪只等于经济成本。[1]所以，证据法尤其偏重降低错判有罪（刑事冤案）的风险。这不仅体现在刑事诉讼的控方需要承担将犯罪事实证明到"排除合理怀疑"或者"确信无疑"的高度标准，也体现在许多排除规则在宗旨上更倾向于保护刑事被告，提高定罪的难度。例如，传闻规则在当代的理论基础之一就是被告人对质权，它要求指控被告的证人必须到庭接受交叉询问。这是实现被告方弹劾控方证人的重要保障。又如，品性证据规则是为了防止"坏人"偏见，而这一"坏人"偏见最容易出现在刑事被告身上。因此，很多排除规则看似给控辩双方提供了平等的对抗制武装，但实际上在价值和实际功能上更倾向于保护被告。进而，尤为强调降低错判有罪的风险，以防止刑事冤假错案的产生。

（二）抑制司法腐败

去除司法行政化以保持法院和法官的审判独立固然是司法公正得以实现的重要保障，但是权力天生就容易被滥用。只呼吁审判独立和自由裁量而不讲对司法权的约束，实际上会加大司法腐败的风险。因此，必须设置合理的规则，在保障法官独立裁判和自由裁量的同时，还需防止和纠正法官对司法裁判权的滥用。根据上文对社会失范现象的描述，经常滋生司法腐败的一个领域就是法官对证据的排除——通过不正当地排除证据而交换不正当利益。因此有必要对法官排除证据的自由裁量权进行合理的规制，以防止司法腐败和司法不公的产生。而证据制度预防司法腐败和司法不公的功能，主要是依靠上文所述的"错误裁定后果规则"来实现的。[2]这种自由裁量权不受约束的滥用，是产生司法腐败和司法不公的主要原因之一。因此，《非法证据排除规则》、《刑事诉讼法》和《刑事诉讼法解释》第101条初步建立了有关"错误裁定后果"的证据规则：对一审没有审查

---

[1] 参见［美］迈克尔·D. 贝勒斯：《法律的原则——一个规范的分析》，张文显等译，中国大百科全书出版社1996年版，第29-32页。

[2] 张保生："证据制度建设是司法改革的首要任务"，载常林、张中主编：《证据理论与科学——第三届国际研讨会论文集》，中国政法大学出版社2012年版，第14页。

排除非法证据的申请且该证据作为定案依据的，以及诉讼双方不服一审有关证据收集合法性的调查结论等情形，都可以作为抗诉和上诉的理由，二审法院应当对证据收集的合法性进行审查。但这一规定还有需要完善之处，例如，对法官在判决书中没有对当事人在庭审中提出的证据或证据异议作任何分析处理的情况，我国法律就没有十分明确的规定。此外，正如上文所述，该规定要想实现在赋予法官采纳和排除证据权力的同时，为其施加必要的义务，避免法官在证据排除规则的运用中滥用自由裁量权的目的，还必须建立和完善认证理由公开制度。因为"法官必须为排除证据的认证提供法律理由和正当理由，这是证据法治的本义，也是法官必须履行的一项强制性义务……"。[1]而认证理由公开制度最重要的功能在于它能够保障当事人对采纳或排除证据的错误裁定的上诉权，保证错误裁定后果规则在司法实践中不被架空，从而激励法官细致、认真和公正地审理案件，达到排除非法证据、遏制刑讯逼供和保障人权等立法目的。

（三）保障被追诉者人权

证据法通过规制刑事追诉权（侦查权和检察权）以保障被追诉者的人权，这主要是通过非法证据排除规则这种行为制裁机制来实现的。"警察向来以破案为首要目标，为防止警方不择手段取得证据，法律上可以采取多种手段来吓阻。但司法实践表明，从程序上排除非法证据的使用，最能发挥功效。非法证据可以被采纳，是警察甘愿冒险进行违法取证的最大诱因，而非法证据的排除，则把其违法的成本上升到最大。警察通过违法搜查、扣押获得的证据若最终被法院排除，警察违法取证就没有任何意义，徒浪费时间与人力。"[2]但是非法证据排除规则对于中国来说是个舶来品，从2010年《非法证据排除规定》在中国正式确立非法证据排除规则以来，其实施效果并不理想，并未达到抑制侦查权和检察权对公民权利的侵害的

---

[1] 张保生："证据制度建设是司法改革首要任务"，载《中国改革》2011年第9期。
[2] 张保生主编：《证据法学》，中国政法大学出版社2009年版，第274页。

立法初衷。我国非法证据排除规则自身存在的诸多内部缺陷——比如补正问题、侦查人员出庭作证问题和非法证据排除的波及效力问题等[1]，外部运行环境问题也是制约我国非法证据排除规则实施效果不尽如人意的主要原因。尽管新《刑事诉讼法》和新《刑事诉讼法解释》已经修正了该规则的部分内部结构问题，但未来还应对司法证明模式、司法体制和社会民众理念等外部运行环境因素进行相应的改革。

## 二、间接控制功能

证据法的社会控制功能不仅直接体现在对诉讼中的主体行为和社会关系的调控和约束上，而且还体现在它可以通过对诉讼案件的直接规制而间接作用于诉讼外的日常行为和社会关系。证据法的间接社会控制功能主要是通过上文所分析的动机保护机制来实现的。

### （一）保护社会关系

在证据法中，大多数证据规则和证据原则的主要目标都是促进事实真相的发现，"但创设证据特免权的规则与此不同。从总体上看，它们排除具有相关性的证据，这是为了促进与准确事实认定无关的外部政策。它们的主要目的，是保护法庭世界之外的特定关系和利益，这些关系和利益被认为具有充分的重要性，值得司法程序以失去有用证据的方式来承担这些成本"。[2]例如，家庭关系尤其是近亲属之间的关系，对于一个人的生活是至关重要的。但假如某人涉嫌犯罪，而他或她的配偶、父母、子女等知道某些案件信息，于是出庭作证指控他或她。那么，必然导致对家庭关系的极大破坏。因此，夫妻特免权、父母—子女特免权规则要求排除配偶或父母、子女的不利证言，以保护这几类近亲属关系。值得一提的是，《刑

---

[1] 关于非法证据排除规则的内部结构问题，参见郑飞、樊传明："论中国非法证据排除规则的未来——以内部结构和运行环境为切入点"，载《西北大学学报（哲学社会科学版）》2013年第4期。

[2] Ronald J. Allen et al., *Evidence: Text, Problems, and Cases*, Wolters Kluwer Law & Business, 2011, p. 793.

事诉讼法》第 193 条第 1 款规定："经人民法院通知,证人没有正当理由不出庭作证的,人民法院可以强制其到庭,但是被告人的配偶、父母、子女除外。"该条规定了配偶、父母、子女可以免于强制出庭作证,虽然与特免权规则还有很大差距,但在价值取向和功能上类似于近亲属之间的作证特免权规则,有利于对这些社会关系的保护。除了近亲属之间的特免权,"律师—委托人"和"医生—患者"特免权等也同样是在保护某些特定的社会关系。它们主要是保护特定职业关系中的秘密交流,"这些交流需要由国家政策加以鼓励,否则这些职业关系将不能顺利开展"。[1]

(二) 增进社会福利

前文分析已经阐明,我国司法实践并未完全建立不得用以证明过错与责任的证据规则,例如彭宇案中的一审法官就将"被告把原告扶起并送往医院,且垫付医药费的行为"作为认定彭宇对该事故负有过错责任的不利证据。也正是因为这种从行善行为到过错责任的自然推理链条,导致了人们因害怕自己吃亏或落入陷阱而不敢再积极从事有益于社会的行为。不得用以证明过错或责任的证据规则"通过切断这些善意行为与行为责任之间的因果关系,使行为者无需担心自己的善意行为被反过来成为自己承担责任的陷阱,在行善之时也就无需瞻前顾后",[2]从而激励人们敢于积极从事对社会有益的行为。彭宇案的自然推理链条和价值权衡已经形成了一种不良的"社会规范",一定程度上导致社会更加冷漠。笔者认为,我国应该尽快建立此类规则,充分发挥证据法对社会道德的正确引导作用,从而促进整个社会道德风尚向有益于全社会的方向发展。同时,应当积极发挥法院应有的审判功能,让证据规则的激励机制能够通过司法审判的方式得以有效发挥,并发挥司法审判活动的教育示范功能,从而在社会上树立起"打官司就是打证据"的理念,进而影响人们的日常行为。

完善的证据制度可以通过证据筛选、举证激励、行为制裁、动机保护

---

〔1〕 [美] 约翰·W. 斯特龙主编:《麦考密克论证据》,汤维建等译,中国政法大学出版社 2004 年版,第 150 页。

〔2〕 吴洪淇:"挽救社会公德法律亦有可为",载《法制日报》2011 年 10 月 12 日,第 10 版。

和证据裁定救济机制，发挥降低错案风险、抑制司法腐败和保障被追诉者人权的直接社会控制功能，以及保护社会关系和增进社会福利的间接社会控制功能，从而解决冤假错案频发、司法腐败严重、社会公德丧失等社会失范问题。然而，当前我国对证据制度建设却缺乏统一系统的规划，这导致法律制度特别是证据制度无法对以上这些社会失范问题作出有效的回应，致使一些社会失范现象存在进一步恶化的趋势。因此，我们必须认真对待证据法，必须进一步改革和完善我国的证据制度，以增强法律制度对社会失范现象的社会控制。当然，关于具体如何完善我国的证据制度，是分别完善三大诉讼证据制度，还是从完善三大诉讼证据制度的宏观视角去构建我国的统一证据制度，这又是另一个非常重要而宏大的问题了，需要另行专门研究。

# 第六章　拯救社会公德的证据法药方[1]

从道德上批判社会公德失范固然必要，但只有更加注重法律的激励机制，如此才能从根本上遏制社会公德的恶化。在美国，不得用以证明过错或责任的证据规则通过切断从行善行为到过错责任的自然推理链条，激励着人们积极从事对社会有益之行为。而在中国，此类规则不仅拥有充分的理论基础和类似的立法规定，更重要的是它们符合构建和谐社会、重塑社会公德和发展市场经济的迫切需要。然而仅仅借鉴此类规则显然不够。因此，我们必须采取一种综合性的"鸡尾酒"疗法。

## 第一节　错误的常理推断与价值权衡

2013年4月5日，长春市一老人在菜市场里突然摔倒，178人跨过仅1人救助；2011年10月13日，佛山市一名两岁女童小悦悦被两车三次碾压后，7分钟内经过的18个路人对此不闻不问，最后一名清洁女工施以援手；2009年12月6日，杭州市一老人晕倒在地路人不敢扶，因耽误救助时机最后死亡……我们不禁要问究竟是什么造成了社会如此冷漠？《中国青年报》社会调查中心在"小悦悦事件"之后，曾通过民意中国网和新浪网做过一个在线调查，调查结果显示：造成社会冷漠的首要原因是"'南京彭宇案'等案例暗示公众做好事可能会吃亏（65.7%）"。[2]

---

[1] 本章原载《理论月刊》2014年第1期，本书出版时做了部分修改。
[2] 其他原因还有："社会安全感不够，人们自保心态重"（64.1%）、"现在社会怨气太重，缺少温暖"（49.4%）、"自利主义盛行，人们只关心自己的小利益"（45.1%）、"许多人自身利益

那为什么南京彭宇案会成为这一社会现象的主要原因呢？在仔细阅读该案一审法院判决书以及相关新闻报道和调查后，笔者发现使该案引起巨大争议的主要原因并不是该案最后的判决结果，而是在一审判决书中法官运用的两个所谓"常理推断"。其一，"如果被告是见义勇为做好事，更符合实际的做法应是抓住撞倒原告的人，而不仅仅是好心相扶；如果被告是做好事，根据社会情理，在原告的家人到达后，其完全可以在言明事实经过并让原告的家人将原告送往医院，然后自行离开，但被告未作此等选择，其行为显然与情理相悖"。[1]在这个所谓"常理推断"中，法官将"被告彭宇把原告扶起并送往医院"的善行作为对被告不利的证据。其二，"根据日常生活经验，原、被告素不认识，一般不会贸然借款，即便如被告所称为借款，在有承担事故责任之虞时，也应请公交站台上无利害关系的其他人证明，或者向原告亲属说明情况后索取借条（或说明）等书面材料。但是被告在本案中并未存在上述情况，而且在原告家属陪同前往医院的情况下，由其借款给原告的可能性不大；而如果撞伤他人，则最符合情理的做法是先行垫付款项。……综合以上事实及分析，可以认定该款并非借款，而应为赔偿款"。[2]在第二个所谓"常理推断"中，法官又将"被告彭宇垫付医药费"的善行作为被告应负过错责任的不利证据。这两个所谓"常理推断"都存在极大的不确定性，即都是从行善者的行善行为推断出行善者应负过错责任。其不确定的原因在于，行善者很有可能仅仅是出于人道主义而并非其对事故应负过错责任而实施救助行为，因此法官的常理推断过于武断，难以令人信服。在这种不确定的常理推断背后，反映的是一种错误的价值权衡——用一个人的善行来反对该人，这不仅不符合社会道德原则，也不符合司法公正原则。

该案二审最后以秘密和解撤诉告终，而没有通过正式判决的方式对一

---

（接上页）常受侵害，无暇顾及他人"（37.2%）等。参见向楠："76.3%受访者承认小悦悦的死让自己反思"，载《中国青年报》2011年10月27日，第7版。

〔1〕 参见南京市鼓楼区人民法院民事判决书（2007）鼓民一初字第212号。

〔2〕 参见南京市鼓楼区人民法院民事判决书（2007）鼓民一初字第212号。

审法院这种所谓"常理推断"作出明确否定，最后导致这种错误的常理推断和价值权衡成为一种新的"社会规范"。这种新的"社会规范"一度造成了三种极其恶劣的影响：[1]其一，它产生了一种阻却人们做好事的效应，它暗示人们做好事可能会吃亏，导致人们因怕掉入陷阱再也不敢做好事。其二，这种新的"社会规范"的产生，使得少部分自己摔倒的老人在子女和金钱等压力下，诬告做好事者为肇事者。尽管有部分做好事者因为有证人作证或其善行被公共摄像头等设备记录而得以清白，但仍有部分案件因缺少证人证据等原因而事实不清。其三，更有甚者利用这种新的"社会规范"来牟利，通过"职业碰瓷"来讹诈好心人。这些现象的出现，一度恶化社会风气。

针对这种社会现象，社会各界纷纷献计献策，有主张加强道德建设的，有主张建立见义勇为基金的，等等。但何种方式才是最紧要、最重要的呢？"类似事件的反复发生有其内在的社会文化根源，道德层面的批判固然是必要的，但无法从根本上防止此类事件的再度发生。身处社会生活中的人们固然会受到道德规范的制约，但道德规范的制约是否有效还取决于社会激励机制的有效发挥。而在诸多社会激励机制中，法律无疑是最为重要的一种。"[2]因此，笔者认为解铃还须系铃人，主要由法律界造成的社会失范现象，理应首先由法律界来解决。它山之石可以攻玉，美国证据法中就有这样一剂药方——不得用以证明过错或责任的证据规则，鼓励人们积极从事对社会有益的行为。

## 第二节　它山之石：美国不得用以证明过错或责任的证据规则

在《美国联邦证据规则》中，有一类特殊的相关性规则——不得用以证明过错或责任的证据规则。说它特殊，是因为它虽名为"相关性规则"，

---

[1] 对这三种现象的汇总报道，参见维基百科：http://zh.wikipedia.org/wiki/%E5%8D%97%E4%BA%AC%E5%BD%AD%E5%AE%87%E6%A1%88，最后访问时间：2013年4月8日。

[2] 吴洪淇："挽救社会公德法律亦有可为"，载《法制日报》2011年10月12日，第10版。

但却由于各种原因而排除了一些毋庸置疑具有相关性的证据，规定这些证据不得用以证明过错或责任。然而此类相关性排除规则也有例外，这些例外允许此类证据用于其他目的，诸如证明所有权和存在雇佣关系等。此类规则共有四个：事后补救措施规则、和解提议与谈判规则、提议支付医疗与类似费用规则和责任保险规则。

### 一、事后补救措施规则

《美国联邦证据规则》规则407规定："如果采取了将使得在前的伤害或者损害更不可能发生的措施，则关于这些事后措施的证据不得采纳来证明过失、罪错行为、产品缺陷或者其设计缺陷；或者缺乏警示或说明。但是法院可以为其他目的采纳该证据，例如弹劾或者在存在争议情况下证明所有权、控制权或者预防措施的可行性。"社会生活中常见的事后补救措施主要有："（1）向雇员发出遵守安全规定的警示；（2）改变产品的设计；（3）维修或改变财产的状况，如事故后对桥梁的维修；（4）惩戒或解雇被指控对事故负有过失责任的人，如处分或解雇交通肇事司机；（5）发出召回通知，如召回设计更动之前制造的汽车；（6）修改规则或规定，如游泳池救生员从2人值守改为3人值守；（7）张贴警示标志，如在玻璃门上张贴警示标识。"[1]事后补救措施确实具有一定的相关性，它貌似合理的相关性理论在于：当一个人在事故发生后采取补救措施来改善相关条件和物体，以便防止将来再次发生类似伤害事故时，我们可能会默认他相信该物体和条件在改变前具有不合理的伤害风险，从而认为他对该事故的发生有过错或责任。罗纳德·J. 艾伦教授用一个推论链条解释了这种相关性理论（见图6.1）。[2]但是，此类证据的证明力却很微弱，因为事后补救措施行为并不能等同于自认，行为人之所以采取事后补救措施，有可能仅仅是出于想进一步采取措施来增加安全性以避免或减少将来再发生类似伤害的愿

---

〔1〕 房保国："论证据法的人权保障基础"，载《甘肃政法学院学报》2011年第4期。
〔2〕 Ronald J. Allen et al., *Evidence*: *Text*, *Problems*, *and Cases*, Wolters Kluwer Law & Business, 2011, p. 329.

望；而事故的发生则可能仅仅是一个意外事件或者由共同过失造成的。此外，排除事后补救措施防止其用来证明行为人有过错或责任之最重要目的，在于"鼓励人们采取——至少不阻止他们采取——不断增加安全措施的社会政策"。[1]如果法律用事后补救措施来惩罚该行为人，这不仅在道德和法律上是不公正的，而且还会挫败人们积极采取事后补救措施增加安全性的努力。

| 证据性事实（EF） | 推断性事实1（IF1） | 推断性事实2（IF2） | 要素性事实（FOC） | 要件（EE） |
|---|---|---|---|---|
| 目击证人作证说，在玩具枪伤人事故发生后，制造商为这种玩具设计了一个保险装置 | 在事故发生后，制造商确实为玩具枪设计了一个保险装置 | 制造商认为，玩具枪在没有保险装置的情况下，存在不合理的伤害风险 | 玩具枪在没有保险装置的情况下，产生了不合理的伤害风险 | 制造商在制造没有保险装置的玩具枪时有过失 |

**图 6.1 事后补救措施相关性理论的推论链条**

## 二、和解提议与谈判规则

《美国联邦证据规则》规则 408 规定，[2]关于和解提议与谈判的证据不得用以证明或证否存在争议的索赔的有效性或者数额，或者用于以先前不一致陈述或矛盾来进行弹劾，但是可以为了其他目的而采纳这一证据，例如，证明证人的偏见或者成见，否定有关不当拖延的观点，或者证明妨

---

[1] Daniel J. Capra, *Federal Rules of Evidence*（2012-2013 *Edition*），West Publishing Company，2012，p.61.
[2]《美国联邦证据规则》规则408规定："（a）禁止使用。关于下列事项的证据，不得为任何当事方采纳来证明或者证否存在争议的索赔的有效性或者数额，或者是用于以先前不一致陈述或者矛盾来进行弹劾：（1）为就索赔进行和解，给予、承诺或者提议——或者接受、承诺接受或者提议接受——有价值的对价；以及（2）在就索赔进行和解谈判过程中所为的行为或者陈述，在刑事案件中提出该证据且该谈判与某公共机构运用其规制、调查或者执法权限而提出的索赔有关时除外。（b）例外。法院可以为其他目的采纳这一证据，例如证明证人的偏见或者成见，否定有关不当拖延的观点，或者证明妨碍刑事调查或者起诉的行为。"

碍刑事调查或者起诉的行为。与事后补救措施类似,关于和解提议与谈判的证据也具有一定的相关性:我们同样可能默认行为人之所以提出和解,是因为他相信自己在导致针对其提起赔偿请求的事故中负有过错或责任。用通俗的话来讲,"如果你没有过错,那你为什么提出和解并作出让步?"但是,此类证据的证明力同样很微弱,因为提议和解与进行谈判的动机可能是息事宁人而非其确有过错,"例如,一些坚信他们没有过错的人可能愿意支付赔偿金,是因为潜在的诉讼费用会远远超过偿付的费用",[1]或者是因为还有其他比较重要的事务要处理而不想浪费时间,等等。排除这类证据还有一个非常重要的原因,就是基于鼓励纠纷和解的社会政策考量,因为"如果不鼓励和解,大量的案件将涌入法院,将严重影响司法的效率和社会效益"。[2]此外,如果不排除这类证据,防止其被用来证明行为人的过错或责任,那就相当于要惩罚一个为了寻求和解而坦诚相待的人,用一个人的坦诚来反对该人显然也同样不符合道德原则和公正原则。

### 三、提议支付医疗与类似费用规则

《美国联邦证据规则》规则 409 规定:"关于给予、承诺支付或者提议支付因伤害而引起的医药、住院或者类似费用的证据,不得采纳来证明对该伤害负有责任。"但是可以为其他目的而采纳该证据,比如证明存在伤害或雇佣关系。根据上述默认过错行为理论,支付或承诺支付医疗费或类似费用的人"可能感到对承担该费用有法律上的责任"。[3]但是,此类证据的证明力同样也很微弱,很容易误导陪审团或者混淆争点,导致陪审团作出一个错误的推断——"既然你对该伤害不负有责任,那你为什么要支付医疗费?"之所以这是一个错误的推断,是因为行为人支付此类费用的

---

[1] Ronald J. Allen et al., *Evidence: Text, Problems, and Cases*, Wolters Kluwer Law & Business, 2011, p. 335.

[2] 王进喜:《美国〈联邦证据规则〉(2011年重塑版)条解》,中国法制出版社 2012 年版,第 100 页。

[3] Ronald J. Allen et al., *Evidence: Text, Problems, and Cases*, Wolters Kluwer Law & Business, 2011, p. 339.

原因极有可能是出于人道主义的同情，而不是因为其确实对该伤害负有责任。排除此类证据的另一个重要原因，是基于鼓励人们积极履行救助他人之道德义务的社会政策考量。如果采纳此类证据来证明行为人有过错或责任，不仅可能会产生一种阻却效应——导致人们因怕吃亏或掉入陷阱而不敢再从事对社会有益的行为，还有可能使实施了道德救助行为的人面临处罚。显然，正如上文所说，用一个人的善行来反对该人的确是不公正的。因此，在南京彭宇案中，法官将彭宇支付医疗费用的行为作为他应负过错责任的证据，就违反了这一规则，不符合道德原则和公正原则。

### 四、责任保险规则

《美国联邦证据规则》规则411规定："关于某人是否拥有责任保险的证据，不得采纳来证明该人的行为存在过失或者其他错误。但是法院可以为其他目的采纳该证据，例如证明证人的偏见或者成见，或者在争议情况下证明代理关系、所有权或者控制权。"此类证据相关性理论的基础在于，"拥有责任保险的人比没有责任保险的人（他们将对其所造成的伤害承担个人责任）可能更乏小心谨慎",[1]因而他们更可能在事故中存在过失或其他错误。但显然这样的相关性推断也是靠不住的，是否购买责任保险之证据对于证明行为人是否存在过错或责任的证明力很微弱。同时，此类证据可能会误导陪审团对当事人产生偏见，因为"陪审团成员可能因为该保险而倾向于强行裁决损害赔偿金，或出于对没有保险的人的同情而放弃或只裁决支付最少的损害赔偿金"。[2]因此，如果采纳这种证据来证明其有过错或责任，可能会打击人们购买责任保险的动机，从而有损增进社会互助的政策。

从上述分析我们可以看出，此类不得用以证明过错或责任的证据规则

---

[1] [美] 罗纳德·J. 艾伦、理查德·B. 库恩斯、埃莉诺·斯威夫特：《证据法：文本、问题和案例》，张保生、王进喜、赵滢译，满运龙校，高等教育出版社2006年版，第362页。

[2] Ronald J. Allen et al., *Evidence: Text, Problems, and Cases*, Wolters Kluwer Law & Business, 2011, p. 340.

主要有以下三种正当化理由：首先，从认识论角度来讲，此类证据通常具有很微弱的证明力，而且《美国联邦证据规则》规则403的平衡检验也倾向于排除此类证据，因为采纳它们来证明过错或责任可能会误导陪审团和混淆争点，从而让陪审团错误地认为此类证据拥有比实际证明力更强的证明力，或者基于同情心而判决受到伤害的一方胜诉。其次，从道德层面看，如果不排除用此类证据来证明行为人有过错或责任，那将有可能导致做好事者受到"惩罚"，显然，用一个人的善行来反对该人是不公正的，这不符合道德原则。最后，从功利主义的角度来看，之所以排除事后补救措施、提议和解和谈判、支付医疗费和类似费用以及是否购买了责任保险的证据，防止其用来证明行为人有过错或责任，最重要的原因乃是基于"被立法机关或法院视为社会得以存在的原则和标准"[1]之社会政策的考量。因为如果不排除此类证据将有可能暗示人们"做好事可能会吃亏或掉入陷阱"，从而产生一种阻却效应，即人们可能不敢再积极从事这些对社会有益的行为——比如在事故发生后积极采取补救措施促进进一步的安全，在纠纷发生后努力寻求私人和解降低社会成本，在事故发生后积极采取垫付医药费等救助行为避免受害人遭受进一步的损害，积极购买责任保险以促进社会互助，等等。因此规定排除此类证据防止其用来证明行为人有过错或责任，并以此激励人们积极从事对社会有益的行为。正是由于不得用以证明过错或责任的证据规则切断了从"行善行为"到"过错责任"的因果关系推断链条，免去了人们因怕吃亏或掉入陷阱而不敢积极做好事的后顾之忧，人们可能才会敢于积极从事对社会有益的行为，社会公德才因此能得以稳固发展。

## 第三节　可以攻玉：采用不得用以证明过错或责任的证据规则

尽管"法律是特定民族的历史、文化、社会的价值与一般意识形态与观

---

[1] Bryan A. Garner, *Black's Law Dictionary*, 8th, Thomson West, 2004, p. 1196.

念的集中体现……它不可能轻易地从一种文化移植到另一种文化中",[1]但是"作为法律发展史上的基本事实……无论就理论还是实践上来说,法律移植都具有其必然性和必要性"。[2]而对于不得用以证明过错或责任的证据规则来说,我国是否有采用此类规则的必要呢?如果有,那可行性又如何?

## 一、采用此类规则符合构建和谐社会的内在要求

"和谐"一词,在中国古代有三层含义,第一层是人与自然的和谐,如儒家的"天人合一"和道家的"道法自然"思想都强调人与自然的和谐统一;第二层是人与人的和谐(社会的和谐),如儒家的"仁爱"和墨家的"兼爱"思想,华夏先民的"小康社会"和"大同世界"理想;第三层是人自身的和谐,如儒家的"中庸"思想所表达的就是人的情感物欲与理性精神的和谐统一。2004年党的十六届四中全会,胡锦涛总书记又提出要构建一个"民主法治、公平正义、诚信友爱、充满活力、安定有序、人与自然和谐相处"的社会主义和谐社会。这一政治纲领与我国传统思想是一脉相承的,它们都强调人自身、人与人、人与自然的和谐统一。而法调整的是人与人之间的社会关系,"因此法的和谐价值将主要体现在人与人之间的社会关系上。和谐的社会关系在道德层面的表现就是人心向善,即人们在社会交往中秉持着合乎社会道德原则的观念,并采取合乎社会道德原则的行动"。[3]这一点也正好与证据法的和谐价值相吻合,因为作为证据法和谐价值具体体现的不得用以证明过错或责任的证据规则,就"旨在促进有利于社会公益事业的行为,不能因人们做好事或行善而使其受到惩罚或损害,因而是和谐社会的证据规则"。[4]以此可见,采用不得用以证明过错和责任的证据规则符合构建社会主义和谐社会的内在要求。

---

[1] [美]格伦顿、戈登、奥萨魁:《比较法律传统》,米健、贺卫方、高鸿钧译,中国政法大学出版社1993年版,第6—7页。
[2] 张文显主编:《法理学》,高等教育出版社、北京大学出版社2007年版,第212页。
[3] 参见张凌鹰:《事后补救措施规则的法理基础》,中国政法大学2009年硕士学位论文。
[4] 张保生主编:《证据法学》,中国政法大学出版社2009年版,第116页。

第六章　拯救社会公德的证据法药方

　　《中国青年报》对于南京彭宇案的调查清晰地表明，正是这种从"行善行为"到"过错责任"的错误因果关系推断链条，导致了人们因害怕自己吃亏或落入陷阱而不敢再积极从事有益于社会的行为。而美国不得用以证明过错或责任的证据规则，正是"通过切断这些善意行为与行为责任之间的因果关系，使行为者无需担心自己的善意行为被反过来成为自己承担责任的陷阱，在行善之时也就无需瞻前顾后"，[1]从而激励人们敢于积极从事对社会有益的行为，使得整个社会也因此而受益，不失为一种有益的借鉴。

## 二、采用此类规则是发展市场经济之必须

　　市场经济就是法治经济，已经成为我国各界的共识。社会主义法律应该建立完善的现代企业制度，强调企业的社会责任。只要企业的产品存在缺陷，可能对公众造成损害，那么企业就应该及时召回该产品并修正其缺陷。这种缺陷产品召回制度已经成为企业履行社会责任的全球共识和普遍规则。但是法律能否将企业对缺陷产品的主动召回作为对其不利的证据呢？这涉及一个价值权衡问题：如果将缺陷产品的主动召回作为对生产者不利的证据，那么这不仅不符合公正原则，最重要的是它"一方面可能使得企业放纵自身过失，另一方面也可能导致企业提前隐匿相关证据。同时，长时间的诉讼也使得救济呈现出显著的滞后性，这就增加了公民取得高质量产品、获得高质量服务、追求市场公正的成本，远远高于其自身和市场的预期。如此一来，法律的引导与救济都陷入了与市场经济所倡导的效率相悖的一面"。[2]因此，排除事后补救措施用于证明过错或责任，可以免去生产者的后顾之忧，激励生产者积极采取事后补救措施召回缺陷产品进行修正，这不仅有利于广大消费者的安全，符合不应惩罚从事对社会有益之行为的善人规则，同时也顺应了经济全球化中游戏规则逐渐统一的趋势。此外，市场经济中充满了风险，而现代责任保险制度就是为了分散

---

[1] 吴洪淇："挽救社会公德法律亦有可为"，载《法制日报》2011年10月12日，第10版。
[2] 参见张凌鹰：《事后补救措施规则的法理基础》，中国政法大学2009年硕士学位论文。

这种风险而建立的。如果将当事人是否购买了责任保险作为对其应承担责任的不利证据,那么无疑将会打击人们购买责任保险的积极性,不利于社会风险的分散和互助。由此观之,不得用以证明过错或责任的证据规则是发展和完善市场经济之必须。

## 三、我国证据法学理论已经为采用此类规则打下了坚实的理论基础

改革开放后,中国早期的证据(法)学坚持一种"实事求是"的证据制度,它以辩证唯物主义认识论为理论基础,以事实真相的发现为唯一目标。"这种建立在认识论基础上的'证据(法)学'理论,不仅无法包含大量的现代证据规则,而且与现有的(刑事)诉讼法学理论也呈现出明显的不兼容性。"[1]正是由于当时证据法学理论准备不足、理论基础建构不合理,才导致了我国证据规则的大量缺失。证据规则的大量缺失不仅不能很好地规制司法过程中的事实认定,而且还在事实认定的裁决中破坏了诸多值得社会珍视的外部社会利益,比如和谐的家庭关系和被告人的基本人权等。在这样一种以事实真相发现为唯一目标的证据(法)学理论中,当然就没有以求善为目的(以促进人们积极从事有益于社会的行为为宗旨)的不得用以证明过错或责任的证据规则的存在空间。但是,进入21世纪以来,越来越多的证据法学者经过研究发现,[2]在证据法中既存在规范和限

---

[1] 也就是说,"假如我们依然站在前一立场上并将认识论奉为证据规则赖以安身立命的指导原则,使得各方的诉讼活动都匍匐在所谓的'客观真实'的幻影之下,那么,包括非法证据排除规则、沉默权规则、证人作证豁免规则、证明责任分配规则在内的一系列证据规则,都将没有存在的空间"。参见陈瑞华:"从'证据学'走向'证据法学'——兼论刑事证据法的体系和功能",载《法商研究》2006年第3期。

[2] 中国法学界对证据法学理论基础的集体反思,参见陈瑞华:"从认识论走向价值论——证据法理论基础的反思与重构",载《法学》2001第1期;张建伟:"证据法学的理论基础",载《现代法学》2002年第2期;易延友:"证据法学的理论基础——以裁判事实的可接受性为中心",载《法学研究》2004第1期;万毅、林喜芬:"反思与重构:证据法学理论基础研究",载《四川师范大学学报(社会科学版)》2005第6期;宋英辉、吴宏耀、雷小政:"证据法学基本问题之反思",载《法学研究》2005第6期;陈学权:"证据法学理论基础论纲",载《西部法学评论》2008年第2期;张保生:"证据规则的价值基础和理论体系",载《法学研究》2008年第2期;等等。

制事实真相发现的规则（比如促进外部政策的特免权规则和非法证据排除规则等），也存在促进事实真相发现的证据规则（比如最佳证据规则、传闻证据规则和品性与倾向证据规则等）。因此，证据法应该具有求真与求善的双重功能，它必须奠定在认识论和价值论的基础上，才能建构完善的证据规则体系。至此，不得用以证明过错或责任的证据规则在我国便有了求善的证据法价值论基础的理论支持。因为不得用以证明过错或责任的证据规则之最主要的正当化理由，就是通过排除此类证据，防止其用以证明行为人有过错或责任，来激励人们积极从事对社会有益的行为。

**四、现行法律中的部分类似规定为采用此类规则奠定了一定的法律基础**

首先，我国法律中也存在与美国和解提议与谈判规则相类似的规定，如《最高人民法院关于适用〈中华人民共和国民事诉讼法〉的解释》第107条规定："在诉讼中，当事人为达成调解协议或者和解协议作出妥协而认可的事实，不得在后续的诉讼中作为对其不利的根据，但法律另有规定或者当事人均同意的除外。"《最高人民法院关于行政诉讼证据若干问题的规定》第66条规定："在行政赔偿诉讼中，人民法院主持调解时当事人为达成调解协议而对案件事实的认可，不得在其后的诉讼中作为对其不利的证据。"这两个规定也旨在鼓励人们达成调解协议或和解，避免造成司法资源的浪费以及对为寻求和解而坦诚相见的人进行的不正当惩罚。其次，我们都知道，新产品和新技术的诞生必然要以发现或改进先前产品和技术的某种不足为条件，因而可以这样说，新产品和新技术的诞生必然使得先前产品和技术都存在一定程度上的"缺陷"。但我们是否应该将这种当时科技无法发现的缺陷所造成的损害责任归咎于生产者呢？我国《产品质量法》第41条对此问题给予了正面回答，因产品缺陷致人损害，但"生产者能够证明有下列情形之一的，不承担赔偿责任：……（三）将产品投入流通时的科学技术水平尚不能发现缺陷的存在的。"该规定的正当化理由"来自于公众所持的关于'公正'的基本理念：不能以'事后聪明'的偏见来评断行为人事前的行为"。[1]也就是说，法律不能以"事后聪明"来惩罚生产者的事前生产行为，这不仅是不公正的，而且也不利于激励企业积极从事对社会有益的产品和技术创新。这一正当化理由与美国事后补救措施规则的正当化理由如出一辙。由此可见，我国法律中的上述规定，已经为采用不得用以证明过错或责任的证据规则奠定了一定的法律基础。我们需要进一步做的仅仅是在现有法律的基础上，引进和完善此类规则。

## 第四节 拯救社会公德的"鸡尾酒"疗法

虽然不得用以证明过错或责任的证据规则能够切断从"行善行为"到"过错责任"的错误因果关系推断链条，免去人们因害怕吃亏或掉入陷阱而不敢做好事的后顾之忧，从而激励人们积极从事对社会有益的行为。但是，导致这一社会现象的原因是多方面的，比如"自利主义盛行，人们只关心自己的小利益""社会安全感不够，人们自保心态重""现在社会怨气太重，缺少温暖"，等等。[2]因此，不得用以证明过错或责任的证据规则只是拯救社会公德的其中一剂药方而已。

如果要彻底根治这一顽疾，让社会重归于一个道德规范的社会有机体，则必须采取一种综合性的"鸡尾酒"疗法：借鉴不得用以证明过错或责任的证据规则的同时，推动"见危不救"入刑。如果仅推动"见危不救"入刑，用法律来强制人们履行救助他人的道德义务，而又不排除用行为人的行善行为来证明其过错或责任，将行善行为与过错责任联系起来，那么这将无异于"既要马儿跑又要马儿不吃草"。这种情形不仅将严重违背公平公正原则，而且"见危不救"入刑的威慑作用也得不到彰显，终会成为一纸空文，从而对拯救社会公德起不到任何作用。因此，"见危不救"入刑和"不得用以证明过错或责任的证据规则"这两个法律规则必须综合

---

[1] 参见张凌鹰：《事后补救措施规则的法理基础》，中国政法大学2009年硕士学位论文。

[2] 向楠："76.3%受访者承认小悦悦的死让自己反思"，载《中国青年报》2011年10月27日，第7版。

运用，从正反两个方面对人们的行为进行规制和指引，才能真正引导人们积极从事有益于社会的行为，起到促进社会公德良性回归的作用。(3) 加强社会主义道德风尚教育，大力表彰见义勇为的行善行为。(4) 建立广泛的"见义勇为基金"，对因行善行为导致自身受损的行善者提供必要的帮助，这也在一定程度上免去了人们因担心行善后自身受损却无人救助的后顾之忧；等等。

# 第七章　中国司法专门性问题解决的"四维模式"[1]

随着司法和立法的不断发展，我国司法审判中逐渐增设了各种专家诉讼参与人，呈现出从"一维遵从模式"到"二维对抗模式""三维教育模式"，最后到"四维分享模式"的发展历程。在"四维分享模式"中，鉴定人是整个法庭的助手，专家辅助人是诉讼双方的助手，司法技术人员（技术咨询专家）是法官的助手，专家陪审员则是与审判法官共享事实认定权力的裁决者。尽管该模式体现了理想审判状态下的对抗、教育和共享功能，拥有集群化认识论优势，但也存在对抗功能不彰、教育功能退化和共享功能异化等潜在风险，因此还需进一步细化该模式的相关规则和配套制度。

## 第一节　整体视角下的中国司法专门性问题解决模式

司法实践中专门性问题的解决在世界各国都是一大难题，因为控、辩、审三方一般都不具备专业知识，无法对诉讼中的专门性问题作出准确判断，因此必须引入具有专门知识的人员参与诉讼。综观世界各国，具有专门知识的人员参与诉讼大概有以下几种角色设置，一是大陆法系普遍存在的司法鉴定人，二是英美法系普遍设置的专家证人[2]，三是英

---

[1] 本章原载《政法论坛》2019年第3期，本书出版时做了部分修改。
[2] 以《美国联邦证据规则》规则702—706规定的专家证人制度为例，分为当事人聘请的专家证人和法院指定的专家证人。一般情况下，专家证人由当事人聘请，法官主动以职权启动委任专家证人的情况较少发生。参见蔡颖慧："对抗制危机中的专家证人制度"，载《河北法学》2014年第9期。此外，对专家证人模式与司法鉴定模式的系统比较，参见汪建成："专家证人模式与司法鉴定模式之比较"，载《证据科学》2010年第1期。

国〔1〕、美国〔2〕和意大利的技术顾问以及俄罗斯的专家〔3〕，四是巴西的中立专家证人〔4〕，五是日本、韩国的技术调查官和专业委员〔5〕，六是德国的技术法官〔6〕，七是美国某些司法辖区专业化的蓝带陪审团〔7〕，等等。关于这些角色的比较研究已经汗牛充栋，但从专门性问题解决的整体视角来审视这些角色的角色分派和功能定位的文章却不多见。

---

〔1〕 英国法院可以委任技术顾问协助法院，技术顾问在庭审期间和法官坐在一起，回答法官可能提出的问题，可见英国的技术顾问是法官的助手。参见《英国民事诉讼规则》，徐昕译，中国法制出版社2001年版，第181页、第576页；Louis Blom-Cooper, "Experts and Assessors: Past, Present and Future", *C. J. Q.*, Vol. 21, 2002, pp. 341-356.

〔2〕 美国联邦法官除可以聘请专家证人之外，还可以根据其固有的权力（Inherent Authority）聘请技术顾问帮助他确定证据的准入资格，可见美国的技术顾问也是法官的助手。对美国技术顾问制度的系统考察，参见陈邦达："美国法庭聘请专家证人的实践与启示"，载《证据科学》2017年第6期；Luke L. Dauchot, and Jeffrey C. Metzcar, "Technical Advisors: Welcome Scientific Education, But at What Cost to a Patent's Notice Function?", *IP Litigator*, Vol. 1, 2003, pp. 9-10.

〔3〕《意大利刑事诉讼法》第225条规定："在决定进行鉴定后，公诉人和当事人有权任命自己的技术顾问……"《俄罗斯刑事诉讼法典》第58条规定："专家是具有专门知识、依照本法典规定的程序为了在研究刑事案件的材料方面协助查明、确认和提取物品和文件、采用技术手段、向鉴定人提出问题以及向控辩双方和法院解释其职业权限范围内的问题而被聘请参加诉讼行为的人员。"由此可见，意大利的技术顾问和俄罗斯的专家均是诉讼双方的助手。转引自程衍："'有专门知识的人'制度的域外介绍——以大陆法系国家和地区刑事诉讼程序为视角"，载《中国政法大学学报》2016年第2期。此外，对意大利"技术顾问"制度的详细考察，参见章礼明："意大利'技术顾问'制度及其对我国的启示"，载《中国司法鉴定》2017年第1期。

〔4〕 兼有大陆法系特征又融合英美法系特点的巴西，采取了一种混合型的做法，即除双方当事人各自可以聘请专家证人以外，法官同时聘请一名中立专家证人，该中立专家证人实际上是法官的助手，他听取双方专家证人的意见，结合自己的专业知识与经验，作出采信其中一方专家证人的决定，或者中和双方专家证人意见，作出第三种专家意见。参见蔡颖慧："对抗制危机中的专家证人制度"，载《河北法学》2014年第9期。

〔5〕 技术调查官是法院内部的司法辅助人员，而日本的专业委员则是法院外聘的技术咨询专家，他们皆是法官处理专门性问题的助手。参见易玲："日本专利无效判定制度之改革及其启示"，载《法商研究》2017年第2期；易继明："构建知识产权大司法体制"，载《中外法学》2018年第5期；曹慧敏："知识产权审判技术咨询专家意见的性质探究"，载《人民司法》2014年第7期。

〔6〕《德国法官法》第120条和《德国专利法》第65条规定，德国联邦专利法院由法律法官和技术法官组成合议庭审理专利效力案件。转引自郭寿康、李剑："我国知识产权审判组织专门化问题研究——以德国联邦专利法院为视角"，载《法学家》2008年第3期。

〔7〕 美国有些司法辖区采用了专业化的蓝带陪审团（blue-ribbon jury），参见邵劭："论法官聘任技术顾问的权力"，载《杭州师范大学学报（社会科学版）》2011年第1期。

在国外对这一问题研究较为深入的是罗纳德·J. 艾伦教授的系列论文[1]，这些论文从专家知识与案件审理模式之间的关系出发，认为通常的"案件审理是一种教育性活动，其间，事实认定者应能够理解、处理和思考证据，并得出理性的结论。……（然而）专家证据通常涉及一种遵从性而非教育性的诉讼程序模式，从这一点上来说其有悖于常规的审判理想状态。……若要实现审判的理想状态，那么替代性措施（即所有证据应以教育性模式呈现）则更为优越。如果证据无法以此种方式（教育性模式）呈现，那么在审理过程中通过证据所展现的待证事项便无法与常规的审判理想状态保持一致"。[2]这种研究范式和研究路径揭示了专门性问题解决的核心问题：法官是"遵从"专家意见，还是作为专门性问题的守门人，接受专家的教育从而对专家证据作出理性评价并最终得出理性的事实认定结论？尽管这种讨论是在美国专家证人制度之下的省思，并未考虑世界各国司法实践中还有众多涉及专门性问题解决的诉讼参与人角色，但是该文的研究范式和研究路径仍然值得借鉴。因为国内的现有文献大多是从单个角色甚或多个角色的比较视角出发开展研究的，少有文献从整体视角来审视中国司法专门性问题解决的实践模式[3]，因此，本章试图借鉴艾伦教授的研究范式和研究路径，通过类型化分析来审视中国司法专门性问题解决的模式演变、角色分派、功能定位、潜在风险和功能异化等问题。

---

[1] 参见罗纳德·J. 艾伦教授在美国发表的两篇文章：Ronald J. Allen & Joseph S. Miller, "The Common Law Theory of Experts: Deference or Education", *Nw. U. L. Rev.*, Vol. 87, 1993, p. 1131; Ronald J. Allen, "Expertise and the Daubert Decision", *J. Crim. L. & Crim.*, Vol. 84, 1994, p. 1157. 及其在中国发表的两篇文章：[美] 罗纳德·J. 艾伦："专家证言的概念性挑战"，汪诸豪译，载《证据科学》2014年第1期；[美] 罗纳德·J. 艾伦："专门证据的两个概念性困难"，刘世权译，载《证据科学》2017年第1期。

[2] [美] 罗纳德·J. 艾伦："专家证言的概念性挑战"，汪诸豪译，载《证据科学》2014年第1期。

[3] 吴洪淇教授考察了从一元化的司法鉴定人到二元化的司法鉴定人+专家辅助人的演变，但囿于该文的主题，其忽视了对司法技术人员（技术咨询专家）和专家陪审员的考察。吴洪淇："刑事诉讼中的专家辅助人：制度变革与优化路径"，载《中国刑事法杂志》2018年第5期。

## 第二节 从"一维模式"到"四维模式"的历史演变

从新中国的证据立法史来看,我国司法专门性问题解决的制度建设经历了一个逐渐增加各种具有专门知识的诉讼参与人角色的过程,体现为从"一维模式:司法鉴定人"到"四维模式:司法鉴定人+专家辅助人+司法技术人员(技术咨询专家)+专家陪审员"的历史演变。需要强调的是,这种演变规律并非基于四种角色在中国司法改革实践中出现的先后顺序,而是基于法律(包括司法解释)对四种角色的正式确立顺序总结而来,遵循的是一种立法实践逻辑而非司法实践逻辑。

### 一、一维遵从模式:司法鉴定人

1979年《刑事诉讼法》最早从法律层面规定了解决专门性问题的鉴定制度,其中该法第88条明确规定了鉴定人设置的目的是"解决案件中某些专门性问题"。只不过当时的鉴定结果对于法庭而言是具有绝对权威性的,因为该法第89条和第90条都明确规定鉴定结果是毋庸置疑的"鉴定结论",要想推翻"鉴定结论",必须进行补充鉴定和重新鉴定。这种专门性问题的解决模式因为在通常审判中引入了一个专家角色,我们可以称之为"一维模式"。这种"一维模式"在随后1982年《民事诉讼法(试行)》和1989年《行政诉讼法》中得到进一步确认,成为三大诉讼法的共同规则。

然而随着司法实践的不断推进,"一维模式"的弊端逐渐显露出来:首先,该模式限制了当事人的质证权。由于鉴定结论具有很强的技术性和专业性,案件中出现的专门知识问题超出了作为外行人的诉讼双方的知识与经验范围,造成其不具备理解鉴定意见的能力,存在 Gary Edmond 所说的"信息空洞"[1],从而无法对鉴定结论进行有效质证,只能尽力争取补

---

[1] 对"信息空洞"的具体阐释,See Gary Edmond, "Forensic Science Evidence and the Conditions for Rational (Jury) Evaluation", *Melb. U. L. Rev*, Vol. 39, 2015, p. 77.

充鉴定和重新鉴定。加之，法律对当事人司法鉴定启动权的限制[1]，当事人对专门性问题的解决更是无能为力，非常不利于法庭对专门性问题的准确认定，最后裁判结果的可接受性也自然会受到影响。其次，该模式还变相剥夺了法官事实认定的权力，因为法官和诉讼双方一样，也是存在"信息空洞"的外行人，无法有效审查鉴定结论的可靠性，无法准确认定涉及专门性问题的事实，只能将对涉及专门性问题的事实认定权力拱手让给鉴定人。即使法官决定进行补充鉴定和重新鉴定，但由于专门性知识的缺乏，法官也无法在相互冲突的两份甚至多份鉴定中作出准确有效的选择，最后只能将鉴定机构的行政级别作为解决专门性问题的依据[2]，难以做到兼听则明，这种"科层制"的专门性问题解决机制增加了法官因缺乏对专业问题的实际审查能力而造成误判的可能。

在这种"一维模式"中，由于控辩审三方对专门性问题都存在"信息空洞"，导致控辩审三方对鉴定人的鉴定结论均只能盲目地遵从，我们可以将之称为"一维遵从模式"。需要注意的是，这里的"遵从"是指"采纳他人的意见作为正确的意见，并非因为你对该意见表示理解或赞同，而仅仅是由于你将事实认定的决定权移交给了他人"。[3]这种专门性问题解

---

[1] 1979年之后，我国首先在公检法系统恢复和重建了司法鉴定系统，进而逐渐形成了公检法内设为主，院校为辅的司法鉴定队伍结构。与此相适应的是逐渐形成了一个事实上由公检法垄断刑事专业问题判断的权力格局，公检法机关尤其是内设的司法鉴定机构实际主导了专业问题判断的鉴定权。刑事专业问题判断之传统格局有三个特征：第一，公检法三家事实上主导了刑事案件鉴定的启动权；第二，司法鉴定的质量控制主要依赖于公检法之间的内部制约机制；第三，当事人一方影响专业问题判断的途径受到很大的限制。参见吴洪淇："刑事诉讼中的专家辅助人：制度变革与优化路径"，载《中国刑事法杂志》2018年第5期；常林：《司法鉴定专家辅助人制度研究》，中国政法大学出版社2012年版，第1-10页、第17-18页、第47页；张军、姜伟、田文昌：《新控辩审三人谈》，北京大学出版社2014年版，第85-95页、第254页；左卫民等：《中国刑事诉讼运行机制实证研究》，法律出版社2007年版，第88页。

[2] 重复鉴定和多头鉴定的一个著名案例就是湖南湘潭的黄静裸死案，该案共有10份鉴定文书，最后法院采纳了最高人民法院司法鉴定中心法医学鉴定书（最高法院司法鉴医学 [2004] 第066号）的鉴定结论，该案是"一维遵从模式"的科层制典型。该案暴露出来的诸多问题，最终促使了2005年《全国人民代表大会常务委员会关于司法鉴定管理问题的决定》的出台，该决定对中国鉴定制度作出了诸多重大改革，对司法专门性问题的解决影响深远。

[3] [美]罗纳德·J.艾伦："专家证言的概念性挑战"，汪诸豪译，载《证据科学》2014年第1期。

决的"一维遵从模式"与我国流水线的纵向刑事诉讼构造是一致的。[1]但是该模式的"恶果"也逐渐在我国刑事诉讼中显露出来，通常的表现是法官直接遵从鉴定结论作出事实裁判，事后却被证实为冤案，典型的案例包括呼格案、于英生案、念斌案、陈国清案等。[2]在美国也存在类似的情况[3]，例如，"在美国案件审理中曾被惯常性采纳的证据，其后都被陆续证实要么存在问题、要么高度不可信：……笔迹分析——这个领域存在真正的专家吗？专家们自己对笔迹的判断均可保持一致吗？指纹分析——其独特性从未经受过实践的检验，专家的准确性也从来没有被认证过。……毛发和纤维分析已被证明是不可靠的。对疾病起因的鉴定——往往是不可靠的"。[4]逐渐地，司法鉴定由原来的"证据之王"变成了"是非之王"。[5]

## 二、二维对抗模式：司法鉴定人+专家辅助人

为了克服"一维遵从模式"的缺点，经由司法改革实践而来的相关立法作出了改变：首先，2005年《全国人民代表大会常务委员会关于司法鉴定管理问题的决定》将鉴定结果的称谓由"鉴定结论"改为了"鉴定意见"，随后的2012年《刑事诉讼法》、2012年《民事诉讼法》和2014年《行政诉讼法》也都作了同样的修改，这意味着鉴定结果在法律上不再是神圣的"鉴定结论"了。其次，随着鉴定结论的逐渐祛魅，法律和相关司法解释也增设了专家辅助人，其主要作用是接受作为外行的诉讼双方的委

---

[1] 参见陈瑞华：《刑事证据法学》，北京大学出版社2012年版，第152-153页。

[2] 吴洪淇教授对鉴定错误导致的错案进行了类型化分析，认为包括以下几类：一是应作鉴定而未作鉴定；二是证据保管链条的缺失；三是鉴定过程发生错误；四是鉴定结果的错误评估和错误使用。参见吴洪淇："刑事诉讼中的专家辅助人：制度变革与优化路径"，载《中国刑事法杂志》2018年第5期。

[3] 对美国专家证言问题的系统分析，参见美国国家科学院国家研究委员会：《美国法庭科学的加强之路》，王进喜等译，中国人民大学出版社2012年版。

[4] [美]罗纳德·J.艾伦："专家证言的概念性挑战"，汪诸豪译，载《证据科学》2014年第1期。

[5] 柴会群："从'证据之王'到'是非之王'——司法鉴定争议录"，载《南方周末》2010年1月21日，第8版。

托代表其对鉴定意见进行质证。最早增设专家辅助人的司法解释是2001年《民事诉讼证据规定》第61条:"当事人可以向人民法院申请由一至二名具有专门知识的人员出庭就案件的专门性问题进行说明。人民法院准许其申请的,有关费用由提出申请的当事人负担。审判人员和当事人可以对出庭的具有专门知识的人员进行询问。经人民法院准许,可以由当事人各自申请的具有专门知识的人员就有案件中的问题进行对质。具有专门知识的人员可以对鉴定人进行询问。"2002年《最高人民法院关于行政诉讼证据若干问题的规定》第48条也作了类似规定[1],称之为"专业人员"。这里的"具有专门知识的人员"和"专业人员"指的就是"专家辅助人",三者在相关司法解释中相互等同混用[2],在学界和司法实践中更多使用的也是"专家辅助人",因此后文如无特别说明一般使用"专家辅助人"一词。2012年《民事诉讼法》第79条更是将专家辅助人制度上升为正式法律规定,"当事人可以申请人民法院通知有专门知识的人出庭,就鉴定人作出的鉴定意见或者专业问题提出意见"。但在刑事诉讼中,直到2012年《刑事诉讼法》第192条第2款才有类似规定,"公诉人、当事人和辩护人、诉讼代理人可以申请法庭通知有专门知识的人出庭,就鉴定人作出的鉴定意见提出意见"。这里的"提出意见",实质上就是代表诉讼双方对鉴定意见进行质证,这在相关司法解释中得到了明确确

---

[1] 参见2002年《最高人民法院关于行政诉讼证据若干问题的规定》第48条规定:"对被诉具体行政行为涉及的专门性问题,当事人可以向法庭申请由专业人员出庭进行说明,法庭也可以通知专业人员出庭说明。必要时,法庭可以组织专业人员进行对质。当事人对出庭的专业人员是否具备相应专业知识、学历、资历等专业资格等有异议的,可以进行询问。由法庭决定其是否可以作为专业人员出庭。专业人员可以对鉴定人进行询问。"

[2] 尽管"专家辅助人"一开始并不是法定的称谓,是《民事诉讼证据规定》的起草者在对司法解释的理解时所下的定义(参见最高人民法院民事审判第一庭:《民事诉讼证据司法解释的理解与适用》,中国法制出版社2002年版,第296页),但现在相关司法解释中已经普遍使用:例如在2008年最高人民法院中国应用法学研究所《涉及家庭暴力婚姻案件审理指南》、2012年《最高人民法院关于知识产权审判工作情况的报告》、2015年最高人民法院关于认真学习贯彻适用《关于适用〈中华人民共和国民事诉讼法〉的解释》的通知、2015年《最高人民法院关于当前民事审判工作中的若干具体问题》、2018年《最高人民法院关于人民陪审员制度改革试点情况的报告》等文件中,均将这里的"具有专门知识的人员"和"专业人员"称为"专家辅助人"。

认[1]，以弥补诉讼双方专业知识上的"信息空洞"。除此之外，专家辅助人之间还可以相互对质，例如 2015 年《最高人民法院关于适用〈中华人民共和国民事诉讼法〉的解释》第 123 条就规定，"……经法庭准许，……当事人各自申请的具有专门知识的人可以就案件中的有关问题进行对质"。

专家辅助人是在借鉴英美法系专家证人的基础上设置的，因此在某些司法解释[2]中，甚至直接将其称为专家证人。这种新模式的优点在于，专家辅助人作为诉讼双方所聘请的专业人士，在专门性问题上配合诉讼双方对鉴定意见进行质证，有效地保障了诉讼双方对专门性问题的质证权，使诉讼双方摆脱了在专门性问题上的弱势地位。同时由于这种对抗性的存在，还在一定程度上缓解了重复鉴定和多头鉴定现象，避免了司法资源的浪费和加重当事人的诉讼负担。因为这种模式的显著特征是增强了诉讼双方在法庭上对专门性问题的对抗性，让原本的"一维遵从模式"有了通常审判中的对抗机制[3]，故笔者称之为"二维对抗模式"。但如此一来，法官将面临着法庭审判中专门性问题的事实认定由常识审判转变成了专家审判；鉴定人属于中立的诉讼参与人，负责提出鉴定意见；诉讼双方可以聘

---

[1] 例如，2015 年《最高人民法院关于适用〈中华人民共和国民事诉讼法〉的解释》第 122 条第 1 款前半部分规定，"当事人可以依照民事诉讼法第七十九条的规定，在举证期限届满前申请一至二名具有专门知识的人出庭，代表当事人对鉴定意见进行质证……" 2017 年《人民法院办理刑事案件第一审普通程序法庭调查规程（试行）》第 26 条第 1 款前半部分规定，"控辩双方可以申请法庭通知有专门知识的人出庭，协助本方就鉴定意见进行质证……"

[2] 例如，2007 年《最高人民法院关于全面加强知识产权审判工作为建设创新型国家提供司法保障的意见》规定，"妥善处理专业技术事实认定。注重发挥人民陪审员、专家证人、专家咨询、技术鉴定在解决知识产权审判专业技术事实认定难题中的作用"。2014 年《最高人民法院关于新时期进一步加强人民法院审判管理工作的若干意见》规定，"要将卷宗移送、评估拍卖、鉴定审计、公告送达、专家证人等诉讼服务的管理，纳入审判管理工作格局之中"。2016 年《最高人民检察院关于充分发挥检察职能依法保障和促进科技创新的意见》规定，"探索建立知识产权专家库，建立健全专家证人、专家咨询、技术鉴定等案件办理机制，完善有专门知识的人出庭作证制度，为办案提供智力支持"。2017 年《最高人民法院关于进一步加强金融审判工作的若干意见》规定，"依法充分运用专家证人、专家陪审员制度，扩充证券案件审理的知识容量和审理深度，提高证券案件审判的专业性和公信力"。

[3] 对抗制起源于英国，在英国刑事审判历史上，法官曾经为了抑制错案的发生，而让辩护律师进入审判领域，从而促进了对抗式刑事审判的兴起。这一段历史可以参见［美］兰博约：《对抗式刑事审判的起源》，王志强译，复旦大学出版社 2010 年版，第 134-148 页。

请各自的专家辅助人配合己方对鉴定意见进行质证；但在控辩审三方互动的法庭审判中，法官作为事实认定者却可能因其专门性知识的"外行"而被专家"内行"们（司法鉴定人和专家辅助人）屏蔽于专门性问题的论战之外，非常不利于法官的准确事实认定。

### 三、三维教育模式：司法鉴定人+专家辅助人+司法技术人员（技术咨询专家）

为了揭开专家辅助人与鉴定人专门知识"论战"的面纱，弥补法官对专门性问题的"信息空洞"，司法改革实践中逐渐出现了辅助法官理解、处理和思考的专门性问题的司法技术人员，由此便将事实领域的专门性问题转换成了普通的社会性事实。新中国司法技术人员的最初源流是1951年《民法院暂行组织条例》第17条第2款和第25条第2款确立的"人民法院设立法医"制度，1979年《人民法院组织法》第41条规定"各级地方人民法院设法医"延续了上述规定。此后该法历经1983年、1986年、2006年的三次修正，均保留了上述规定。尽管该规定对于促进人民法院开展以法医为主的司法技术工作曾发挥重大促进作用，但其仅规定了设"法医"，对于司法审判辅助工作需要的其他类专业技术人员则未作规范。而较为完整的司法技术人员制度，则是由于2005年《全国人民代表大会常务委员会关于司法鉴定管理问题的决定》规定人民法院不得设立鉴定机构之后，2006年《最高人民法院关于地方各级人民法院设立司法技术辅助工作机构的通知》才正式开始建立的。该通知提出要调整和加强人民法院司法技术辅助工作，在各级法院增设了司法辅助工作办公室，其主要职责是为法官审判工作提供技术咨询和审核服务，即"对法官提出的涉案技术问题进行解释或者答复，对送审案件中的鉴定文书及相关材料进行审查，提出审核意见。"2007年《最高人民法院技术咨询、技术审核工作管理规定》又进一步详细规定了司法技术人员制度的各种细节，包括司法技术人员的职责、工作流程、工作方式、工作成果等。2018年《人民法院组织法》第51条则正式从法律层面确立了司法技术人员制度，"人民法院根据审判工作需要，可以设司法技术人员，负责与审判工作有关的事项"。司法技术人员在司法员额制改革后被列入了司法辅助人员序列中。

如果审判所要解决的专门性问题超出了法院内部司法技术人员的专业范围，2007年《最高人民法院技术咨询、技术审核工作管理规定》规定司法技术人员还可以向相关专家咨询后再对法官予以答复；对于重大、疑难、复杂的案件，则应当组织专家论证。这种专家咨询和专家论证活动逐渐增多之后，各级法院纷纷设立专家咨询委员会。[1]而且法院依职权聘请的技术专家还可以参加庭审，对鉴定意见或者案件涉及的专门性问题提出意见。[2]其实这种外聘的技术专家早在1985年《最高人民法院关于开展专利审判工作的几个问题的通知》就已经有雏形了，当时称为技术顾问[3]，现在更多地称为"技术咨询专家"。

此外，在知识产权法院中，还设置了一类特殊的司法技术人员：技术调查官。2014年《最高人民法院关于知识产权法院技术调查官参与诉讼活动若干问题的暂行规定》[4]正式建立了较为完善的技术调查官制度，以解

---

〔1〕 参见2011年《中国法院知识产权司法保护状况（2010年）》："2010年4月，最高人民法院与中国科学技术协会联合签署知识产权司法保护合作备忘录，为最高人民法院和中国科学技术协会在知识产权司法保护领域加强合作提供了长期稳定的操作平台，建立最高人民法院特邀科学技术咨询专家库，袁隆平、钟南山等11位两院院士受聘担任最高人民法院科学技术咨询专家。……上海、江苏、青海、河北、浙江、广西、山西等地高级人民法院积极探索建立和完善案件技术事实查明机制，建立技术专家咨询库。"2014年7月4日，最高法院公布的九起环境资源审判典型案例，案例1"中华环保联合会、贵阳公众环境教育中心诉 贵阳市乌当区定扒造纸厂水污染责任纠纷案"中也提到，"在审理过程中，合议庭充分发挥专家作用，召开专家咨询委员会会议对被告的排污行为进行论证，依法采信了专家意见"。

〔2〕 参见2017年《最高人民法院关于审理环境公益诉讼案件的工作规范（试行）》第26条规定："人民法院认为有必要的，可以听取技术专家的意见。技术专家可以参加庭审，对鉴定意见或者案件涉及的专门性问题提出意见，可以在人民法院的组织下参与证据的保全和调取以及调解、执行等程序。"

〔3〕 参见1985年《最高人民法院关于开展专利审判工作的几个问题的通知》："人民法院在审理专利案件时，要与有关部门密切联系，充分发挥科研单位、生产部门的专家、学者的作用，可以聘请他们作临时的或者长期的技术顾问，也可以请他们担任技术鉴定人，还可以邀请他们担任陪审员，直接参与专利审判工作。"

〔4〕 起草者对该暂行规定的详细解读，参见宋晓明、王闯、吴蓉："《关于知识产权法院技术调查官参与诉讼活动若干问题的暂行规定》的理解与适用"，《人民司法》2015年第7期。

决知识产权民事和行政案件中的专门性问题。2017年《最高人民法院知识产权法院技术调查官选任工作指导意见（试行）》则进一步明确了技术调查官的三种来源：一是按照聘任制公务员管理有关规定，以合同形式聘任的技术调查官；二是由符合技术调查官资格条件[1]的专利行政管理等部门的专业技术人员到知识产权法院挂职交流担任技术调查官；三是其他符合技术调查官资格条件的专业技术人员，经行业协会、有关单位推荐和知识产权法院审核，兼职担任技术调查官。除此之外，《最高人民法院2018年度司法解释立项计划》还提出要在2019年上半年制定《人民法院关于技术调查官参与诉讼活动的若干规定》。由此便初步形成了知识产权案件中的技术事实查明的多元化机制，包括司法鉴定、专家辅助人、专家咨询和技术调查官等，提高了"技术事实查明的科学性、专业性和中立性，规范了技术调查报告的撰写格式和采信机制。对于辅助法官形成心证并与裁判结果有重要关联性的技术调查意见，可以通过释明等方式向当事人适度公开。强化法官在查明技术事实中的主导作用，规范技术调查主体提供的各种技术审查意见的法律定位"。[2]显而易见，技术调查官作为一种在知识产权法院特殊设置的司法技术人员，其制度设置已经较为精细，而且被实践证明行之有效[3]，非常值得推广到一般类型的司法技术人员的制度建设中。

根据上述这些规定，我们可以大致归纳出司法技术人员（技术咨询专家）的几个特点：第一，司法技术人员（技术咨询专家）属于司法辅助人员，其主要职责是为法官提供关于专门性问题的相关知识、理论，协助法官理解、处理和思考专门性问题。第二，司法技术人员（技术咨询专家）

---

[1] 参见2017年《最高人民法院知识产权法院技术调查官选任工作指导意见（试行）》规定："担任技术调查官应符合以下资格条件：（一）具有普通高等院校理工科专业本科及以上学历；（二）具有中级以上专业技术资格；（三）具有5年以上相关专业技术领域生产、管理、审查或研究工作经验。应聘技术调查官的人员除应符合上述资格条件外，还应具备中华人民共和国公务员法规定的条件。"

[2] 2017年最高人民法院《中国知识产权司法保护纲要（2016—2020）》。

[3] 参见2017年最高人民法院《中国法院知识产权司法保护状况（2016年）》和2017年《最高人民法院关于知识产权法院工作情况的报告》。

不属于合议庭的组成人员，不享有审判权。第三，司法技术人员（技术咨询专家）的专业意见并不属于法定的证据种类，仅作为法官事实认定的参考。第四，司法技术人员（技术咨询专家）制度的设立在很大程度上可以缓解法官对司法鉴定的过度依赖，对于一些相对较为简单的专门性问题，法官可以直接通过咨询司法技术人员（技术咨询专家）予以解决。第五，司法技术人员是法院内部工作人员，技术咨询专家则是法院外聘的专家，相较于当事人聘请的专家辅助人而言更具中立性，他们通过深度、全程参与案件审理活动，可以有效提高专门性问题解决的公信力和可信度，一定程度上缓解重复鉴定和多头鉴定现象。第六，虽然司法技术人员（技术咨询专家）是法官在专门性问题解决上的助手，但在法律地位上司法技术人员（技术咨询专家）与法官之间是相互独立的，并不存在上下级隶属关系。这可以确保司法技术人员（技术咨询专家）在辅助法官从事专门性问题的咨询、调查过程中能够独立提供专业意见，确保专门性问题解决的客观、中立和准确。

根据司法技术人员（技术咨询专家）的上述特点，加上已有的司法鉴定人和专家辅助人，就形成了独具特色的"三维教育模式"：司法鉴定人+专家辅助人+司法技术人员（技术咨询专家）。在这种模式中，司法鉴定人试图用专业知识和语言来向控辩审三方解释专门性问题，专家辅助人则代表外行的诉讼双方对鉴定人的鉴定意见进行质证，法官则在司法技术人员（技术咨询专家）的帮助下理解、处理和思考鉴定意见和专家辅助人的意见。从整体上，尤其是从司法技术人员（技术咨询专家）的角度来看，这种模式是司法鉴定人、专家辅助人和司法技术人员（技术咨询专家）三种专家角色通过举证、质证和询问的互动活动，对作为事实认定者的法官进行专业知识教育，帮助法官理解、处理和思考专门性问题，从而作出准确的事实认定。这种"三维教育模式"的最大优点在于，既保障了诉讼双方的质证权，减轻了法官对司法鉴定意见的过分依赖和遵从，又弥补了法官专门性知识的欠缺。

## 四、四维分享模式：司法鉴定人+专家辅助人+司法技术人员（技术咨询专家）+专家陪审员

除司法技术人员（技术咨询专家）可以弥补法官在专业知识方面的弱势地位之外，为了更好地配合法官审理有关专门性问题的案件，司法改革实践还设置了专家陪审员参与诉讼。专家陪审员与司法技术人员（技术咨询专家）不一样，他不是法官的助手，而是与法官分享事实认定权力的裁决者。在审判中，专家陪审员不仅可以在法庭调查时有针对性地提问，还可以与法官在法庭上随时沟通分享专门性知识，将专业术语转化为日常用语，提高法官对于专门性问题的理解。加上之前的"三维"，我们可以称之为专门性问题解决的"四维分享模式"：司法鉴定人+专家辅助人+司法技术人员（技术咨询专家）+专家陪审员。

最早提出可以由专家担任陪审员的文件是上文提到的 1985 年《最高人民法院关于开展专利审判工作的几个问题的通知》。1998 年最高人民法院时任院长肖扬在全国高级法院院长会议上的讲话《全面推进人民法院的各项工作，为改革、发展、稳定提供有力的司法保障》中进一步提出要建立专家型兼职人民陪审员制度，根据某些专业性很强的案件审理需要，特邀专家、学者担任兼职人民陪审员。此后经过不断的司法改革实践，于 2010 年《最高人民法院关于人民陪审员参加审判活动若干问题的规定》第 5 条正式以司法解释的形式规定，"特殊案件需要具有特定专业知识的人民陪审员参加审判的，人民法院可以在具有相应专业知识的人民陪审员范围内随机抽取"。

然而，在最新一轮的司法改革中，专家陪审员的制度建设受到了一些阻碍。尽管 2015 年最高人民法院和司法部联合发布的《人民陪审员制度改革试点工作实施办法》第 9 条第 2 款规定："人民法院可以根据人民陪审员专业背景情况，结合本院审理案件的主要类型，建立专业人民陪审员信息库。" 2016 年《最高人民法院关于人民陪审员制度改革试点情况的中期报告》也指出："为提升人民陪审员在疑难复杂案件中的事实认定能力，部分试点法院还结合知识背景和从业经历，对具有建筑、会计、医疗、金

融等专业知识的人民陪审员选任机制进行了积极探索。"但是，在2018年《最高人民法院关于人民陪审员制度改革试点情况的报告》中却明确提出："试点过程中，对于是否保留专业陪审员存在不同意见。支持者认为，专业陪审员可以帮助解决一些专业类的疑难案件；反对者则认为，专业陪审员与陪审员制度的大众化相冲突，还可能导致专业偏好。目前，我国刑事诉讼法和民事诉讼法均建立了专家辅助人制度，可以帮助法官解答专业疑难问题。因此，我们建议，暂不规定专业陪审员，允许各地法院根据工作需要，对人民陪审员按专业进行分类，参与审理一些专业性较强的案件。"尽管报告中提到的理由值得商榷，比如专家辅助人是诉讼双方的助手而非法官的助手，具有偏向性和党派性（后文将对此做详细分析），但最终最高人民法院的建议被2018年《人民陪审员法》采纳了。也就是说，专家陪审员的制度化进程尽管被搁置，但仍然允许司法改革实践在新的《人民陪审员法》框架内进行探索。随后2019年《最高人民法院关于适用〈中华人民共和国人民陪审员法〉若干问题的解释》第3条第3款明确规定了专家陪审员，"因案件类型需要具有相应专业知识的人民陪审员参加合议庭审判的，可以根据具体案情，在符合专业需求的人民陪审员名单中随机抽取确定"。

由此可见，我国的"四维分享模式"并非一蹴而就，而是为解决司法实践中专门性问题的难题而逐渐引入国外类似机制，并加以调试改造而成："四维分享模式"中的一维司法鉴定人以大陆法系的司法鉴定制度为基础，二维专家辅助人以英美法系的专家证人、意大利的技术顾问和俄罗斯的专家制度（专家辅助人）为基础，三维司法技术人员（技术咨询专家）以英国和美国的技术顾问、日本、韩国的技术调查官和专业委员为基础，四维专家陪审员以美国某些司法辖区专业化的蓝带陪审团（专家陪审员）和德国的技术法官为基础。这种四维并行的机制，从某种程度上体现了我国专门性问题解决模式改革的轨迹，即在结构层面上主要借鉴大陆法系司法鉴定模式的相关制度设计，完善我国的鉴定管理体制，强化司法权对鉴定程序的控制；在技术层面上积极吸收英美法系的专家证人、意大利的技术顾问和俄罗斯的专家制度模式的有益因素，加强诉讼双方的对抗机制，以及借鉴英国和美国的技术顾问、日本、韩国和我国台湾地区的技术调查官和专业委员、德国的技术法官和美国某些司法辖区专业化的蓝带陪审团制度，解决法官的"信息空洞"问题，充分体现了在专门性问题解决领域融合大陆法系的职权主义和英美法系的当事人主义的趋势。[1]

## 第三节 "四维分享模式"的角色分派与功能定位

"四维分享模式"初步形成后，这种模式的角色分派和功能定位如何，它与传统的几种模式相比有什么优势等，都值得进一步研究。

### 一、"四维分享模式"的角色分派

"四维分享模式"中的四种专家角色尽管都是拥有专业知识的专业人员，但是他们在诉讼中的角色分派是显著不同的。

首先，鉴定人是整个法庭的助手。传统上一直认为，鉴定人是法官的助手[2]，这种观点在"一维遵从模式"中或许还能成立，因为在"一维遵从模式"中只有鉴定人懂得专门性问题，诉讼双方因为"信息空洞"而无法对鉴定意见进行有效的质证，因此其当然的目的就是帮助法官解决专门性问题了。但是，从"二维对抗模式"开始，这种角色分配的解释就值得商榷了。在二维、三维和四维模式中，鉴定人的鉴定意见将不仅是提供

---

[1] 关于这种融合趋势和改革方向的讨论，参见汪建成："司法鉴定模式与专家证人模式的融合——中国刑事司法鉴定制度改革的方向"，载《国家检察官学院学报》2011年第4期。

[2] 在大陆法系国家，鉴定人被视为是"法官的助手"。1877年《德意志刑事诉讼法典》总则中明确将鉴定人定名为"法官的辅助人"。大陆法系鉴定理论认为鉴定结论是法官对案件认定手段的延长，鉴定人是法官或法院的助手，法官借助鉴定结论来认识案件事实的真相。正是因为大陆法系的鉴定人是以法官辅助人的角色参与刑事诉讼，所以鉴定权被相应地定位为"司法权"的一部分。参见张卫平："鉴定的启动机制与程序正义"，载《法制日报》2005年8月6日，第3版；汪建成："司法鉴定模式与专家证人模式的融合——中国刑事司法鉴定制度改革的方向"，载《国家检察官学院学报》2011年第4期。

给法官以帮助法官解决专门性问题,而且还需接受诉讼双方所聘请的专家辅助人的有效质证。因此,鉴定人应该是整个法庭的助手,其地位是中立的,整个法庭聘任他的目的是让他提供中立、客观的鉴定意见,以便通过诉讼双方的有效质证来协助整个法庭有效解决专门性问题。

其次,专家辅助人是诉讼双方的助手。专家辅助人是诉讼双方聘请的,对聘请方负责,其主要作用是帮助诉讼双方对鉴定意见进行质证以及与对方聘请的专家辅助人进行对质,从而影响法官的自由心证。因此,毫无疑问,借鉴自英美法系专家证人[1]的专家辅助人应该是协助诉讼双方质证的专家助手,要求"专家辅助人介入诉讼时必须保持中立,不应带有任何倾向性。笔者认为,这样的立场定位有违专家辅助人的设置初衷及其职业属性"。[2]

再次,司法技术人员(技术咨询专家)是法官的助手。不管是法院内部的司法技术人员,还是外聘的技术咨询专家,甚或是专家咨询委员会,他们的核心任务都是一样的:回答法官对专门性问题的困惑,帮助法官理解、审查处理和思考鉴定意见和专家辅助人的意见,如有必要,法官还可以让其全程参与审判,协助法官解决专门性问题,让法官不至于被屏蔽于专门性问题的"论战"之外。而且司法技术人员(技术咨询专家)地位相较于专家辅助人而言更具有超然性和立场的客观公正性,不受制于法官,更不会受制于当事人,其提供的专门性问题审查意见更具有参考价值。

最后,专家陪审员是与审判法官分享事实认定权力的裁决者。根据2018年《人民陪审员法》,不管是在中国的3人合议庭还是7人合议庭中,陪审员都是与审判法官分享事实认定权力的裁决者。[3]在审判过程中专家

---

[1] 在英美法系国家,专家证人被定位为"当事人的助手",其帮助己方当事人赢得诉讼。专家证人制度中对专家证人没有保持中立性的要求。参见汪建成:"司法鉴定模式与专家证人模式的融合——中国刑事司法鉴定制度改革的方向",载《国家检察官学院学报》2011年第4期。

[2] 李学军、朱梦妮:"专家辅助人制度研析",载《法学家》2015年第1期。

[3] 参见2018年《人民陪审员法》第21条和第22条,中国的法庭分为3人合议庭和7人合议庭。在3人合议庭中,人民陪审员"对事实认定、法律适用,独立发表意见,行使表决权";在7人合议庭中,人民陪审员"对事实认定,独立发表意见,并与法官共同表决;对法律适用,可以发表意见,但不参加表决"。

陪审员还可以协助法官有效控制、指挥当事人及其聘请的专家辅助人对鉴定人进行质证活动，确保质证围绕专门性问题展开，更有针对性；在庭后的合议过程中，也可以通过将专门性问题转换成日常语言，向法官分享其对质证过程中涉及的专门性问题的理解，使法官能更好地进行自由心证和准确判断。

这种"四维分享模式"的角色分派可以用图 7.1 来表示，整个图示的中心是"司法鉴定人"，其他三种角色都是围绕其衍生而来的，要么是为了质疑其鉴定意见而生的对抗性角色——专家辅助人，要么是为了解决法官的"信息空洞"协助法官理解鉴定意见和专家辅助人意见而生的教育性角色——司法技术人员（技术咨询专家），以及分享性角色——专家陪审员。通过四种专家角色在审判过程中的相互作用，可以共同促进法庭对专门性问题的举证、质证和认证，最大限度地寻求案件事实的真相。

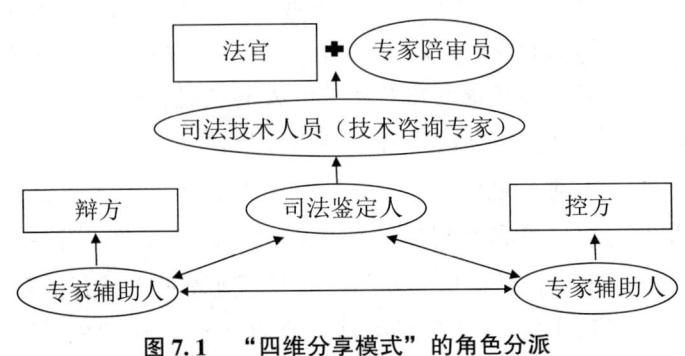

图 7.1 "四维分享模式"的角色分派

## 二、"四维分享模式"的功能定位

"四维分享模式"是为了克服以往模式的缺点，吸收以往模式的各种优异功能，逐渐由"一维遵从模式""二维对抗模式""三维教育模式"发展而来的。整体来看，"四维分享模式"体现了以下三种典型的功能定位。

首先是对抗功能。正如上文所述，对抗功能的形成是为解决"一维遵从模式"严重阻碍诉讼双方质证权行使的问题而形成的。在"一维遵从模式"中，只有一种懂得专门性问题相关专业知识的角色——司法鉴定人，

## 第七章 中国司法专门性问题解决的"四维模式"

诉讼双方则因为对专门性问题的"信息空洞"而无法理解司法鉴定人作出的鉴定意见,对鉴定意见的质证只能从鉴定资质、鉴定程序等形式上展开,根本无法对鉴定意见所依据的科学原理和知识,以及根据科学原理和现有证据而作出的推论过程等实质内容进行有效的质证。基于此,便引入了英美法系的专家证人、意大利的技术顾问和俄罗斯的专家制度,形成了颇具中国特色的专家辅助人制度。专家辅助人是由当事人聘请的、辅助其对鉴定意见进行质证的角色,而且诉讼双方聘请的专家辅助人还可以相互对质,因此具有明显的"利益倾向性"或者"党派性"[1],会作出有利于己方当事人的证言和尽可能降低对方证言的可信度。尽管专家辅助人的意见具有偏向性的负面影响,但这种影响可以在对抗制中得以消解。在这种对抗性的举证质证过程中,专家辅助人与司法鉴定人的二元互动可以使案件事实争议被更加全面地呈现在法官面前,最大限度地揭示案件事实真相,以帮助法官更好地作出判断并作出能为社会和当事人都接受的裁决。[2]由此在专门性问题的解决上便形成了与通常审判一样的二元实质对抗模式。正如威格莫尔所言,对抗制中的有效质证(包括交叉询问和对质)是"我们曾经发明的揭示事实真相之最伟大的法律引擎"。[3]专家辅助人的引入,使得在专门性问题的解决上也能有效利用质证这种发现事实真相的有效工具,促进法庭质证质量和效率的提高,促进程序正义和实体正义的实现。总体来看,专家辅助人的对抗功能表现在以下四个方面:"(一)弥补现行鉴定制度的不足,保障当事人履行举证责任;(二)解决庭审时质证虚化,发挥质证的实质功效;(三)帮助法官解决专门性问题,为认定证据奠定基础;(四)充实当事人的诉讼权利,均衡双方的诉讼力量。"[4]后续的"三维教

---

[1] See Jennifer Mnookin, "Expert Evidence, Partisanship, and Epistemic Competence", *Brooklyn Law Review*, Vol. 73, 2008, p. 587.

[2] 参见[日]谷口安平:《程序的正义与诉讼》,王亚新、刘荣军译,中国政法大学出版社2002年版,第26页。

[3] J. H. Wigmore, *A Treatise on the Anglo-American System of Evidence in Trials at Common Law*, rev. J. H. Chadbourn, Boston: Little, Brown, 1974. Vol. V, § 1367, 32.

[4] 李学军、朱梦妮:"专家辅助人制度研析",载《法学家》2015年第1期。

育模式"和"四维分享模式"也继承了这种对抗功能。

其次是教育功能。"二维对抗模式"解决了诉讼双方对专门性问题的有效质证问题,但作为法庭审判工作群体"控辩审"三方之一的法官,他在与专门性问题的相关的专业知识储备上与诉讼双方一样都存在"信息空洞"。如果没有有效的制度设计,作为事实认定者的法官也会被屏蔽于专门性问题的"论战"之外。打个形象的比喻,"二维对抗模式"中专家之间的对抗(包括专家辅助人对鉴定意见的质证以及专家辅助人之间的对质),对于法官而言无异于"对牛弹琴",即使专家辅助人通过交叉询问和对质攻破了鉴定人意见或对方专家辅助人意见,但作为外行人的法官也可能意识不到该专家证据已经被摧毁。因此需要一个专业人员——司法技术人员(技术咨询专家)来协助法官,将鉴定人的鉴定意见、专家辅助人对鉴定意见的质证意见以及专家辅助人之间的对质信息翻译成法官能够理解的日常语言,由此可见这个角色承担的主要任务就是通过"翻译"来使法官充分理解、处理和思考专门性问题,同时司法技术人员(技术咨询专家)还可以克服专家辅助人所具有的偏向性或党派性。如果从法庭审判的宏观角度看,其实是鉴定人、专家辅助人和司法技术人员(技术咨询专家)三种专业角色通过共同的举证、质证和询问的互动活动来共同帮助法官理解、处理和思考专门性问题。

最后是共享功能。这种共享功能主要体现在微观和宏观两个层面:从微观角度看,专家陪审员作为与审判法官共享事实认定权力的裁决者,可以将自己对专门性问题(包括对于鉴定意见和专家辅助人的意见)的理解,在庭审过程和庭后合议中通过日常语言分享给审判法官。这种微观层面的分享功能具体体现在三个方面:(1)合议庭可以发挥专家陪审员所拥有的专门知识的作用,直接依职权或根据对方提出的意见,规制诉讼双方关于专门性问题的举证、质证行为,使鉴定意见的质证真正围绕着与鉴定有关的专门性问题展开,发挥合议庭对庭审的合作控制功能。专家陪审员和审判法官的权力分享还可以一定程度缓解重复鉴定和多头鉴定问题:当存在不同的鉴定意见时,专家陪审员可以和法官共同决定该案件的争议问题是否需要重新鉴定，从而提高诉讼效率。（2）专家陪审员在庭审中能够适时引导鉴定人或专家辅助人将专业性语言转换为法官能够理解的日常语言，从而提高法官对专门性问题的理解能力，提高庭审效率，保障法官形成对专门性问题的科学心证，发挥信息共享功能。（3）专家陪审员参加庭审能够发挥自己的专门知识的特长，保证在合议案件时发挥自己的优势，可以强化陪审员实际参审，从而避免司法实践中经常出现的陪审员"陪而不审、审而不言、合而不议"等现象，协助法官对专门性问题进行有效的解释说明并进行实质意义上的认证活动。总之，"四维分享模式"在微观层面具体表现为专家陪审员与审判法官在专门性问题上的权力分享与配合。从宏观角度讲，在"四维分享模式"中，法官对专门性问题的理解，是奠定在控辩审三方以及相关专家包括司法鉴定人、专家辅助人、司法技术人员（技术咨询专家）和专家陪审员，在庭审过程和庭后合议中通过举证、质证和认证的互动活动之上的，这种互动中的信息分享实质上是对上文所述的对抗和教育功能的融通。

### 三、"四维分享模式"的集群化认识论优势

尽管人类解决纠纷的审判制度有很多类型，但理想的审判状态总是一种等腰三角形的控辩审模式：诉讼双方地位平等，通过提出证据、解释证据并运用经验法则来论证自己事实主张的正确性，而作为案外第三人的事实认定者——法官，只能通过理解双方的证据及其论证来作出准确的事实认定。这种模式有效运转的前提是，控辩审三方都能理解对方阐释的证据及其运用经验法则的推论过程。如果一方作出的证据阐释和运用经验法则所进行的推论超过了一般人的常识，那就需要借助专家的专业知识。

通过上文我们已经非常清楚地看到，"四维分享模式"实际上在专门性问题的解决方式上模拟了理想审判状态下的控辩审模式，构建了类似于通常审判模式下的法庭专业工作群体。在这个法庭专业工作群体中，专家辅助人代表诉讼双方对司法鉴定人的鉴定意见和对方专家辅助人的意见进行质证，体现了通常审判模式下的实质对抗功能；司法技术人员（技术咨

询专家）在庭审和庭后全方位全时段地辅助审判法官理解专家辅助人和司法鉴定人通过质证活动对其进行的教育信息，避免法官被屏蔽于专门性问题的"论战"之外，体现了通常审判模式下的教育功能；专家陪审员则是事实认定裁判权的分享者，和法官一起共同在审判中处理专门性问题，促进法官对专门性问题的理解、处理和思考，从而作出准确的事实认定。总之，在"四维分享模式"中，各方"会共享充分的背景信息，使得有效的交流和理解成为可能，……坚持审判法院必须要接受相关主题的充分教育，直到法院能够独立地判定专家证言，是真正基于知识而作出",[1]而非对专家证据的简单遵从。这种"四维分享模式"所蕴含的对抗、教育和共享的功能充分展现了法庭专业工作群体的集群化认识论优势。

## 第四节 "四维分享模式"的潜在风险与功能异化

"四维分享模式"结合了司法鉴定人、专家辅助人、司法技术人员（技术咨询专家）和专家陪审员四者的优势，打破了原有庭审模式中控辩审三方与鉴定人的专业隔阂，有利于达到法官准确认定涉及专门性问题的案件事实的目的。但"四维分享模式"也存在着潜在风险与功能异化的可能。

### 一、对抗功能的不彰：专家辅助人的地位不明

在我国司法实践中，法庭上并未设置专门的专家辅助人席。受聘于当事人出庭参与法庭调查活动的专家辅助人，在法庭上被安置于何处，完全取决于法官在庭审中的随机安排和所在法庭的具体条件。[2]座次的安排从表面上看仅是形式问题，但实质上反映了我国法律对专家辅助人的地位

---

[1] [美] 罗纳德·J. 艾伦："专家证言的概念性挑战"，汪诸豪译，载《证据科学》2014年第1期。

[2] 参见李学军、朱梦妮："专家辅助人制度研析"，载《法学家》2015年第1期。

## 第七章 中国司法专门性问题解决的"四维模式"

规定不明的问题。

专家辅助人在现行法律法规中具有多重身份，其意见的证据属性不明。现行法律法规对专家辅助人地位有三种规定[1]：一是在刑事和民事诉讼中，专家辅助人都是当事人的专家助手或专家"律师"，代表[2]或者协助[3]诉讼双方从专业角度对鉴定意见进行质证，其证据属性应是诉讼双方的质证意见，不属于法定的证据种类，"主要用于弹劾目的，如被法庭采纳，则只可能带来相关鉴定意见不被采信的后果"[4]。二是在民事诉讼中，专家辅助人还具有当事人身份，除对鉴定意见进行质证外，还可以对案件事实所涉及的专业问题提出自己的意见[5]，专家辅助人对专业问题提出的意见视为当事人的陈述[6]，经质证可以作为认定案件事实的根据[7]，

---

[1] 张保生教授认为现行法律对专家辅助人有三种定位：一是当事人律师的角色，二是当事人证人的角色，三是当事人身份。但因为该论文是系列专家笔谈中的一篇，并未对专家辅助人制度做细致的法教义学分析，因此本章的观点与其有一些不同之处，参见张保生："关于专家辅助人角色规定的变化"，载《证据科学》2018年第5期。

[2] 参见《民事诉讼法》第82条前半部分规定："当事人可以申请人民法院通知有专门知识的人出庭，就鉴定人作出的鉴定意见……提出意见。"《最高人民法院关于适用〈中华人民共和国民事诉讼法〉的解释》第122条第1款前半部分规定，进一步解释了这里的专家辅助人就鉴定意见提出的意见是代表当事人的质证行为，"当事人可以依照民事诉讼法第八十二条的规定，在举证期限届满前申请一至二名具有专门知识的人出庭，代表当事人对鉴定意见进行质证……"。

[3] 参见2017年《人民法院办理刑事案件第一审普通程序法庭调查规程（试行）》第26条第1款前半部分规定："控辩双方可以申请法庭通知有专门知识的人出庭，协助本方就鉴定意见进行质证……"

[4] 张保生主编：《证据法学》，中国政法大学出版社2018年版，第256页。同时参见2017年《人民法院办理刑事案件第一审普通程序法庭调查规程（试行）》第52条第2款规定："有专门知识的人当庭对鉴定意见提出质疑，鉴定人能够作出合理解释，并与相关证据印证的，应当采信鉴定意见；不能作出合理解释，无法确认鉴定意见可靠性的，有关鉴定意见不能作为定案的根据。"

[5] 参见《民事诉讼法》第82条规定："当事人可以申请人民法院通知有专门知识的人出庭，就……或者专业问题提出意见。"

[6] 参见《最高人民法院关于适用〈中华人民共和国民事诉讼法〉的解释》第122条第1款后半部分和第2款规定："……或者对案件事实所涉及的专业问题提出意见。具有专门知识的人在法庭上就专业问题提出的意见，视为当事人的陈述。"

[7] 参见2015年《最高人民法院关于审理环境民事公益诉讼案件适用法律若干问题的解释》第15条第2款规定："……专家意见经质证，可以作为认定事实的根据。"以及2015年《最高人民法院关于审理环境侵权责任纠纷案件适用法律若干问题的解释》第9条第2款规定："具有专门知识的人在法庭上提出的意见，经当事人质证，可以作为认定案件事实的根据。"

而且专家辅助人之间还可以相互对质[1]，由此可见专家辅助人就案件中的专业问题提出的意见的证据属性在民事诉讼中是当事人陈述，属于法定的证据种类之一。刑事诉讼中也有类似规定[2]，除了对鉴定意见进行质证外，还可以对案件中的专门性问题提出意见，但比较遗憾的是，在刑事诉讼中并没有明确规定专家辅助人在"对案件中的专门性问题提出意见"时的角色地位及其意见的证据属性。三是在刑事诉讼中，专家辅助人还具有类似于鉴定人或英美法系专家证人的角色，例如，《刑事诉讼法》第197条第4款就明确规定："……有专门知识的人出庭，适用鉴定人的有关规定。"但是，并未明确专家辅助人的准入标准——什么人可以作为专家辅助人[3]，也没有明确专家辅助人意见的证据属性。

根据上文对专家辅助人的理论定位，笔者认为将专家辅助人界定为诉讼双方的助手更为适合，专家辅助人对鉴定意见提出的意见属于诉讼双方的质证意见，而对案件中专门性问题提出的意见则应视为与鉴定意见具有同等的证据效力，但因为专家辅助人是诉讼双方聘请的，所以也可以视为诉讼双方的陈述。当然，如果将专家辅助人视为与鉴定人类似的专家证人，会存在专家辅助人也应该接触鉴定检材以保证其意见的可靠性，以及鉴定检材如何在专家辅助人和鉴定人之间进行分配等问题。"但这个问题不仅是中国的问题，《美国联邦证据规则》规则702规定的专家证人也包括没有做鉴定的专家证人。美国人也意识到这个问题。……《美国联邦证据规则》起草咨询委员会的一个专家卡普拉教授就提出一个建议，即把原来的702改成702（a）一般规定，适用于所有（做过和没做鉴定的）专家证人；然后再增加一个702（b）法庭科学专家证人。这实际上提出了一个

---

[1] 参见《最高人民法院关于适用〈中华人民共和国民事诉讼法〉的解释》第123条第1款后半部分规定："……当事人各自申请的具有专门知识的人可以就案件中的有关问题进行对质。"

[2] 参见2017年《人民法院办理刑事案件第一审普通程序法庭调查规程（试行）》第26条第1款后半部分规定："……有专门知识的人可以与鉴定人同时出庭，在鉴定人作证后向鉴定人发问，并对案件中的专门性问题提出意见。"

[3] 对这一问题的详细探讨，参见吴洪淇："刑事诉讼中的专家辅助人：制度变革与优化路径"，载《中国刑事法杂志》2018年第5期。

解决方案，如果适用702（b），双方专家证人就都应该做鉴定。"[1]

正是因为专家辅助人的地位不明，所以法律法规对专家辅助人是否可以被申请回避的问题规定得也不够明确。2018年《最高人民检察院关于指派、聘请有专门知识的人参与办案若干问题的规定（试行）》第6条对检察院聘请的专家辅助人有明确的回避规定："……适用《中华人民共和国刑事诉讼法》《中华人民共和国民事诉讼法》《中华人民共和国行政诉讼法》等法律规定中有关鉴定人回避的规定。"但是对于当事人聘请的专家辅助人是否可以被申请回避，民事诉讼和刑事诉讼均没有明确规定，只是在《刑事诉讼法》第197条第4款所规定的"……有专门知识的人出庭，适用鉴定人的有关规定"中可以解释出"回避"来。然而根据上文对专家辅助人的理论定位，如果专家辅助人是诉讼双方的专家助手，因其具有的党派性，显然是不需要回避的。

综上所述，我国将职权主义鉴定人和英美法系专家证人融合成"二维对抗模式"，还存在许多问题。因为专家辅助人的原型专家证人是植根于英美法系国家对抗制诉讼模式中的，其适用还有一系列制度与其相互配合，如法官在诉讼中的地位和作用、证据规则、交叉询问规则等，所以要想更好地张扬"二维对抗"的优点，必须对专家辅助人制度做进一步的细化规定，并对相关配套制度进行调试性的修改[2]。

## 二、教育功能的退化：司法技术人员的权力垄断

司法技术人员制度的初衷是更好地教育事实认定者，以便辅助其更好地理解、处理和思考专门性问题，然而由于存在以下三个方面的问题，这种教育功能将面临退化到遵从模式的可能。

首先，司法技术人员（技术咨询专家）的意见当事人无从知晓。根据

---

[1] 转引自张保生："关于专家辅助人角色规定的变化"，载《证据科学》2018年第5期。
[2] 有关专家辅助人制度细化的研究，参见张保生："关于专家辅助人角色规定的变化"，载《证据科学》2018年第5期；吴洪淇："刑事诉讼中的专家辅助人：制度变革与优化路径"，载《中国刑事法杂志》2018年第5期。

2007年《最高人民法院技术咨询、技术审核工作管理规定》第10条和第23条明确规定，司法技术人员的技术咨询意见书和技术审核意见书都仅供法官、合议庭或审判委员会参考，不作为定案的依据，不对外公开。该规定导致当事人无法知晓司法技术人员（技术咨询专家）的意见，无法对可能决定自己命运的意见提出质疑并影响法官的心证，难免让人联想到秘密审判，此种程序不值得信任。[1]为了克服这一弊端，2017年最高人民法院《中国知识产权司法保护纲要（2016—2020年）》指出："对于辅助法官形成心证并与裁判结果有重要关联性的技术调查意见，可以通过释明等方式向当事人适度公开。"这种相对公开的制度设计应该扩展适用于三大诉讼之中的一般司法技术人员（技术咨询专家）意见，以增强诉讼双方对专门性问题审判的实质参与，提高司法判决的可接受性。

其次，除司法技术人员（技术咨询专家）意见的相对公开外，法官选任外聘的技术咨询专家时，也应该赋予诉讼双方反对其有偏见或不适格的权利，也即申请司法技术人员（技术咨询专家）回避的权利，因为有偏见或不适格的司法技术人员（技术咨询专家）造成的危险可能比专家辅助人更大。[2]然而对司法技术人员（技术咨询专家）是否可以申请回避规定不够明确。2007年《最高人民法院技术咨询、技术审核工作管理规定》第24条仅规定了担任技术咨询、技术审核工作的司法技术人员主动回避的情形，没有规定当事人可以申请司法技术人员回避的情况。对此，应该将2014年《最高人民法院关于知识产权法院技术调查官参与诉讼活动若干问题的暂行规定》所规定的"技术调查官的回避，参照适用民事诉讼法、行政诉讼法等有关审判人员回避的规定"扩充适用于一般类型的司法技术人员（技术咨询专家），以提高司法判决的可接受性。

最后，法官对司法技术人员（技术咨询专家）的意见可能过分依赖。

---

〔1〕 美国Joseph N. Hosteny律师也持类似的观点，See Joseph N. Hosteny, "Litigators Corner: Technical Advisors", *Intellectual Property Today*, 2004, p.39.

〔2〕 参见邵劭："论法官聘任技术顾问的权力"，载《杭州师范大学学报（社会科学版）》2011年第1期。

随着司法技术人员制度的建立，鉴定意见的地位可能将进一步逐渐弱化，但是随之而来的问题是如何保障司法技术人员职权的正确行使，以免其沦为"影子法官"或使法官成为司法技术人员的"背书保证人"。因为法官专业知识的缺乏，可能会导致法官在审查专门性问题进而对案件作出事实裁判时过分依赖司法技术人员的审查意见。虽然司法改革已经明确把司法技术人员定位为"司法辅助人员"，并且为了防止司法权的让渡，并没有把司法技术人员的意见视为证据，只是作为法官认定专门性问题事实的参考，[1]但是从相关规定可以发现，司法技术人员的职责极大。以知识产权法院中的特殊司法技术人员——技术调查官为例，根据2014年《最高人民法院关于知识产权法院技术调查官参与诉讼活动若干问题的暂行规定》第6条规定，"技术调查官根据法官的要求，就案件有关技术问题履行下列职责：（一）通过查阅诉讼文书和证据材料，明确技术事实的争议焦点；（二）对技术事实的调查范围、顺序、方法提出建议；（三）参与调查取证、勘验、保全，并对其方法、步骤等提出建议；（四）参与询问、听证、庭审活动；（五）提出技术审查意见，列席合议庭评议；（六）必要时，协助法官组织鉴定人、相关技术领域的专业人员提出鉴定意见、咨询意见；（七）完成法官指派的其他相关工作"。第7—9条规定，"技术调查官参与询问、听证、庭审活动时，经法官许可，可以就案件有关技术问题向当事人、诉讼代理人、证人、鉴定人、勘验人、有专门知识的人发问。……技术调查官列席案件评议时，应当针对案件有关技术问题提出意见，接受法官对技术问题的询问。技术调查官对案件裁判结果不具有表决权。……技术调查官提出的技术审查意见可以作为法官认定技术事实的参考"。虽然

---

[1] 尽管根据2007年《最高人民法院技术咨询、技术审核工作管理规定》第10条和第23条明确规定，法院内设司法辅助部门的司法技术人员意见仅供法官参考，不作为定案依据，但是对于外聘的技术咨询专家的意见由于法律缺失，实践中各地法院对此的操作却不尽相同，主要有以下几种做法：（1）公开在案件审理过程中咨询专家的事实，但未公布专家意见内容及法院采纳情况；（2）将专家意见作为法院审查案件的参考，但判决专家咨询费由败诉方承担；（3）将专家意见定性为证据，并组织当事人质证；（4）专家意见作为认定案件事实的依据。参见曹慧敏："知识产权审判技术咨询专家意见的性质探究"，载《人民司法》2014年第7期。

事实认定的权力最终由法官行使，由法官对当事人直接负责，但是由于法官专业知识的缺乏和案多人少的困境，其依然可能会过分地依赖司法技术人员的意见。

总之，司法技术人员本身具有强大的职权，加上司法技术人员意见的不透明性和法官对司法技术人员的过度依赖，三者将会共同导致司法技术人员有沦为"影子法官"的可能。因此，法官不应简单地将司法技术人员的意见当作专门性问题的事实认定，从而在实质上将法官的事实认定权力让渡给司法技术人员，长此以往必将致使司法技术人员制度发生退化，退化到之前的遵从模式。因此，应当从制度层面上，进一步明确司法技术人员与法官在工作职责和内容上的差异，并对司法技术人员超越其职责范围的行为，以及法官怠于履行其司法职责的行为及其后果明确予以规定。

### 三、分享功能的异化：潜在的利益冲突与职能混同

从分享功能的微观层面看，专家陪审员可能垄断事实认定权力。在"四维分享模式"中，因为专家陪审员是与法官共享事实认定权力的裁决者，其可能在专门性问题的庭后合议过程中不可避免地转向对专家陪审员的依赖，从而事实上使审判法官将事实认定的权力让渡给了专家陪审员。当然，这个问题在庭审过程中可能并不明显，因为诉讼双方以及鉴定人、专家辅助人的举证质证对抗都是在试图说服法官，法官对专门性问题的理解主要来源于鉴定人、专家辅助人和技术调查官的信息分享。然而在专家陪审员参与的庭后合议中，专家陪审员对鉴定结论的采纳或采信发挥着比法官更强的作用，鉴定意见的采信采纳权经常被专家陪审员"垄断"，法官过分依赖专家陪审员，从而造成鉴定结论的认证成为形式"合议"而实质为专家陪审员一人包揽的问题，使专家陪审员成为实际上的"影子法官"。因此，法官应该让司法技术人员（技术咨询专家）也参与合议，这样可以适度弱化法官对专家陪审员的过度依赖。

从分享功能的宏观层面上看，首先，司法鉴定人、专家辅助人、技术

咨询专家和专家陪审员都属于行业专家，可能存在潜在的利益冲突，必须对四类专业人员规定相应的竞业禁止。例如，担任技术咨询专家和专家陪审员的专业人员，在任职期间不得在本地区内担任司法鉴定人或受聘为专家辅助人。其次，司法技术人员与专家陪审员的职能可能存在混同，在某些案件中为了诉讼效率的考量，在征得诉讼双方同意的前提下，可以只选任其中一个或几个专家角色参与诉讼。

另外，专家陪审员和人民陪审员制度之间是有内在联系的，如何将专家陪审员嵌合在人民陪审员制度中并避免现存的人民陪审员制度之不足，是亟须解决的问题。可以考虑设立和普通陪审员不同的专家陪审员序列，并对专家陪审员设立一些特别规则，例如，专家陪审员的名册设立、专家陪审员的资质要求、专家陪审员的任期要求、专家陪审员的挑选程序、担任专家陪审员期间不得同时担任司法鉴定人和专家辅助人的要求，等等，以此和普通的人民陪审员相区别。如果能将专家陪审员和人民陪审员制度进行有效衔接，可以更大程度地节省司法成本、提高审判效率、促进准确的事实认定和司法公正。

## 第五节 如何减少"四维分享模式"诉讼成本

从宏观上看，"四维分享模式"在专门性问题的解决上模拟了通常审判模式下的对抗、教育和分享功能，拥有法庭专业工作群体的集群化认识论优势，的确能够最大限度地促进专门性问题的准确有效解决。然而，该模式三种功能的充分发挥也意味着诉讼过程将冗长繁杂，因为需要四种角色同时发挥作用，诉讼效率必然会降低。而且"四维分享模式"的四种角色源于不同的诉讼文化[1]，其模式形成同时也是中国"在传统公检法垄断专业问题基本格局备受冲击以及刑事诉讼中专业问题屡屡出现失误双重

---

〔1〕 汪建成教授比较梳理了专家证人模式和司法鉴定模式的法律文化基础，参见汪建成："专家证人模式与司法鉴定模式之比较"，载《证据科学》2010年第1期。

压力下的一个必然选择"[1]，但是，这种制度叠加方式可能未必有益于改善制度弊端，而且还意味着司法的高成本。

因此对于"四维分享模式"所涉及的诸多具体制度必须开展进一步细化研究：首先，关于专家资格的问题，"四维分享模式"中的四种专家角色都应该根据各自不同的角色分派和功能定位设置不同的准入资格；其次，关于"四维分享模式"的适用条件和程序选择问题，包括哪些案件需要四种专家角色的共同介入，哪些案件又只需要一种或几种专家角色的介入，以及这些专家角色需要通过什么样的程序、在诉讼的哪个阶段才能被诉讼各方引入诉讼中；再次，专家意见的证据开示问题，如果在审前向诉讼各方开示鉴定意见和专家辅助人意见，可以有效避免诉讼突袭与诉讼迟延现象，提高诉讼效率和庭审中专门性问题的实质对抗；最后，关于专家法律援助问题，因为专家辅助人是当事人聘请的，所以"当事人倾向聘请更多更有名的专家来为自己提供专家意见，诉讼上的对抗在某种程度上可以说演变成了一种经济实力上的对抗了"，[2]对此应该辅助之以专家法律援助制度和聘请专家辅助人的数量限制规定；等等。总之，各种具体制度的细化研究必须在保障准确地解决专门性问题的前提下，有效降低"四维分享模式"的诉讼成本和制度成本，保障诉讼双方在专门性问题上的平等对抗，以确保"四维分享模式"的制度设计初衷能够得到有效实现。

---

[1] 吴洪淇："刑事诉讼中的专家辅助人：制度变革与优化路径"，载《中国刑事法杂志》2018年第5期。

[2] 蔡颖慧："对抗制危机中的专家证人制度"，载《河北法学》2014年第9期。

下篇　数字证据的理论反思

# 第八章 数字时代证据法的挑战与变革[1]

随着数字技术的不断发展和司法改革的不断推进，数字时代的司法事实认定呈现出证据的数字化、取证的远程化、存证的区块化、举证的虚拟化、质证的异步化和认证的智能化六大发展趋势。而传统证据法也因数字技术的司法应用面临全方位的深层次挑战：首先，随着数字技术发展不断涌现的证据类型已逐渐突破了证据种类法定主义；其次，在线诉讼和异步质证模式对直接言词原则、集中审理原则和最佳证据原则等证据法基本原则构成了挑战；再次，数字技术的复杂性使相关证据的证据属性审查判断变得更加困难；复次，证据推理中的大数据经验因为数据本身的完整性、可错性以及算法黑箱问题而存在极大的危险性；最后，数字技术的司法适用导致了证据性权利保障的弱化；等等。为了应对这些挑战，数字时代的证据法应从封闭的证据法迈向开放的证据法，从信息规制的证据法迈向风险防控的证据法，从权力规制的证据法迈向权利保障的证据法。

随着数字技术的不断发展和司法改革的不断推进，智慧司法已给中国司法特别是司法事实认定带来了一系列冲击。例如大数据证据和人工智能证据的应用难题，在线庭审和异步质证对传统审判方式的突破，智能裁判中大数据经验对人类经验的冲击等。对此，学界已在大数据证据、人工智能证据、区块链证据、远程取证、异步审理、智能裁判等方面分别进行了比较深入的研究，[2]但鲜有学者从整体视角反思数字时代证据法的变革方

---

[1] 本章原载《地方立法研究》2022年第3期，本书出版时做了部分修改。
[2] 笔者于2022年4月27日在中国知网以主题的方式进行检索发现，上述主题的CSSCI论文数分别已达到大数据证据85篇、人工智能证据87篇、区块链证据87篇、远程取证3篇、异步审理11篇、智能裁判31篇。

向。在《漂移的证据法》中,达马斯卡曾从整体视角对20世纪英美证据法三大制度性支柱的坍塌带来的证据法冲击进行过系统性反思。[1]本章也试图借鉴这种整体视角,从总结21世纪数字时代司法事实认定的发展趋势出发,深入发掘数字技术给证据法带来的深层挑战,从而对数字时代证据法的可能变革方向展开分析。

## 第一节 数字时代司法事实认定的发展趋势

如果单纯从证据本身以及司法事实认定的过程[2]看,智慧司法背景下的数字技术正在使司法事实认定呈现出以下六种主要发展趋势:

### 一、证据的数字化

证据的数字化主要表现在以下三个方面:

第一,案卷证据的全面电子化。我国的刑事审判通常"以案卷笔录为中心"[3],几乎所有的证据都会以案卷笔录的书面方式呈现。尽管本世纪以来我国一直都力图通过"以审判为中心""庭审实质化"等方式来推动司法改革,但始终收效甚微,"以案卷笔录为中心"的审判模式并未有根本性的转变。而且随着司法信息化的逐渐深化,越来越多的司法机关开始将案卷全面电子化,并通过互联网向律师提供网上阅卷,最高人民检察院也在总结各地实践经验的基础上于2021年正式启动了律师互联网阅卷系统,该系统"搭建在'12309中国检察网',具有在线身份核验、阅卷申

---

[1] 英美证据法的三大制度性支柱是二元制审判法庭、集中型审判、对抗制诉讼,参见[美]米尔建·R.达马斯卡:《漂移的证据法》,李学军等译,何家弘审校,中国政法大学出版社2003年版,导论第1-8页。

[2] 单纯从审判角度讲,司法事实认定的过程仅包括举证、质证和认证,但审前的取证和区块链存证是在为举证做准备,因此本章对司法事实认定做了广义处理,将取证和区块链存证也囊括进来。

[3] 参见陈瑞华:"案卷笔录中心主义——对中国刑事审判方式的重新考察",载《法学研究》2006年第4期。

请、阅卷办理、信息推送、卷宗下载等主要功能"。[1]这意味着刑事案件的所有案卷证据都将从书面化进一步发展到电子化。在民事诉讼方面，案卷证据也同样呈现全面电子化的趋势，尤其是以互联网法院审判为代表的在线诉讼模式，其运行的基础就是案卷证据的全面电子化，便于在线庭审和在线调解的开展。

第二，证据的大数据化。随着数字技术特别是移动互联网的发展，人们的生产生活越来越依赖手机，手机似乎已经成为我们的"体外器官"，我们几乎所有的活动都或多或少地通过手机以数据的形式被记录下来，在手机或移动互联网上形成大数据。当案件发生后，与案情相关的诸多情节就需要各种大数据来证明，这就是证据的大数据化，也有学者称为大数据证据，即通过对海量数据进行筛选、汇总、提炼、形成结论并在审判中使用的证据。[2]一般而言，大数据证据的运用主要有四种形式：一是将大数据的载体作为证据；二是将大数据等量复制的数据副本作为证据；三是将大数据中的部分数据作为证据；四是将大数据分析结论作为证据。[3]其中前三种形式可以被传统的证据种类所涵盖，[4]第四种则不能，实践中大多转化成鉴定意见的形式。[5]

第三，证据的人工智能化。随着人工智能技术的不断发展和落地应用，国内外的司法实践中已经出现诸多证据人工智能化的案例。例如，美

---

[1] 最高人民检察院网上发布厅："最高检部署开展律师互联网阅卷试点工作"，载最高人民检察院官网：https://www.spp.gov.cn/spp/xwfbh/wsfbh/202103/t20210309_511820.shtml，最后访问时间：2022 年 4 月 18 日。
[2] 参见丰叶："职务犯罪大数据证据研究"，载《科技与法律》2020 年第 1 期。
[3] 参见谢君泽："论大数据证明"，载《中国刑事法杂志》2020 年第 2 期。
[4] 第一种基本可以归属于物证，第二种和第三种归属于电子数据。
[5] 例如，安徽省高级人民法院刑事判决书（2019）皖刑终 118 号："安徽平泰司法鉴定所平泰司鉴字〔2018〕002 号司法鉴定意见证实：平台数据反映运营中心共发展会员 5737 人，吸收会员投资 298 884 000 元，并造成其中 4464 名会员损失 89 821 160 元。"又如，安徽省灵璧县人民法院刑事判决书（2018）皖 1323 刑初 41 号："重庆市科信电子数据司法鉴定所〔2017〕鉴字第 015 号《司法鉴定意见书》证明，李志超会员账号 WWac001、WWac002、WWac003 的下线层级、会员及获利的情况。"

国已在相关案例中将"查找我的 iPhone"功能数据分析报告作为证据;[1] 欧洲各国也将检测人脸、物体、性器官和其他信息的智能识别证据运用于司法实践;[2] 而我国也出现了许多运用类似人工智能证据的案例,典型案例具体见表 8.1。上述这些案例清晰地表明,证据的人工智能化已逐渐深入世界各国的司法实践。

表 8.1 我国人工智能证据司法应用的典型案例

| 案件名 | 案号 | 证据类型 |
| --- | --- | --- |
| 岳某某诈骗案 | 河北省唐山市中级人民法院刑事裁定书,(2020)冀 02 刑终 210 号 | 人脸识别系统的结果 |
| 李老三与马某某走私、贩卖、运输、制造毒品案 | 甘肃省高级人民法院刑事裁定书,(2020)甘刑终 67 号 | 微信语音转换成的文字 |
| 张某某走私、贩卖、运输、制造毒品案 | 云南省高级人民法院刑事裁定书,(2020)云刑终 734 号 | 有关被告人行动轨迹的智能轨迹分析报告 |
| 王某诈骗案 | 青海省西宁市城中区人民法院刑事判决书,(2020)青 0103 刑初 3 号 | 对往来账目的智能分析报告 |

## 二、取证的远程化

随着数字技术在生产生活中的广泛运用,案件证据分布在网络中多个服务器和设备上以及证人分散在各地等证据分布广泛的现象非常普遍,如果都要求提取原物或亲自到场询问证人等,必然会影响司法效率,甚至导致许多关键证据无法被采纳,因此远程取证便应运而生。远程取证有广义和狭义之分。广义的"远程取证"可以包括以下五种取证方式:第一,远程讯问、询问,其与传统的面对面讯问和询问不同,是指通过网络视频等

---

[1] See Pickett v. State, 112 A. 3d 1078, 1090 (Md. Ct. Spec. App. 2015).
[2] See Katherine Quezada-Tavárez, Plixavra Vogiatzoglou, Sofie Royer, *Legal Challenges in Bringing AI Evidence to the Criminal Courtroom*, New Journal of European Criminal Law, Vol. 12, 2021, pp. 531-532.

数字技术，对犯罪嫌疑人、被告人、证人、被害人等进行远距离讯问或询问以获取证据。[1]第二，远程勘验、检查、鉴定。远程勘验是指利用数字技术对远程目标系统实施勘验，以提取、固定远程目标系统的状态和存留的电子数据。[2]远程检查是指利用数字技术对远距离的被害人、犯罪嫌疑人的某些特征、伤害情况或者生理状态进行的人身检查，或者对电子数据证据进行的远程检查。远程鉴定是指通过数字技术对远程电子数据证据等进行鉴定。[3]第三，远程搜查、辨认。远程搜查是指利用数字技术对计算机、网络数据等远程目标进行的证据搜查。[4]远程辨认是指采取数字技术对犯罪嫌疑人、被告人、证人、被害人以及书证、物证等进行的远距离辨认。第四，远程技术侦查是指通过数字技术手段远程获取案件信息、证据和缉拿犯罪嫌疑人等侦查行为的总称。[5]第五，证据远程传输是指各类证据通过数字技术进行的远距离传输。[6]

而狭义的"远程取证"是收集、提取电子数据的一种特殊方式，仅指网络在线提取电子数据和网络远程勘验。根据2016年《电子数据规定》第6条和第9条，以及2019年《公安机关办理刑事案件电子数据取证规则》第7条和第23条的规定，网络在线提取电子数据指对原始存储介质位于境外或者远程计算机信息系统上的电子数据，或对公开发布的电子数据、境内远程计算机信息系统上的电子数据，可以通过网络在线提取。根据2016年《电子数据规定》第9条和第29条，以及2019年《公安机关办理刑事案件电子数据取证规则》第7条和第27条的规定，网络远程勘验，

---

[1] 参见古卫爽、张艺立："远程视频讯问的司法性质及证据效力"，载《检察日报》2020年4月2日，第3版。

[2] 参见高峰："电子证据勘查工作初探"，载《犯罪研究》2011年第3期。

[3] 参见王新猛、邱明月："物证鉴定远程辅助系统设计研究"，载《计算机产品与流通》2020年第10期。

[4] 梁坤："论远程搜查措施在侦查程序规范中的定位"，载《中国刑警学院学报》2018年第6期。

[5] 梁坤："论远程搜查措施在侦查程序规范中的定位"，载《中国刑警学院学报》2018年第6期。

[6] 曹树青："能否依据远程监控数据对违法企业行政处罚？"，载《环境保护》2010年第20期。

是指为进一步查明有关情况，必要时，可以通过网络对远程计算机信息系统实施勘验，发现、提取与犯罪有关的电子数据，记录计算机信息系统状态，判断案件性质，分析犯罪过程，确定侦查方向和范围，为侦查破案、刑事诉讼提供线索和证据的侦查活动。目前，网络在线提取电子数据和网络远程勘验已在网络犯罪案件中被大量采用。

### 三、存证的区块化

区块链技术自诞生以来，因为具有去中心化的信任功能、智能合约系统的自动执行功能、公私密钥相配合的匿名化功能、哈希值校验的防篡改性功能、可信时间戳的可视化功能，所以天然地适用于司法裁判尤其是事实认定。区块链技术在司法事实认定中的最大应用就是区块链存证，即"利用区块链及其拓展技术可以在电子数据的生成、收集、传输、存储的全生命周期中，对电子数据进行安全防护、防止篡改、并进行数据操作的审计留痕，从而为相关机构审查提供有效手段。区块链以特殊的存储方式进行电子数据存证，以无利害关系的技术作为第三方身份（技术和算法充当虚拟第三方），将需要存证的电子数据以交易的形式记录下来，打上时间戳，记录在区块中，从而完成存证的过程。"[1]

自杭州互联网法院于2018年"首次对采用区块链技术存证的电子数据的法律效力予以确认，并明确了区块链电子存证的审查判断方法"[2]以来，区块链存证已在司法实践中被大量使用。例如，2018年北京互联网法院联合20家单位作为节点共同组建了"天平链"，"通过利用区块链本身技术特点以及制定应用接入技术及管理规范，实现了电子证据的可信存证、高效验证，降低了当事人的维权成本，提升了法官采信电子证据的效

---

[1] 可信区块链推进计划：《区块链司法存证应用白皮书》，第47—50页。参见可信区块链推进计划官网：http://www.trustedblockchain.cn/#/result/result/resultDetail/e188e8e1c5d24c9faa96fc0eebd94367/0，最后访问时间：2022年4月28日。

[2] 参见微信公众号"杭州互联网法院"上的《杭州互联网法院首次确立区块链电子存证的法律审查方式》一文。

率"。[1]通过设置三级节点，实现整个天平链的取证、存证和验证工作。通过天平链的应用，可以直接调取经过公证的可信数据或不同平台的原始数据，解决了长期困扰司法机关的电子数据取证、存证和认证难题。

**四、举证的虚拟化**

随着新一代互联网、人工智能、区块链、XR 技术等数字技术的发展，第一代线上法院正向第二代线上法院迈进之中。从目前数字技术应用的前景和国际前沿的发展趋势来看，第二代线上法院具有远程呈现、增强现实、虚拟现实审判、法律人工智能等技术特征。[2]第二代线上法院在举证方面的一个重要体现就是举证的虚拟化，具体而言表现在以下三个方面：

第一，证据的远程呈现（Telepresence）。远程呈现"是一种虚拟实在，能够使人实时地以远程的方式于某处出场，即虚拟出场。此时，出场相当于'在场'，主体能够在现场之外实时地感知现场，并有效地进行某种操作"。[3]远程呈现技术具有远端图像还原、高清保真传输、空间方位立体呈现等特点，能够较大程度保证场景、人物、音频和动作的还原度。"随着通信与信息技术的不断发展，远程呈现系统还可以允许人们远程移动和操纵物体，实现交互式的远程呈现体验。"[4]因此，远程呈现技术带来的虚拟在场感知在一定程度上弥补了传统线上庭审中的环境扁平化问题和在场性感知缺乏问题。目前英国的线上法院正在尝试体验远程呈现技术，并考虑将其应用于庭审之中。[5]

第二，VR 示证。VR 即虚拟现实是指通过计算机软件呈现出来的非实

---

[1]"天平链介绍"，载北京互联网法院天平链官网：http://tpl.bjinternetcourt.gov.cn/tpl/，最后访问时间：2022 年 4 月 25 日。

[2] 参见［英］理查德·萨斯坎德：《线上法院与未来司法》，何广越译，北京大学出版社 2021 年版，第 255 页。

[3] 冯正勇："远程呈现技术发展简述"，载《电子世界》2017 年第 10 期。

[4] 冯正勇："远程呈现技术发展简述"，载《电子世界》2017 年第 10 期。

[5] 参见［英］理查德·萨斯坎德：《线上法院与未来司法》，何广越译，北京大学出版社 2021 年版，第 258 页。

体存在的图形及图像,虚拟现实具有实时场景、高度沉浸感、虚实交互等基本特点。[1]由于VR技术具有高度场景还原和沉浸效果,VR技术一直受到司法界关注,早在2018年VR技术便被应用于我国的司法活动中,2018年3月1日北京市检察院第一分院使用了基于VR技术的"出庭示证可视化系统"进行证据展示:出庭作证的目击证人带上VR眼镜,通过操作手柄,"身临其境"地还原了杀人现场情况。此外,VR技术也被欧盟、加拿大等国引入司法活动之中,2016年5月,欧盟委员会给英国斯塔福德郡大学资助了20万美元,用于开发一套可以让法庭陪审团再现犯罪现场的VR系统。在加拿大Anita Krajnc案中辩护律师也使用了VR设备进行观点展示。瑞士苏黎世法医学研究所也尝试用Oculus Rift来探索3D重建事件或犯罪现场。[2]

第三,AR虚拟场景举证。虚拟场景举证使用了增强现实(Augmented Reality,AR)技术。增强现实是"由虚拟现实技术发展延伸出来的技术领域,它突破了虚拟现实只能构建虚拟场景的局限,借助视觉技术、计算机图形学和人体交互等技术将计算机生成的虚拟信息无缝地注册到真实环境"。[3]AR技术不仅能够增强虚实交互性,带来更为真实的虚拟体验效果,还能够便于抽象事物的解释性理解,因此AR技术对在线庭审活动也能够起到一定的辅助作用。目前AR虚拟法庭在我国已有实践,2022年,青岛市南法院引入AR虚拟场景技术,借助系统AR虚拟场景引擎和AI抠图算法,对法官视频画面深度解析,构建AR虚拟法庭,截至2022年3月25日上午,该AR虚拟法庭已审理了7宗知识产权案件。[4]

综上所述,通过证据的远程呈现、VR示证和AR虚拟场景举证等方式,数字时代的司法事实认定已经呈现出举证的虚拟化趋势,相信随着数

---

[1] 参见郭春宁、富晓星:"全景共情机制:虚拟现实在空间叙事与文化记忆中的应用",载《天津社会科学》2022年第2期。

[2] 参见梁雅丽:"VR技术对法庭审判和刑事辩护的可能影响",载网易号"法商参考":https://www.163.com/dy/article/DFR4GRPD0530ICCJ.html,最后访问时间:2022年4月25日。

[3] 参见刘佳等:"基于增强现实的视触觉交互算法",载《高技术通讯》2021年第9期。

[4] 参见青岛市南法院:"司法作风能力提升年丨打造AR虚拟法庭,让庭审随时随地进行",载澎湃新闻网:https://m.thepaper.cn/baijiahao_17309162,最后访问时间:2022年3月25日。

字技术的不断发展，这种举证虚拟化的趋势将越发明显。

**五、质证的异步化**

随着在线诉讼的不断发展和证据的数字化，司法实践中逐渐发展出异步审理模式。该模式最早于 2018 年由杭州互联网法院在《涉网案件异步审理规程（试行）》中作出规定，异步审理是指将涉网案件各审判环节分布在杭州互联网法院网上诉讼平台上，法官与原告、被告等诉讼参与人在规定期限内按照各自选择的时间登录平台以非同步方式完成诉讼的审理模式。随后，广州和北京互联网法院也分别提出了在线交互式审理和非同时庭审模式，三者虽然名称和做法有些不同，但实质是一样的，均是非同步或者异步审理模式。为了统一实践中的做法，2021 年最高人民法院出台的《人民法院在线诉讼规则》第 14 条和第 20 条首次将该制度明确为非同步审理制度，规定人民法院根据当事人选择和案件情况，可以指定当事人在一定期限内，分别登录诉讼平台，以非同步的方式开展调解、证据交换、在线举证、质证、调查询问、庭审等诉讼活动。

在非同步或异步审理模式中，非同步或异步质证便成为不同于传统集中型审判中同步质证的质证模式，"进入开庭程序之前当事人即可将证据和质证意见上传到诉讼平台，即便是开庭之后，由于整个开庭的过程不受到法院选定的具体时间的限制，双方当事人以及法官可在诉讼平台上以交互的方式完成各个审判环节，在这一过程中当事人登录诉讼平台的时间是自由的，质证方式变成双方在平台上的你来我往，当然也会改变以往人们对庭审激烈对抗的印象"。[1]

**六、认证的智能化**

早在 2016 年，时任最高人民法院院长周强就在世界互联网大会"智

---

〔1〕 郑飞、杨默涵："互联网法院审判对传统民事证据制度的挑战与影响"，载《证据科学》2020 年第 1 期。

慧法院暨网络法治论坛"上提出："将积极推动人工智能在司法领域的应用"[1]"司法机关以高昂的热情、巨额的投入、异乎寻常的速度和规模，实现人工智能与司法操作的对接，众多成果已经实际启动司法运行"。[2]在最高人民法院的推动下，以"智慧法院"为理念的人工智能技术得到广泛应用，"部分法院尝试开发了人工智能办案系统，在公检法共享办案平台上初步实现证据标准和证据规则统一、单一证据合法性校验、证据链逻辑性判断和比对、类案推送、量刑参考和文书自动生成等方面的智能化"。[3]

典型的例子，如上海市高级人民法院研发的"上海刑事案件智能辅助办案系统"（又名"206系统"）于2017年5月3日正式试运行。"206系统"是第一次将法定的统一证据标准嵌入到公检法三机关的数据化刑事办案系统中去，并且连通了公检法三机关的办案平台。"206系统"主要由上海刑事案件大数据资源库、上海刑事案件智能辅助办案应用软件、上海刑事案件智能辅助办案系统网络平台三部分组成。[4]又如，杭州互联网法院研发的智能证据分析系统于2019年12月12日正式上线，该系统综合运用区块链、人工智能、大数据、云计算等前沿技术，将大量机械、重复的工作交给系统完成，法官们一键点击就能获得证据分析结果，为办案提供参考，起到辅助裁判的作用。该系统可以帮助实现智能证据分析系统制作证据目录、文字作品比对、图片比对、视频分析、金融借款核算等。[5]虽然当前的智能证据分析系统还比较初级，但随着人工智能技术的不断发展，

---

[1] "智慧法院暨网络法治论坛"，载凤凰网：https://news.ifeng.com/c/7fbMN3Cse6x，最后访问时间：2022年4月28日。

[2] 黄京平："刑事司法人工智能的负面清单"，载《探索与争鸣》2017年第10期。

[3] 潘庸鲁："人工智能介入司法领域的价值与定位"，载《探索与争鸣》2017年第10期。

[4] 参见严剑漪："揭秘'206'：法院未来的人工智能图景——上海刑事案件智能辅助办案系统154天研发实录"，载中国法院网：https://www.chinacourt.org/article/detail/2017/07/id/2916860.shtml，最后访问时间：2022年4月24日。

[5] 参见杭宣："证据分析结果一键获取——杭州互联网法院上线智能证据分析系统"，载中国法院网：https://www.chinacourt.org/article/detail/2019/12/id/4747683.shtml，最后访问时间：2022年4月25日。

司法事实认定的智能化辅助必定会越来越深入，越来越高级。

综上可以看出，随着数字技术的不断发展和司法改革的不断推进，数字时代的司法事实认定已经呈现出证据的数字化、取证的远程化、存证的区块化、举证的虚拟化、质证的异步化和认证的智能化六大发展趋势，从而使司法事实认定日趋复杂化。

## 第二节　数字时代证据法的深层挑战

随着数字时代的司法事实认定呈现日趋复杂化的六大发展趋势，传统证据法正面临从证据种类、基本原则到证据属性审查判断，再到证据推理和证据性权利保障的全方位挑战。

### 一、证据种类法定主义的突破

中国的证据立法对法定证据种类的规定具有一定的封闭性，主要体现在《刑事诉讼法》第50条：在其第1款规定了证据的概念之后，第2款随即规定了物证、书证等八种证据种类，但在最后并未用"等"字，呈现出一种封闭式的法定证据种类规定。《民事诉讼法》第66条和《行政诉讼法》第33条也作了类似规定。这导致在中国证据立法和实务中一直存在这样一种理论："不符合法定的证据种类（形式），不能作为定案的根据"，我们可以称其为"证据种类法定主义"或"证据形式法定主义"。[1]这种理论在司法解释中也有体现，最为典型的是《最高人民检察院关于CPS多道心理测试鉴定结论能否作为诉讼证据使用问题的批复》，该批复明确规定，"CPS多道心理测试（俗称测谎）鉴定结论与刑事诉讼法规定的鉴定结论不同，不属于刑事诉讼法规定的证据种类。人民检察院办理案件，可以使用CPS多道心理测试鉴定结论帮助审查、判断证据，但不能将CPS多道心理测试鉴定结论作为证据使用"。这种理论在司法裁判中的典型案例

---

〔1〕 为了论述的方便，如无特殊情况，下文一律称为"证据种类法定主义"。

是《刑事审判参考》指导案例第 1166 号"王平受贿案",其裁判理由明确指出,"侦查机关在立案之前对上诉人王平所作的调查笔录,不符合法律规定的证据种类,不能作为诉讼证据使用"。[1]

然而,这种证据种类的封闭性已随着科技的不断发展被逐渐突破:第一,立法主导的证据种类不断通过法律修改和司法解释修订的方式增加。以刑事诉讼为例,1996 年《刑事诉讼法》修改时增加了视听资料,2012 年《刑事诉讼法》修改时增加了电子数据;又比如,2021 年《最高人民法院关于适用〈中华人民共和国刑事诉讼法〉的解释》又增加了专家报告、事故调查报告等新的证据类型。第二,正如上文所讲,作为非法定证据种类的大数据证据和人工智能证据已在司法实务中大量适用。大数据证据是一种全新的证据种类,其在形式上不同于任何传统的证据种类,不仅在法律规定上无法找到其存在的有效性依据,而且在科学证据、概率证据等理论范式的讨论之中也无法找到其对应的进路。而证据种类法定主义"将是否属于法定的证据种类作为证据资格的判断因素之一,是早已被大陆法系弃用的法定证据主义的遗存",[2] 显然已经在司法实务中开始逐渐被突破。

## 二、证据法基本原则的挑战

第一,直接言词原则的冲击。直接言词原则是由"直接审理原则"与"言词审理原则"构成,前者是指"在场原则"与"直接采证原则",也就是指被告人、检察官、其他诉讼参与人要亲自到庭参加诉讼,身体和精神都要具有参与诉讼活动的能力,法官要直接、亲自从事法庭调查,接触和审查证据,再进行证据的采纳与排除。[3]"这一原则进一步矫正了证据

---

[1] 中华人民共和国最高人民法院刑事审判第一、二、三、四、五庭主办:《刑事审判参考(总第 108 集)》,法律出版社 2017 年版,第 16 页。

[2] 郑飞:"证据属性层次论——基于证据规则结构体系的理论反思",载《法学研究》2021 年第 2 期。

[3] 参见陈瑞华:"什么是真正的直接和言词原则",载《证据科学》2016 年第 3 期。

的法律资格问题,即证据若要成为定案根据则必须在庭审中由审理者亲自接触,诉讼双方要当庭质证,否则未经质证的证据不得作为定案的根据。特别是对于一些言词证据,相关人员还要出庭作证,这样审理者才能获得对言词证据提供者的作证情况进行考察的机会,进而推动交叉询问的落实,符合审判心理学的设计。"[1]然而当事人及其他诉讼参与人参与进行的虚拟法庭在线诉讼是否可称为"亲自到庭出席审判"的模式?"当庭"的概念是否包括在线诉讼的虚拟空间?在当下,人们对网络虚拟空间的认可已不再困难,只是直接言词原则的审判心理学设计却因网络庭审而受到冲击。

第二,集中审理原则的削弱。非同步或异步审理模式确实能够提高办案效率,法官甚至能够同时处理手上的几个案件。但是这种分散时间的办案方式,也使得法官原本集中处理同一案件的时间被分散开来,虽说利用了当事人双方的空闲时间,但以法官办案时间的分散为代价,这挑战了集中审理原则。集中审理又称不间断审理,是指"法院开庭审理案件,应当在不更换审判人员的条件下持续进行,不得中断审理,集中进行证据调查和法庭辩论,迅速作出裁判并宣判的诉讼原则"。[2]而我国司法实践中创新的在线诉讼"异步审理"模式很显然并非集中审理的体现,因为其不要求集中在同一时间来完成,而是通过法官和当事人频繁登录系统实现持续的庭审过程,审判人员甚至可以同时在平台上审理多个案件,是并行审理的一种典型表现。然而,这种并行审理模式似乎并不符合司法改革提出的以庭审为中心、实现庭审实质化的改革目标。在集中审理原则下,法官收集资料、形成心证是连续完成的,避免审理者在同时审理很多案件时产生记忆模糊的状况,当事人也因能够实质性参与庭审程序而获得满足感,并且蕴含着正当程序观念;对保障裁判的正当性也提供了依据,有利于增强

---

[1] 郑飞、杨默涵:"互联网法院审判对传统民事证据制度的挑战与影响",载《证据科学》2020年第1期。

[2] 江晨:"集中审理原则与民事庭审实质化",载《山西师大学报(社会科学版)》2017年第5期。

司法公信力。而在并行审理模式下，诉讼过程断断续续，法官对证据以及案件的印象就会因为时间间隔太长而变得含混不清，[1]网上审理本来就对直接言词原则形成冲击，这种模式下更加剧了这种冲击。

第三，最佳证据原则的挑战。在证据法的认识论领域，被一个宽泛的"最佳证据"原则所统摄，当诉讼的一方当事人本应提交最佳证据，但却提供了认识论上的劣质证据时，法庭可以排除该证据，如复制件、庭外陈述等，而最佳证据原则的众多表现之一便是传统的偏爱原始文件而非其复制件的最佳证据规则。[2]传统的最佳证据规则适用于书证，为了保障证据的真实性，最佳证据规则首先要规范其证据能力，要求排除书证的复制件，除非有某些特殊的法定原因允许非原件书证。有学者检讨了我国立法中关于最佳证据规则的问题，如其规则范围仅限于书证，规则中混淆了书证和物证等，基于此应进一步区别不同种类证据的适用规则，并且适当将最佳证据规则扩展到视听资料、电子数据，[3]当然也应包括区块链存证的复制件。利用区块链存证所形成的复制件，包含几种不同类型。第一种类型是通过自动调用谷歌开源程序 puppeteer 对目标网页进行图片抓取，同时，通过调用 curl 获取目标网页源码，[4]形成一组对目标网页不完全复制的电子数据从而存到区块链之中。第二种类型是形成抓取数据后，上传到区块链之中又形成存储于多个节点之中的内容完全相同的多个版本。第三种类型是在完成区块链存证平台的取证、存证操作以后，形成"区块链保全证书"，以电子文件或者是书证的形式对取证对象进行记载。这三种区块链证据的形态均是以复制件或者说是传来证据的面貌予以呈现的。虽然《电子签名法》第5条对电子证据的复制件在符合一定条件的情况下拟定为原件，一定程度上对该问题有所解决，但是仍存在不足：首先，复制件

---

[1] 参见江晨："集中审理原则与民事庭审实质化"，载《山西师大学报（社会科学版）》2017年第5期。

[2] 参见［美］亚历克斯·斯坦：《证据法的根基》，樊传明等译，中国人民大学出版社2018年版，第264-269页。

[3] 参见陈光中主编：《证据法学》，法律出版社2015年版，第264-269页。

[4] 参见杭州互联网法院（2018）浙0192民初81号民事判决书。

拟定为原件的前提是"完整性"及"未被更改",复制件拟定为原件往往是原件无法获得或无法呈现于法庭之上。尤其是作为区块链存证对象的网络信息,往往瞬息万变,原件极有可能在取证后便已灭失。由此,产生了一个悖论,没有原件与复制件进行比对,如何判断复制件是否完整以及未被更改?如何认定复制件具有和原件一样的证明力?其次,区块链证据是以电子数据的形态存在的,但在法庭举证、质证、认证过程中,需要转化为能为人类所能理解的内容,或是在计算机等设备上转化为视频、音频、图片,或是利用打印技术转化为书证等,转化了证据种类的复制件,对其证据能力和证明力有何影响?这都是当前立法和司法面临的问题。

### 三、证据属性审查困难的加剧

数字技术的复杂性使相关证据的证据属性审查判断变得更加困难。以区块链证据为例,对其证据属性的审查至少存在三个方面的难题:

第一,链上信息真实性难以判断。区块链在司法应用中最大的优势在于存证,但对于上链之前信息的真实性而言却难以判断。《最高人民法院关于互联网法院审理案件若干问题的规定》第11条第2款规定:"当事人提交的电子数据,通过电子签名、可信时间戳、哈希值校验、区块链等证据收集、固定和防篡改的技术手段或者通过电子取证存证平台认证,能够证明其真实性的,互联网法院应当确认。"该司法解释肯定了区块链证据的真实性,但也应注意到,法院仍然需要审查其真实性。电子数据的真实性一般包括电子数据内容的真实性、电子数据的真实性以及电子数据载体的真实性。[1]在司法实践中,对区块链证据真实性的审查仍然需要借助电子数据真实性的审查作为中介,进而审查上链前电子数据的真实性。[2]而且针对接入区块链的相关互联网公司,司法机关直接在其后台调取的相关

---

[1] 参见褚福民:"电子证据真实性的三个层面——以刑事诉讼为例的分析",载《法学研究》2018年第4期。

[2] 参见童丰:"公证介入区块链技术司法运用体系初探——从杭州互联网法院区块链存证第一案谈起",载《中国公证》2018年第9期。

数据是否真实,有无经过篡改,在调取过程中有无发生数据的变化,仍然需要根据具体情形对此类数据的真实性进行具体判断。

第二,区块链证据的关联性审查难题。该难题肇因于网络虚拟空间与真实世界关联性的相对割裂,以及区块链数据在网络空间的反复流转运行,难以构建起"人案关联"的完整证明链条。以当前区块链证据关联性审查问题最为突出的领域,即以数字货币类运行数据为例,一般需完整审查"人→计算机→IP 地址→钱包地址→后续流转"之间的关联。而依托暗网的数据运行往往更为隐蔽,其证明链条则进一步拉长。在发送者和接受者之间建立多个节点进行信息中转,节点之间的用户身份信息互不相知,如欲建立"由人到案"的完整证明链条将会更加困难。证明人与计算机之间的关联性本质上与传统人与物证的关联性证明方法并无区别,但关键的问题在于如何缝合人与虚拟世界中电子数据的割裂,建立起"由人到数据"的完整关联性。在"零口供"情况下,限于当前侦查技术的有限性,很难完全依靠客观性证据建立"由人到数据"的完整关联。

第三,对区块链证据难以进行实质性审查。如何对区块链证据进行实质性审查,是长期困扰司法机关进行技术性证据审查的重要难题。在实践中,存在司法机关对国家公证的过度依赖,"在公证机构对特定电子证据的真实性、关联性与合法性加以认定的基础上,司法机关仅需对该电子证据进行形式审查"。[1]从天平链的节点设置而言,针对二级节点的设置而言,诸多公证公司虽然只参与数据校验与记录,但其作出的公证结论实质性地成为法官裁判的依据,进而架空了法院对区块链证据的实质性审查。因此,如何实现对区块链证据的实质性审查,成为数字时代司法机关应对技术性证据审查亟须解决的难题。

当然,除此之外,区块链存证的技术性非常强,要形成可靠的区块链证据还需要国家授时中心对时间和位置的确认,国家安全机关对 IP 的核验,公安机关对身份的确认,并建立可信的取证设备和可信算法标准,同

---

[1] 张玉洁:"区块链技术的司法适用、体系难题与证据法革新",载《东方法学》2019 年第 3 期。

时还需要足够且可信的见证人，等等。

### 四、证据推理中大数据经验的危险性

事实认定是一个由证据性事实到推断性事实再到要素性事实的经验推论或证据推理过程，而每一步推论都需要概括进行连接，概括的组成主要是逻辑和一般经验，其基础是人类的社会知识库，即从科学知识到流言蜚语。[1]而"大数据分析方法让我们看到了瞬间大批量处理非结构化信息的可能性，同时大数据分析方法能够弥补人类对庞大数据分析理解上的不足，为事实认定者提供了基于数据的'数据经验'或者'特殊经验'"。[2]但所谓的"数据经验"或"特殊经验"也具有较大的危险性。

首先，大数据经验所依赖的大数据本身存在完整性和数据可错性问题。一方面，尽管大数据力求获得全面无遗的数据，并且也确实尽可能地对各个领域的数据进行收集，但实际上它所囊括的数据仍然存在限度，数据的获取不可避免地受到所使用的数据平台、技术和监管的限制。[3]另一方面，大数据并不能摆脱数据的既有特性——数据的可错性。事实上，无论是关于数据的知识还是数据的构成均有可能存在错误。[4]

其次，大数据经验所依赖的算法存在黑箱化问题。当今时代，算法的不公开是原则，公开才是例外。[5]可见大数据技术本身的可靠性容易受到各方质疑：第一，因为算法由人类设计，其本身不可能做到绝对的客观中立，必然会受到一些因素的影响。第二，算法的黑箱化将导致参与性的缺失。由于人们无法参与整个决策的形成和制定过程中，因此无法对决策提

---

[1] 参见张保生："事实、证据与事实认定"，载《中国社会科学》2017年第8期。

[2] 周蔚："大数据在事实认定中作用机制分析"，载《中国政法大学学报》2015年第6期。

[3] See Kitchin, Rob. "Big Data, new epistemologies and paradigm shifts", *Big data & society* 1.1 (Apr., 2014), pp.4-5.

[4] See Frické, Martin, "Big data and its epistemology", *Journal of the Association for Information Science and Technology*, Vol.66, 2015, pp.651-652.

[5] 参见徐凤："人工智能算法黑箱的法律规制——以智能投顾为例展开"，载《东方法学》2019年第6期。

出自己的意见和建议。而这种缺乏参与和商讨的过程是很有可能引发司法公信力危机的。第三，算法的黑箱化运行可能因信息不对等而引发怀疑。法律决策本身具有"透明化"的要求，[1]其中重要的一个原因便是为了避免信息的不对称而导致权力的异化。申言之，由于信息不对等，信息优势的一方可以利用各种方式来引导信息劣势的一方作出错误的判断。因此，出于对巨大信息差的畏惧，黑箱化的运行容易受到各方的质疑而导致失信。

**五、证据性权利保障的弱化**

证据性权利指的是，"由证据法所规定的刑事被追诉人（犯罪嫌疑人或被告人）在广义司法事实认定（取证、举证、质证和认证）过程中所拥有的、与证据紧密相关的、用以对抗司法事实认定中各种风险的特殊诉讼权利"。[2]数字时代对证据性权利的保障带来了诸多挑战，这里仅举两例：

第一，基于隐私保护的非法证据排除权利的弱化。为了保证公民的基本权利，往往对侵犯公民基本权利的证据予以排除，形成了基于人权保障的非法证据排除权利。大数据证据的获取可能直接对公民的隐私权造成威胁。以大数据侦查为例，近年来，有些侦查机关通过各种方式不断提升数据扩充的可能性，甚至有的侦查机关以相关数据总量的多少进行计较。信息获取的不断扩张致使公民隐私权的边界不断缩减，算法系统的关联技术甚至"知道你想做什么"，"数据主宰世界"的隐患正在侵蚀着用户信息生态环境。[3]换言之，无论是否有意为之，大数据证据的获取者在提取与案件有关的信息时，往往会获得与案件无关的信息进而侵犯公民的隐私权，而且这种对隐私权的侵犯很多时候无可避免。在大数据海量数据的要求下，"全数据"的追求使得数据收集者在获取数据时为了保证准确性，大多会优先考虑如何尽可能地获取更多数据，而不去考虑该数据的获取是否

---

[1] 参见左卫民：《关于法律人工智能在中国运用前景的若干思考》，载《清华法学》2018年第2期。

[2] 郑飞：《证据性权利研究》，法律出版社2019年版，第65-66页。

[3] 参见纪楠、李平："算法时代用户隐私权的保护"，载《青年记者》2019年第26期。

合法或是否侵犯公民的隐私权。此外，数据获取后的挖掘将进一步加剧这种对隐私权的侵犯可能性。大数据技术往往可以利用一些看似不相关的信息挖掘出全新的知识，而这些新的知识对隐私权的侵犯同样不容忽视。例如，美国在线 AOL 在 2006 年曾公布了 3 个月近 2000 万条真实的搜索记录，搜索的内容很可能涉及个人隐私的敏感信息，与特定用户有着密切的联系。诸如"尿布"这样的搜索，可以让人轻易地推断出用户是一名婴儿的父母。[1]更为重要的是，这种大规模侵犯公民隐私权的证据能否被作为非法证据排除也是存在疑问的。

第二，"证据偏在"导致的质证权弱化。"平等武装"和"平等对抗"是现代刑事诉讼的基本追求。自欧洲人权法院第一次通过判例将该原则予以明确后，各主要国际刑事法院（法庭）均将其作为重要的程序性原则。[2]然而，由于诉讼的双方可能在人力、物力等方面不平等，诉讼过程很难达至完全意义上的平等。一个不容忽视的事实是，个人获取证据的能力和方法相较于国家或是大企业显得远远不足，由此可能产生"证据偏在"的现象，即因诉讼双方获取证据能力上的差异导致所获取的证据更多被一方持有。而大数据证据的获取无疑进一步强化了这种"证据偏在"现象，因为大数据技术是一种十分复杂的、需要多人协作才能实现的技术，但大部分诉讼当事人都不具有这样的技术处理能力，拥有这样计算能力的主体往往是公权力机关或是大型企业。这使得大数据证据的获取实际上面临三重危险：（1）隐藏或篡改证据的风险；（2）数据独家解释的风险；（3）无法质证的风险。这三重风险不仅可能导致事实认定者产生错误的偏见，更可能导致因专业性和排他性过强而使得当事人无法行使质证权等基本证据性权利。[3]

---

〔1〕 参见孙广中、魏燊、谢幸："大数据时代中的去匿名化技术及应用"，载《信息通信技术》2013 年第 6 期。

〔2〕 参见王秀梅、陈朗："论国际刑事辩护'平等武装'原则"，载《刑法论丛》2014 年第 2 期。

〔3〕 关于证据性权利的系统研究，参见张保生："证据法的基本权利保障取向"，载《政法论坛》2021 年第 2 期。

## 第三节　数字时代证据法的变革方向

面对新兴技术给传统证据法带来的全方位挑战，数字时代的证据法将如何应对呢？这是一个非常宏大的问题，本章只能根据上文分析简单描述数字时代证据法的几个可能的变革方向。

### 一、从封闭的证据法迈向开放的证据法

为了有效应对数字时代证据法的深层挑战，证据法应从封闭走向开放。

第一，证据种类的开放性。对于大数据证据的证据种类问题，应采取短期、中期、长期的"三步走"策略，逐渐从封闭性走向开放性，从而有效规范大数据证据在法庭上的使用。第一步，短期应将大数据证据作为鉴定意见。这可以在最大限度地降低大数据证据的应用风险的同时，更容易为事实认定者所接受。第二步，中期应通过修法将大数据证据作为独立的证据种类。在当下算法公开等大数据技术尚且存在问题的前提下，长时间将其作为鉴定意见，容易引发司法实践中将大数据证据和一般科学证据相等同的错误定位。考虑到实践的可操作性以及可接受性，将大数据证据作为单独的证据种类，并据此制定相应的审查判断规则更适宜。第三步，长期来看，应逐渐放弃将证据种类作为证据门槛的做法。不可否认的是，依靠证据种类作为证据采纳的第一道门槛，在我国司法发展水平不足的前期对规范事实认定工作具有一定的作用。然而，从证据法的最基本精神出发，任何具有相关性且符合法律要求的信息均应作为证据使用。毕竟证据的获取成本相对较高，轻易排除证据将直接影响事实认定的准确性。而规定证据种类的方法，颇有"法定证据主义"的嫌疑，其可能导致事实认定过程的形式化，以及程序正当性的虚无化。[1]本质上讲，只要大数据证据

---

[1] 参见孙远："论法定证据种类概念之无价值"，载《当代法学》2014年第2期。

可以让事实认定者认为待证事实更可能或更不可能，且该证据没有应排除的其他情形，其就应被允许以证据的形式进入法庭之中。对此，"可以通过修法在第 50 条第 2 款列举完证据种类之后加一个'等'字，将封闭式证据种类规定改为开放式证据种类规定，以符合现代自由证明主义抛弃法定证据主义的取向"。[1]

第二，直接言词原则的扩大化解释。当前的在线诉讼的确与传统的当事人和诉讼参与人"亲自到庭出席审判"的诉讼模式相比有了很大的变化，但随着数字技术的不断发展，远程呈现、VR 和 AR 等沉浸式的虚拟庭审方式将不断被优化，我们应对"当庭"的传统概念进行开放式解释，从而将其运用于虚拟审判空间。因为首先在当下人们对网络虚拟空间的认可已不再困难，只是直接言词原则的理论基础、审判心理学设计需要随着网络庭审而进行再造，当然这需要进一步的实践和理论探究。其次，基于对庭审实质化的追求，对集中审理和直接言词的原则性遵守，以及纠正庭审虚化的需要，异步审理模式的运用无论是在规范还是在实践层面都应当谨慎，但是传统的集中型审判理论是否就具有天然的绝对正义性呢？显然在面对数字时代的新情况时，我们有必要在理论上重新梳理和反思已有基本原则的正当性。

第三，对大数据经验的开放式探索。对于以大数据经验主义为基础而形成的大数据证据或人工智能证据，需要明确其可靠性以及可解释性可能存在各种问题，也正是从这个角度上讲，大数据证据并不能逃避相关性、合法性和可靠性的质疑，也就是说，此类证据仍需要进行严格的审查才能在法庭之上加以应用。鉴于人类经验与大数据经验的差异，大数据分析的部分结论已超过人类经验范围，因此应探索基于"大数据经验"或"机器经验"的新型相关性规则。[2]

---

[1] 郑飞："证据属性层次论——基于证据规则结构体系的理论反思"，载《法学研究》2021 年第 2 期。

[2] 参见刘品新："论大数据证据"，载《环球法律评论》2019 年第 1 期。

## 二、从信息规制的证据法迈向风险防控的证据法

英美证据法的规则体系以可采性为中心，被称为"自由证明的例外"，其核心功能在于为了求真和求善的目的，而规制进入法庭审判的证据信息。用戴维·伯格兰的话讲，证据法是"一个规制在法律程序中向事实裁判者提供信息的规则体系"。[1]但这种传统的以信息规制为中心的证据法逐渐受到挑战，有"证据法学界的德沃金"之称的亚历克斯·斯坦在其专著《证据法的根基》中，对证据法的核心功能提出一种新解释，笔者称之为"错误风险防控理论"，即证据法的关键功能是通过促进真相的发现和减少事实认定程序的成本来减少错误风险，并在不确定条件下分配错误风险。[2]但亚历克斯·斯坦教授只重视事实认定中的认识论风险，即错误风险，而忽视了在事实认定过程中还存在除此之外的其他多种风险：（1）诉讼成本增加的风险，如多次证据开示，出示重复累积证据等。（2）侵权的风险，即在广义的事实认定过程中的侵权风险，如在侦查和审查起诉阶段通过侵犯宪法或法律上的基本权利进行的非法取证，法官在事实认定过程中剥夺被告人的对质权，等等。（3）伦理的风险，尤其是追求事实真相将面临牺牲特定社会关系（近亲属、律师与委托人、牧师与信众、医生与患者）的风险。沿着亚历克斯·斯坦教授所开拓的风险理论研究进路继续前进，通过识别上述这些风险，笔者认为证据法的主要功能应该是司法事实认定过程的风险防控，也就是各种风险的预防和控制，或者说是"减少风险–分配风险"。这种"司法事实认定风险防控理论"几乎可以解释所有的证据规则，所有的证据规则都可以在"减少风险—分配风险"的理论框架下进行解释。比如，传闻规则旨在减少传闻易于失实的风险，非法证据排除规则旨在降低侵犯公民基本权利的风险，特免权规则旨在避免牺牲特定

---

[1] [美]戴维·伯格兰、张保生、郑林涛："证据法的价值分析"，载《证据学论坛》2007年第2期。

[2] 参见[美]亚历克斯·斯坦：《证据法的根基》，樊传明等译，中国人民大学出版社2018年版，英文序言第15页。

关系的风险，等等。再比如，只规制证据可采性的联邦证据规则的基础理论体系（塞耶+摩根的理论）所无法包含的证明力规则和原则（如证明标准和证明责任，证据补强规则等），这些证明力规则和原则本身就内在地包含着"减少风险-分配风险"的机制。[1]

这种基于"风险防控的证据法"其实更能有效应对数字时代证据法面临的深层挑战：第一，对于大数据证据的证据种类问题，需要基于"风险防控"的有效利益平衡来破除传统的"证据种类法定主义"。显然从认识论角度而言，有大数据证据比没有大数据证据更有利于事实认定，只是需要我们精心设计有关大数据证据运用的规则，以有效预防和减少各类事实认定风险。第二，对于直接言词原则、集中审理原则和最佳证据原则而言，它们与证据裁判原则不同，并非证据法的帝王原则，完全可以顺应数字时代的在线审理和异步质证的需要。当然，同样需要我们对法官的事实认定施加相应的限制，对审理程序设置相应的规则，以有效预防和减少各类事实认定风险。第三，对于数字时代产生的大数据证据、人工智能证据、区块链证据等新兴证据类型的相关性、真实性和合法性审查难题，则需要进一步实践和理论观察，基于风险防控的理念设置相应的证据审查判断指引规则和强制性规则。第四，对于大数据证据所蕴含的大数据经验的审查判断，则需要借助于专家证人，通过深入研究司法专门性问题的诉讼模式来有效预防和减少错误风险。[2]第五，对于"证据偏在"导致的对质权弱化问题，需要通过设置专门性问题解决的司法援助模式，强化当事人与检控方在数字技术方面的平等对抗性，否则将有违公正审判原则，也不利于事实认定风险的有效防控，让数字技术的司法应用重蹈当年法官对鉴定结论盲目遵从的覆辙。[3]

---

[1] 参见［美］亚历克斯·斯坦：《证据法的根基》，樊传明等译，中国人民大学出版社2018年版，中文版序言第3页。

[2] 参见郑飞："论中国司法专门性问题解决的'四维模式'"，载《政法论坛》2019年第3期。

[3] 参见郑飞："论中国司法专门性问题解决的'四维模式'"，载《政法论坛》2019年第3期。

### 三、从权力规制的证据法迈向权利保障的证据法

如果将"司法事实认定风险防控理论"进一步展开，这种规则和原则体系背后的本质，其实就是减少和分配事实认定中各种风险的公权力与私权利的分配问题。对于这个问题，笔者认为应该区别对待，有些应该是属于立法者的权力（如证明责任的分配规则和原则等），有些应该是司法者的自由裁量权（如减少事实认定成本的平衡检验规则），另一些则是刑事被追诉人用来对抗容易扩张和滥用的立法权和司法权，以及司法事实认定中各种风险的证据性权利。[1]或者换一个角度讲，这种规则和原则体系背后的实质就是事实认定中公权力与公权力、公权力与私权利、私权利与私权利之间的分配问题。因此，证据法的核心问题就对应了两个面向。一是证据规则的权力化：如何规制和保障法官的证据性权力，以促使其更好地减少和分配司法事实认定中的各种风险；二是证据规则的权利化：如何保障诉讼双方的证据性权利，以使其能够有效对抗司法事实认定中各种不利己的风险，保障自己的合法权益。这两个面向是相辅相成、缺一不可的。

但传统上作为信息规制机制的证据法，却更多地重视如何规制和保障法官采纳、排除和评价证据的权力，极大地忽视了在司法事实认定风险防控过程中本应起重要作用的当事人对抗各种风险的证据性权利。我国的现实状况就是前一个面向有余而后一个面向不足，从而造成证据规则领域的"高标准立法、普遍性违法与选择性司法"。所谓高标准立法其实是伪高标准立法，体现在两个方面：一是过度地赋予法官极大的自由裁量权，却没有规定法官违法的相应后果，导致公安司法机关工作人员滥用权力的普遍性违法现象；二是既较少赋予被追诉人对抗事实认定各种风险的证据性权利，又没有规定完善的侵犯这些证据性权利的救济机制和法律后果。显

---

[1] 对当事人应当被授予对抗风险的权利（rights against risk）的详细论证，参见 Larry Alexander, "Are Procedural Rights Derivative Substantive Rights?", Law & Phil., Vol. 17, 1998, p. 19. 转引自[美] 亚历克斯·斯坦：《证据法的根基》，樊传明等译，中国人民大学出版社 2018 年版，第 16 页。

然,与传统司法事实认定相比,数字时代司法事实认定的一个重要趋势是公安司法机关的权力插上数字技术的翅膀,让原本就因为控辩失衡而处境堪忧的当事人面临数字技术上的巨大劣势,因此需要通过重塑当事人在诉讼中的各种权利以有效应对数字时代证据法的深层挑战。当然,这个问题十分宏大,需要用一本甚至系列专著来深入研究讨论,而本章的目的只是提出这种可能的发展路径。

总之,随着数字技术的不断发展和司法改革的不断推进,数字时代的司法事实认定所呈现的六大发展趋势已经给传统证据法带来了全方位的深层次挑战。为了应对这些挑战,本章提出数字时代的证据法应从封闭的证据法迈向开放的证据法,从信息规制的证据法迈向风险防控的证据法,从权力规制的证据法迈向权利保障的证据法。然而这些可能的变革方向仅是一个大趋势而已,很多问题都未进行详细分析,需要证据法同仁们共同努力和深入研讨。

# 第九章　大数据证据的审查判断难题[1]

大数据证据是指证据提出者通过对海量数据进行筛选、汇总、提炼、形成结论并在审判中使用的证据,[2]是一种全新的证据种类。一方面,其在形式上不同于任何传统的证据种类,不仅在法律规定上无法找到其存在的有效性依据,而且在科学证据、概率证据等理论范式的讨论之中也无法找到其对应的进路;因为大数据证据与传统科学证据的差异在于机器决定性,与电子数据的差异在于机器生成性。另一方面,由于大数据技术对人类一般经验的超越,大数据证据将对传统证据理论构成根本性挑战。也正是由于这种挑战,才导致了大数据证据审查判断的三大难题。

## 第一节　大数据证据的证据种类归属难题

### 一、大数据证据的证据种类争议

我国《刑事诉讼法》第50条第2款明确规定:"证据包括:(一)物证;(二)书证;(三)证人证言;(四)被害人陈述;(五)犯罪嫌疑人、被告人供述和辩解;(六)鉴定意见;(七)勘验、检查、辨认、侦查实验等笔录;(八)视听资料、电子数据。"该条关于证据种类的规定实际上构成了我国证据审查与适用的第一道门槛,即只有符合法定证据种类要求的

---

[1] 本章原载《重庆大学学报(社会科学版)》2022年第3期,即郑飞、马国洋所著《大数据证据适用的三重困境及出路》一文。由郑飞负责的第二部分至第四部分的内容收录本书并做了部分修改。

[2] 参见丰叶:"职务犯罪大数据证据研究",载《科技与法律》2020年第1期。

信息才有可能成为证据。对大数据证据而言，其在形式上的争议便成了首先要解决的问题。当下，关于大数据证据的证据种类讨论主要有以下几种：

首先是"证人证言说"。"证人证言说"是指将产生大数据分析报告的机器作为一种证人，进而将大数据证据列为证人证言。该观点认为，机器在解决法律争议事实中正扮演着越来越重要的角色，机器传递出的一些信息可作为"机器证言"。[1]但这一观点主要存在两个问题：第一，其有可能剥夺当事人对质的权利。对质权是被指控人"讯问或业已讯问对他不利的证人，并使对他有利的证人在与对他不利的证人相同的条件下出庭和受讯问"[2]的权利。对质权可以有效地保护当事人的权利，同时帮助法官进行事实认定。但当证人变为机器时，被指控人则难以和冷冰冰的机器实现这种对抗。第二，机器证言的可信性将难以审查。根据"证言三角形"理论，证言的可信性需要从证人的感知能力、记忆能力、诚实性和叙述能力等方面进行综合分析加以判断。[3]但由于机器人不会有眼神、表情等状态变化，因此事实认定者很难对"机器证人"的这四项能力进行判别，自然也无法判别其证言的可信性。

其次是"鉴定意见说"。[4]"鉴定意见说"是指将大数据证据作为鉴定意见加以使用。该观点认为，从形式上看，大数据证据与鉴定意见均涉及科学问题，二者具有一定的相似性。有学者指出："最好把资金大数据分析纳入司法鉴定范畴。这有利于司法实践的展开，在法律上也可以找到依据。"[5]在实践中，此观点也得到了一定程度的认可。例如有判决书曾提道："安徽平泰司法鉴定所平泰司鉴字〔2018〕002号司法鉴定意见证实：平台数据反映运营中心共发展会员5737人，吸收会员投资298 884 000元，并造成其中4464名会员损失89 821 160元。"[6]而另一份判决书中也提到

---

[1] See Andrea Roth,"Machine Testimony", *Yale L. J.* Vol. 126, 2017, p. 1972.
[2] 《公民权利和政治权利国际公约》第14条第3款（戊）项。
[3] 参见张保生："证言三角形及其理论意义"，载《中国政法大学学报》2015年第2期。
[4] "专家辅助人说"与该观点类似，因此笔者将与之相似的观点皆列举在这一观点之下。
[5] 何家弘等："大数据侦查给证据法带来的挑战"，载《人民检察》2018年第1期。
[6] 参见安徽省高级人民法院刑事判决书（2019）皖刑终118号。

了类似的观点:"重庆市科信电子数据司法鉴定所〔201705〕鉴字第015号《司法鉴定意见书》证明,李志超会员账号WWac001、WWac002、WWac003的下线层级、会员及获利的情况。"[1]这两个案件均是将大数据报告作为鉴定意见加以使用。相较于"证人证言说","鉴定意见说"更具合理性,这是因为大数据证据与科学证据本质上都是机器分析的结果。

然而,这一路径的难题在于,在传统鉴定意见中,机器主要承担的是工具性作用,鉴定意见的得出是鉴定人员根据机器的结果进行分析而实现的;大数据证据则有所不同,大数据证据的获取并不需要专家参与,而是由机器运算产生。因此有学者认为,大数据证据"在很大程度上是由机器算法给出实质判断——不同于以往专家借助仪器设备做出判断,这对于以由专家做出判断的司法鉴定体制是一个过于超前的突破。"[2]

最后是"独立证据说"。"独立证据说"是指将大数据证据列为一种新的证据种类并通过法律加以确定。该观点认为,由于大数据证据具有不同于其他证据形式和种类的特点,因此在未来可以作为单独的证据种类。该观点对大数据证据在司法实践中的运用具有建设性意义。理由在于,目前的证据形式尚无法融洽地将大数据证据涵括其中。而大数据证据作为一种可能的证据形式,已经对目前审判工作产生了重要影响,单列其为一种证据形式似乎并无不妥。但该观点的问题是,立法活动较长的周期无法满足实践中对大数据证据种类问题的迫切需求。众所周知,立法相较于司法活动而言具有滞后性,且程序较为复杂。只有在司法实践的需求达至一定程度后,立法活动才会展开。而当下,大数据证据已在司法实践中开始运用,且大部分法官都是因大数据证据无法归类而对其持否定的态度。例如,笔者以"大数据分析报告"为题进行检索,共可以查询到相关案例78件,而在剔除掉同案多个当事人以及与大数据证据无关的案件后,所剩案件为34件,其中认定大数据证据的案件仅为3件,大数据证据认定率不足

---

[1]参见安徽省灵璧县人民法院刑事判决书(2018)皖1323刑初41号。
[2]刘品新:"论大数据证据",载《环球法律评论》2019年第1期。

10%。[1]这显示了大数据证据在司法实践中无法被认可的难题。如果立法不能尽快对该类信息达成共识，那么大数据证据的合法性仍将不断遭受质疑。

此外，不同的理论和实践对于大数据材料的性质而言也给出了其他的观点。例如，有学者认为大数据分析报告是运用数据查询、比对和挖掘技术对收集到的大数据进行处理得出的关于案件事实的结论。[2]这实际上是将大数据报告视为一种书证。但大数据证据与书证之间存在着较大的差距：书证是案件发生过程中所形成的证据，而大数据证据是对案件发生过程中产生的数据进行大数据分析处理的结果，因此把大数据证据作为书证将引发大数据证据审查宽松化的风险。实践中，亦有判决将大数据材料作为侦查材料运用："根据通话详单、活动轨迹、大数据分析等手段发现'土匪'系邵阳县塘渡口镇江边村的龚某良，还经李某辨认予以确认，从而对其进行重点侦查，最终将其抓获。"[3]但如果按照这一方式处理，大数据材料将只能作为线索而不具有证据地位，这与鼓励采纳证据的证据法基本精神相背离。其实，该案中的大数据分析报告完全可以作为认定"土匪"就是被告人的证据。

总之，大数据证据在证据种类问题上所面临的难题是：一种新的证据形式无法与传统证据形式相契合因而导致其无法获得合法的地位。

## 二、大数据证据的证据种类问题出路

对于大数据证据的证据种类问题，应采取短期、中期、长期的"三步走"策略，有效规范大数据证据在法庭上的使用。

---

[1] 在78份判决书中，海南省海口市秀英区人民法院民事判决书（2019）琼0105民初799号等44份判决书为当事人不同而判决内容完全相同的情况；北京知识产权法院民事判决书（2018）京73民终1134号为所提及的大数据与证据无关的情况。数据来源于中国裁判文书网，http://wenshu.court.gov.cn/，最后访问时间：2020年3月10日。

[2] 参见胡铭、龚中航："大数据侦查的基本定位与法律规制"，载《浙江社会科学》2019年第12期。

[3] 参见湖南省邵阳市中级人民法院刑事裁定书（2018）湘05刑终25号。

第一步应将大数据证据作为鉴定意见。理由有二：一方面，大数据证据并非完全意义上的机器活动，其归根结底还是人类设计的算法运行的结果。只是相较于其他鉴定意见而言，人类参与的因素相对较少，但其本质上却并没有太大差异。在实现一定程度的算法公开后，大数据技术并非不可运用科学技术加以鉴定，尽管整体的难度较大，但足以作为权宜之计。另一方面，大数据证据在法庭上的运用，必然需要专家证人加以配合。例如，关于大数据证据所依托的算法的准确性、合法性等内容，都需要由专家对算法进行分析并得出结论，否则事实认定者无法对该证据作出有效的评判，也不可能轻易接受该类型证据。因此，将大数据证据作为鉴定意见，可以在最大限度地降低大数据证据的应用风险的同时，更容易为事实认定者所接受。

第二步应通过修法将大数据证据作为独立的证据种类。在当下算法公开等大数据技术尚且存在问题的前提下，长时间将其作为鉴定意见，容易引发司法实践中将大数据证据和一般科学证据相等同的错误定位。而基于前文的分析可以发现，大数据证据应该适用独立的标准。考虑到实践的可操作性以及可接受性，将大数据证据作为单独的证据种类更适宜。

第三步应逐渐放弃将证据种类作为证据门槛的做法。依靠证据种类作为证据采纳的第一道门槛，在我国司法发展水平不足的前期对规范事实认定工作具有一定的作用。然而，从证据法的最基本精神出发，任何具有相关性且符合法律要求的信息均应作为证据使用。毕竟证据的获取成本相对较高，轻易排除证据将直接影响事实认定的准确性。而规定证据种类的方法，颇有"法定证据主义"的嫌疑，其可能导致事实认定过程的形式化，以及程序正当性的虚无化。[1]从本质上讲，只要大数据证据可以让事实认定者认为待证事实更可能或更不可能，且该证据没有应排除的其他情形，其就应被允许以证据的形式进入法庭之中。

---

[1] 参见孙远："论法定证据种类概念之无价值"，载《当代法学》2014年第2期。

## 第二节 大数据证据的相关性审查难题

### 一、相关性审查难题的本质：证据的可靠性

相关性是证据与待证要件事实之间的一种逻辑联系。《刑事诉讼法》第50条第1款规定："可以用于证明案件事实的材料，都是证据。"这实际上说明了，相关性并不是哲学意义上普遍的相关性，而是案件事实与证据之间具体的相关性，即证明作用。对于相关性的判断，最为经典的说法是《美国联邦证据规则》规则401条的规定："下列情况下，证据具有相关性：（a）与没有该证据相比，它具有使一个事实更可能或更不可能的任何趋向性（any tendency）；并且（b）该事实对于决定该诉讼是要素性的（of consequence）。"从这一定义看，证据与待证事实是否具有相关性，其关键在于一项信息是否可以足以改变人们对某项待证事实的看法（更可能或更不可能）。

传统相关性的认识是一个由证据性事实到推断性事实再到要素性事实的过程，而每一步的推断都需要概括进行连接，概括的组成主要是逻辑和一般经验，其基础是人类的社会"知识库"，即从科学知识到流言蜚语。[1]但大数据技术却可以发现一些人类基于一般经验所无法发现的关联。例如，某地区在侦查贪污案件时，通过比对"去世人员"和"农村低保"两个数据库，有效地发现了原本未曾发现的有关贪污案件的疑点，而这些疑点是人类一般经验所难以发现的。[2]由此产生了此种疑问：这类人类通常不能通过一般经验解释的信息是否可以作为证据使用？特别是当大数据技术发挥其预测功能时，这样的矛盾和困境将更加尖锐。例如，《公安机关

---

[1] 参见张保生："事实、证据与事实认定"，载《中国社会科学》2017年第8期。
[2] 参见庞岚："官员有11套房自以为安全，不料这一举动被大数据揪出"，载新浪网：https://finance.sina.com.cn/china/gncj/2018-05-30/doc-ihcffhsv2868843.shtml.，最后访问时间：2020年3月12日。

办理刑事案件程序规定》第224条规定："执行拘留、逮捕的时候，遇有下列紧急情况之一的，不用搜查证也可以进行搜查：（一）可能随身携带凶器的；（二）可能隐藏爆炸、剧毒等危险物品的；（三）可能隐匿、毁弃、转移犯罪证据的；（四）可能隐匿其他犯罪嫌疑人的；（五）其他突然发生的紧急情况。"假设侦查人员运用大数据技术发现穿红色衣服的人更可能存在上述条文中的状况，并在没有搜查证的前提下对某一地区所有穿红色衣服的人进行搜查，那么这一大数据分析报告是否可以作为证据证明侦查人员行为的合法性？

这一例证实际上揭示了人与机器的差异，若按照传统的方法进行相关性分析，则很难单纯依靠一般经验发现衣服的颜色与携带凶器等紧急情况之间的联系。因此，有学者认为，"大数据分析方法让我们看到了瞬间大批量处理非结构化信息的可能性，同时大数据分析方法能够弥补人类对庞大数据分析理解上的不足，为事实认定者提供了基于数据的'数据经验'或者'特殊经验'。"[1]该说法在一定程度上揭示了大数据证据的相关性难题，但这种认识仍不全面。以红色衣服和携带凶器这一假设为例，其中，证据性事实是"大数据报告显示，穿着红色衣服的人更容易携带凶器"；而要素性事实是"在没有搜查证的前提下，可以对可能携带凶器的人进行搜索"，那么连接这两个事实的概括并不是"通常，穿红色衣服的人容易携带凶器"，而是"通常，大数据分析报告是可靠的"。而如果以前者作为概括的话，那么得出的要素性事实或是推断性事实只能是"在衣服颜色与携带凶器的关系上，人类的认知与机器是相似的"，而并不能得出真正的要素性事实。因此，对于大数据证据而言，如果法官可以作出"通常，大数据分析报告是可靠的"的概括的话，那么这一证据将影响其认知，进而产生某一项事实更加可能或更加不可能的判断——则该证据具有相关性。反之，若其作出的概括是"通常，大数据分析报告是不可靠的"，那么这一证据便很难具有相关性。而所谓的"数据经验"或"特

---

[1] 周蔚："大数据在事实认定中作用机制分析"，载《中国政法大学学报》2015年第6期。

殊经验"也仅是探寻可靠性的一部分内容,即如果人类能够更好地解释"数据经验"或"特殊经验",便可以更好地判断大数据证据的可靠性。当然,除可靠性外,大数据证据的相关性同样要满足一般证据相关性的标准。

## 二、大数据证据的可靠性审查难题

### (一) 大数据的黑箱化运行

当今时代,算法的不公开是原则,公开才是例外。[1]正是这种不公开的黑箱化运行,使得大数据技术本身的可靠性容易受到各方质疑。具体而言,这种难题主要表现在以下几个方面:

首先,大数据技术是一种全新的技术,对于大多数人而言,其对大数据技术的算法构成不甚熟悉。而出于对陌生事物的警惕性,人类更偏向于采取较为保守的态度。因此,诸如算法本身是否科学?算法的结果是否准确等疑问便会不断产生。从实践中看,这种担忧有较大合理性。因为算法由人类设计,其本身不可能做到绝对的客观中立,必然会受到一些因素的影响。例如,非营利机构 ProPublica 对 COMPAS 的评分数据进行统计分析后发现"黑人被告有45%的可能比白人被告得到更高的分数"[2]。而实践中所发现的这类问题,将进一步加剧人类因对算法的不了解而导致的不安和质疑。

其次,算法的黑箱化将导致参与性的缺失。由于人们无法参与到整个决策形成和制定的过程之中,因此无法对决策提出自己的意见和建议。而这种缺乏参与和商讨的过程很有可能引发公信力危机。以城市公共空间治理为例,研究表明,公民参与城市公共空间治理有利于构建以人民为中心的城市公共空间,进而重建城市公共空间的公共性。反之,城市空间的公

---

〔1〕 参见徐凤:"人工智能算法黑箱的法律规制——以智能投顾为例展开",载《东方法学》2019年第6期。

〔2〕 数据来源参见 Compas—analysis,https://github.com/propublica/compas—analysis/blob/master/Compas%20Analysis,最后访问时间:2020年2月1日。

共性便会受到破坏。[1]再如，我国司法改革过程中不断通过人民陪审团等方式加强公众参与，也正是希望增强公众对司法的信任，从而提升司法认同。而当公众无法参与其中时，其自然容易对运行的结果产生怀疑。同理，算法的黑箱化亦是如此。

再次，算法的黑箱化运行可能因信息不对等而引发怀疑。法律决策本身具有"透明化"的要求，[2]其中一个重要的原因便是为了避免信息的不对等而导致权力的异化。申言之，由于信息不对等，信息优势的一方可以利用各种方式来引导信息劣势的一方作出错误的判断。例如，有研究表明，信息不对称可能导致媒体为了寻求直接"非生产性"的经济租金（媒体寻租），向社会作出不实或欺骗性报道，使优质企业在民众心中的诚信指数下降，信用和声誉受损。[3]因此，出于对巨大信息差的畏惧，黑箱化的运行容易受到各方的质疑而导致失信。以政府公信力为例，研究表明，作为政府信息的劣势方，不充分的信息公开可能使公众面临在政治上的"逆向选择"，他们将会对政府报以冷漠、不信任的态度。[4]同样，大数据技术如果不能有效公开，其也会面临无法被信任的危险。

最后，算法黑箱化运行对诉讼程序的挑战可能进一步引发可靠性的质疑。在质证阶段，被指控人有可能因不了解大数据技术的运行原理而导致质证权利的不彰。质证权是被指控人一项重要的权利。从程序意义上讲，质证有利于增强当事人的诉讼参与性；从实体意义上讲，质证可以让事实认定者更好地了解证据，进而提升事实认定的准确性。质证的主要内容是对证据的证明力、可信性（可靠性）等内容进行质疑，进而阻断事实认定

---

[1] 参见陈水生、屈梦蝶："公民参与城市公共空间治理的价值及其实现路径——来自日本的经验与启示"，载《中国行政管理》2020年第1期。

[2] 参见左卫民："关于法律人工智能在中国运用前景的若干思考"，载《清华法学》2018年第2期。

[3] 参见李杰："论非对称信息下媒体寻租对信用与经济的影响"，载《首都师范大学学报（社会科学版）》2019年第6期。

[4] 参见赵超、贺华："信息不对称理论下政府公信力影响机理探析"，载《西北工业大学学报（社会科学版）》2010年第4期。

者的经验推论链条。而大数据的黑箱化运行使得被指控人根本无从了解该证据的信息，便也无法对其证明力、可信性（可靠性）等内容作出判断。在认证阶段，大数据证据可能会引发法官事实认定的难题。根据"证据之镜"原理，对事实的认定只能借助证据这一桥梁实现。[1]但大数据的黑箱化运行导致法官无法对大数据证据有最基本的了解，并且黑箱化的方式也限制了鉴定人或者专家辅助人对大数据证据进行解释的空间。这就导致了法官无法对大数据证据的可靠性进行判断。

（二）大数据技术的复杂性

影响大数据证据可靠性的另一个重要因素是大数据技术的复杂性。大数据技术打破了原有的时空界限，带来了前所未有的突破。与此同时，大数据技术也引发了个体行为向集体行为的靠拢。这主要是由于大数据技术十分复杂，单靠个人的力量难以实现。[2]而这种复杂性对于从事法律活动的"外行人"而言更是难上加难。具体而言，"外行人"理解大数据技术的困境主要在于：（1）内容的复杂性。大数据技术所涉及的算法框架等内容对于很多外行而言都是陌生的。例如，在法学领域，对于大数据的概念等有关内容而言有很多无法达成一致，而造成这种不一致的原因与论者对技术的不了解有较大关联。（2）计算过程的复杂性。对于整个大数据技术而言，一般人的了解只能局限于两个端口：开端——对大数据技术的特点有一定认识；末端——知晓大数据运算后的结果。以大数据分析报告为例，大数据技术基于何种方式生成的分析报告，无论是使用者还是事实认定者都很难清晰而准确地认识。（3）结果的理解困难。大数据材料结果理解的困境主要在于一些结论难以基于一般经验解释。例如，大数据技术发现尿布与啤酒的销量有一定关系，对于这一结果的认知难度而言并不在于读数——了解尿布与啤酒有一定关联；而在于理解和接受这种关联——尿

---

[1] 参见张保生："事实、证据与事实认定"，载《中国社会科学》2017年第8期。
[2] 参见贾向桐："大数据的新经验主义进路及其问题"，载《江西社会科学》2017年第12期。

布和啤酒为何会有关联。[1]

### 三、大数据证据可靠性审查难题的出路

大数据证据是否具有相关性的关键在于其是否具有可靠性。如前文所述，大数据证据可靠性的主要难题在于算法的"不透明性+复杂性"。因此，解决大数据证据可靠性难题的关键在于如何在保证准确性的前提下，最为简单地公开算法。从完整性的角度讲，公布整个大数据运行的全过程显然对于缓解黑箱问题最为有力。然而，尽管这种方式对于法学家而言十分理想，但对于技术的拥有者而言则并非如此，有些算法十分容易导致行业内效仿而造成利益的损失。法律的制定需要权衡各方的利益，基于不同价值考量进行权衡分析。例如，尽管准确的事实认定是证据法的重要追求，但为了维护社会的和谐稳定，依然出现了不得用以证明过错或责任的规则。同样地，在信息公开需求最强烈的政府信息公开问题上，《政府信息公开条例》依然设立了例外款项。因此，大数据证据的公开同样应该设立一定限度，以保障各方的利益。

由此便引发了下一个问题，即该限度的标准为何。这要首先考量事实认定活动所面临的主体问题。就事实认定而言，事实认定者仅需要的是理性的人，并不需要具有任何专业知识。理由在于，事实认定的过程主要依赖于人类的逻辑和一般经验。即使是法官，其社会"知识库"也并不必然优于一般人。因此，算法公开的限度应以事实认定者即理性的普通人为考虑对象。基于此，笔者认为判断大数据证据公开的合理方式应该是公布其所依据算法的历史准确率，理由如下：

首先，该方式提供了一个清晰的标准——数字，让理性的普通人足以进行判断。实际上，通过数字解读证明问题的方式早已有所应用，例如，将"排除合理怀疑"的标准与95%这一数字画上等号后，便可以帮助事实

---

[1] 此为大数据技术应用的经典案例，沃尔玛运用大数据技术对消费者购物行为进行分析后发现其具有关联，便将二者摆在一起进行售卖，而这一举措使二者的销量均大大增加。

认定者更好地明确"排除合理怀疑"这一较为模糊的证明标准。同样,在大数据证据公开问题上运用数字化的标准可以起到清晰化的作用。

其次,该方式提供了一种较为容易理解的标准。对于事实认定者而言,其只需要对数字的大小进行判断。这实际上是将较为复杂的对算法可靠性的判断转变为较为简单的对数字的判断。考虑到大数据技术的复杂性,除专业人士外,算法的公开对于一般的事实认定者而言没有任何意义,[1]甚至可能因分散其注意力导致事实认定走向歧途。

最后,该方式提供了一种较为有效率的标准。为了避免让当事人的权利长期处于不安定的状态,诉讼活动必须要在一定的时间内进行,这也是法律对诉讼活动期限规定的意义。同样地,大数据证据可靠性的判断方式如果过于复杂,将导致法庭运用大量的时间在此问题之上,从而造成不当的拖延。而对历史准确率的分析和判断则相对较容易,并不需要事实认定者用大量的时间去理解和学习其中复杂的过程,显然有利于效率价值的实现。

需要注意的是,算法历史准确率的真实性必须通过制度进行背书。换言之,应通过相应的规定与监管来保证算法历史准确率的可靠性。具体而言,首先,算法历史准确率公布的主体应是算法开发者(或改进者),因为开发大数据算法的一个组成部分便是计算(改进)正在进行的算法的准确性。其次,应由政府部门牵头,依托具有相应专业人才、技术支撑和监管能力的行业自律组织负责算法的监管。[2]这样既可以有效保证算法监管的权威性,又可以缓解政府部门人力不足的难题。该监管部门应对算法的准确性制定相应的评价标准,进而监督算法历史准确率的真实性。最后,应建立算法备案制度。算法开发者应及时向算法监管部门就算法的基本情况进行备案,并且定期对算法的历史准确率等内容进行上报。此外,监管

---

[1] 参见张淑玲:"破解黑箱:智媒时代的算法权力规制与透明实现机制",载《中国出版》2018年第7期。

[2] 参见孙清白:"人工智能算法的'公共性'应用风险及其二元规制",载《行政法学研究》2020年第4期。

部门也可以运用区块链技术,对算法的有关信息进行存证和监管。

然而,如果仅仅依靠历史准确率进行判断,难免会让人产生这样的疑问:前一百次的准确计算是否可以保证第一百零一次计算的准确?这便需要鉴定人、专家辅助人等专家进行解释,使一般人能够理解基于"数据经验"产生的关联,从而进一步对大数据证据的可靠性进行判断。从现有实践中看,大数据所分析的结果通过进一步深度研究,很多时候可以找到其中的因果关系。例如,即使是看似无关的尿布与啤酒的购买量,也可以在大数据挖掘之后找到其中的因果关系解释——父亲购买尿布时会顺便买一些啤酒。

## 第三节 大数据证据的可采性审查难题

### 一、证据可采性难题的具体表现

除相关性外,证据如果要进入法庭,还需要满足可采性的要求。例如某些具有不公正偏见、可能导致权利损害、不符合程序正义的证据均有可能因不满足可采性规则被拒绝在法庭之外。同样地,大数据证据如果不能满足可采性规则的要求,也无法进入法庭。对于大数据证据而言,其在可采性方面的难题主要表现在两个方面:一方面是对公民的隐私权的侵犯;另一方面是因"证据偏在"而导致的诉讼不公。

(一)对隐私权的侵犯

可采性规则为了保证公民的基本权利,往往对侵犯公民基本权利的证据予以排除。例如《刑事诉讼法》第56条第1款规定:"采用刑讯逼供等非法方法收集的犯罪嫌疑人、被告人供述和采用暴力、威胁等非法方法收集的证人证言、被害人陈述,应当予以排除。"这实际上就是出于保障公民基本的人身权利而对获取方式不符合程序要求的证据予以排除。

而大数据证据的获取可能直接对公民的隐私权造成威胁。在大数据海量数据的要求下,"全数据"的追求使得数据收集者在获取数据时为了保证准确性,大多会优先考虑如何尽可能地获取更多数据,而不去考虑该数据的获取是否合法或是否侵犯公民的隐私权。这势必带来一个十分严峻的问题——用于作为证据的大数据信息是否"干净"?如前文所述,数据获取后的挖掘将进一步加剧这种对隐私权的侵犯可能性。

正义是证据法的根本价值追求,如何保障个人的权利不被侵犯便成为证据规则所考量的重要内容。为了这一目的,准确的价值往往要让位于正义的价值。而大数据证据的获取一方十分有可能侵犯公民的基本权利——隐私权。出于对这种行为的警惕,大数据证据将有可能因不满足可采性规则而被排除在法庭之外。

(二)"证据偏在"的存在

"平等武装"和"平等对抗"是现代刑事诉讼的基本追求。自欧洲人权法院第一次通过判例将该原则予以明确后,各主要国际刑事法院(法庭)均将其作为重要的程序性原则。[1]然而,由于诉讼的双方可能在人力、物力等方面不平等,诉讼过程很难达至完全意义上的平等。一个不容忽视的事实是,个人获取证据的能力和方法相较于国家或是大企业显得远远不足,由此可能产生"证据偏在"的现象,即因诉讼双方获取证据能力上的差异导致所获取的证据更多被一方持有。而这一现象将有可能直接影响公民的权利。例如,在萧山冤案中,警方并未将有利于被告人的证据同其他证据一并移交至公诉机关,直接导致本案成为冤假错案。[2]"证据偏在"现象的存在,十分容易因一方隐瞒部分证据而导致事实认定者产生不公正偏见、误解等危险。从可采性规则的角度出发,当可能引发的不公正偏见等危险性实质上超过证明力时,该证据便不再具有可采性。

大数据证据的获取无疑进一步强化了这种"证据偏在"现象。如前文所述,大数据技术是一种十分复杂的,需要多人协作才能实现的技术。而

---

〔1〕 参见王秀梅、陈朗:"论国际刑事辩护'平等武装'原则",载《刑法论丛》2014年第2期。

〔2〕 史炜、王道奕:"侦控机关刑事案卷移送中的'证据偏在'",载《广西警察学院学报》2019年第4期。

大部分诉讼当事人都不具有这样的能力来支持完成这项工作，故大数据证据只能掌握在少数人手中。以李某、叶某安、徐某奎等集资诈骗案为例，本案中，平台数据反映运营中心共发展会员 5737 人，吸收会员投资 298 884 000 元，并造成其中 4464 名会员损失 89 821 160 元。[1] 拥有这样计算能力的主体往往是公权力机关或是大型企业，这使得大数据证据的获取实际上面临三重危险：（1）隐藏或篡改证据的风险；（2）数据独家解释的风险；（3）无法质证的风险。这三重风险不仅可能导致事实认定者产生错误的偏见，更可能导致因专业性和排他性过强而使得当事人无法行使质证权等基本诉讼权利。结合大数据证据本身可靠性的质疑，其完全有可能因危险性过高而被排除。

## 二、大数据证据可采性难题的出路

### （一）构建"原则+制度+技术"的融合规制路径

当下大数据收集活动中的操作流程较为混乱，为了保障公民的权利不受侵犯，应构建"原则+制度+技术"的融合规制路径，保障大数据证据的合理获取。

从原则角度出发，大数据技术的应用应遵循以下原则：（1）数据有限使用原则。在运用大数据技术时，其收益应高于对权利的损害。这既要求数据使用者在使用数据时充分评估大数据技术的利弊；也要求其在运用大数据技术时尽可能保持克制。如果有替代性信息，则不应侵犯公民的隐私信息；如果必须使用公民的隐私信息，也应最小限度地运用，并尽可能通过技术手段避免信息的泄露。（2）数据主体"弱同意"原则。在数据主体的"强同意"模式下，数据主体具有充分的信息自决权。但该模式并不利于数据的流通，而且大数据技术立足于海量数据分析，要求数据使用者与每个人进行谈判也不具有可操作性。而"弱同意"原则则构建了一种"情境合理+拟制同意＝合法处理"的数据使用模式。该模式在保护公民隐私

---

[1] 参见安徽省高级人民法院刑事判决书（2019）皖刑终118号。

权的同时,也维护了大数据技术的应用价值。[1](3)数据甄别原则。放弃目前对大数据不加甄别全面收集的状态,转而只收集与案件有关的信息。例如,在收集某人在某网站所发布的信息时,不应不加甄别地将网站内所有用户发布的内容和所有用户的信息都加以使用,而是应仅针对要调查的个人或事件进行收集,尽可能地保障不侵犯其他人的权利。

从制度角度出发,应完善大数据技术的监管体制。第一,应构建大数据技术风险评估系统,对大数据技术的应用进行风险等级评定,严格限制高风险大数据技术的引用,并通过程序手段对风险加以控制;[2]第二,应引入大数据技术应用的审查机制,其主要由两条路径构成。第一条路径是大数据监管机构的审查。如前文所述,大数据技术的使用应向监管机构备案,而监管机构可以就大数据技术的使用情况进行事后审查;第二条路径是司法审查。从长远来看,随着各类强制性措施司法审查机制的陆续建立,由更为中立的法官统一对情报信息领域与刑事司法领域行使事先审批权则是更为合理的选择。[3]

从技术角度出发,应尝试通过更加先进的技术完善隐私保护机制。例如,"数据脱敏"技术便对隐私权的保护具有重要意义。该技术可以在保留原始数据的业务价值、技术价值的前提下,对敏感信息进行脱敏、隐蔽处理。[4]常见的脱敏手段包括替换、截取、加密、掩码等。当然,仅依靠"数据脱敏"等技术并不足以完全保护公民的隐私权。例如,脱敏后的隐私数据可以通过技术实现再复原。对此,一方面应继续提高技术水平;另一方面同样应把这类技术纳入法律的监管之下。

---

[1] 参见蔡星月:"数据主体的'弱同意'及其规范结构",载《比较法研究》2019年第4期。

[2] 参见张衡:"大数据监控社会中的隐私权保护研究",载《图书与情报》2018年第1期。

[3] 参见程雷:"刑事司法中的公民个人信息保护",载《中国人民大学学报》2019年第1期。

[4] 参见王毛路、华跃:"数据脱敏在政府数据治理及开放服务中的应用",载《电子政务》2019年第5期。

## (二) 增强诉讼的对抗性

在涉及大数据证据的案件中，诉讼双方很难处于一种均势的状态，特别是在刑事诉讼中，这种对抗性的缺失更加明显。为了维护诉讼中"平等对抗"的原则，有效地保护被告人的诉讼权利是十分必要的。这种保障可以通过两种方式实现。

第一，完善证据开示制度。证据开示是当事人主动向对方寻找证据和信息的一种权利，即要求对方当事人出示信息的诉讼行为。[1]由于在大数据证据出现的案件中，双方当事人往往很难有效地抗衡，那么最好的方式便是让双方共享彼此所持有的证据信息。而如果能够保证所有的证据信息都被分享，那么"证据偏在"的问题在某种程度上就会得到解决。因此，在有关大数据证据的诉讼中，双方当事人应在证据交换环节中公开彼此的证据。这同样涉及大数据证据公开限度的问题，如果说前文所述的算法历史准确率的公开是为了保障大数据证据的可靠性，那么为了避免大数据运算过程中对公民基本权利的侵犯，保障大数据证据的合法性，大数据证据的提出者需要同时说明所运用的算法中包含的影响因素。当这些影响因素涉及权利侵犯、歧视等不可接受的内容时，这一算法同样不可接受。[2]

第二，提升对大数据证据运用的监督。通过有效的监督可在一定程度上均衡双方当事人的力量。这种监督主要来自两个主体：第一个主体是检察机关作为法律监督机关的监督。为此，检察机关应建立有关的证据数据库，这一数据库主要有两方面价值：一方面，这一数据库可用于监督有关大数据证据获取过程中存在的问题，通过有效的数据分析和挖掘，判断各项大数据证据的合法性。另一方面，在刑事诉讼中，这一数据库可以挖掘当事人无罪的证据。这种方式可以将"权力—权利"的对抗有效地转变为"权力—权力"的对抗。更为重要的是，随着数据量的不断增加，在发现当事人有罪的可能性增加的同时，发现其无罪的可能性也同样在增加。这

---

[1] 参见白绿铉：《美国民事诉讼法》，经济日报出版社1998年版，第78页。

[2] See Ric Simmons, "Quantifying Criminal Procedure: How to Unlock the Potential of Big Data in Our Criminal Justice System", *Mich. St. L. Rev.*, No 4, 2016, pp.947-1018.

无疑为冤假错案的平反提供了一个有力的方式。这一方式也与西方所提"数据无罪"的概念有很大相似性。[1]第二个主体是社会主体的补充监督。不容忽视的是，检察机关在刑事诉讼中承担着公诉人的任务，因此其可能无法完全摆脱自我监督的难题。这就需要社会第三方主体的补充监督。社会主体之所以可以发挥监督的作用，主要是因为大数据权力重塑了传统权力的结构功能、组织形态和运行机理，催生了大数据驱动式社会监督模式。[2]随着社会各个主体数据获取能力的增强，其完全可以起到补充监督的作用，即通过社会主体自身的数据库，对诉讼活动中大数据证据的获取合法性进行检查，同时为弱势一方提供相应的证据。随着技术的发展，信息的隐瞒与控制将越发困难，这也给社会主体进行监督提供了客观的环境。

大数据证据对提升事实认定的准确性和保护人权均具有重要价值，但其也对传统证据规则造成了一定程度的冲击。为了更好地保证大数据证据在法庭中正当合法应用，适度地完善相关规则是十分必要的。但需要注意的是，当下的实践更多看到的是大数据技术的价值，而忽视了其可能带来的弊端。因此大量的实践操作都无法通过程序性的检验，也同样无法作为证据在法庭中加以应用。从某种意义上讲，规范取证行为是大数据材料向大数据证据转化的关键。

---

[1] See Fairfield, Joshua AT, &Erik Luna, "Digital Innocence", *Cornell L. Rev.*, Vol. 99, 2014, pp. 981-1076.

[2] 参见蔡玉卿："大数据驱动式社会监督：内涵、机制与路径"，载《河南社会科学》2019年第8期。

# 第十章　数字时代的刑事抽样取证[1]

近年来，抽样取证逐渐从行政程序和行政诉讼领域扩展至刑事诉讼领域，尤其是数字时代海量电子数据的出现，导致刑事诉讼中大量使用抽样取证方法来认定案件事实。因为在信息网络犯罪案件中，首先，犯罪数额的认定常常存在客观困难。"如果按照传统司法的精准计量模式对网络犯罪的数额进行计量、核实和认定存在着客观不能，包括犯罪数额难以认定、犯罪数额的认定难以精确、犯罪数额的真实性难以核实、犯罪数额的认定具有或然性等多种情形。"[2]其次，除犯罪数额外，对不同类型的电子数据也难以进行准确统计。"例如侵害公民个人信息、传播淫秽物品犯罪中，如何将庞大的涉案数据区分为普通数据与违法数据，进而确定准确的电子数据数量、避免罪责刑不适应。"[3]最后，涉众型信息网络犯罪案件中被害人的数量也往往难以全部查清。"犯罪嫌疑人或许可以通过团伙成员线索顺藤摸瓜明确数量，但受害人信息则只能通过筛查巨量短信、通话记录等电子数据方式寻找，无异于大海捞针，并且由于线上网络犯罪不受线下犯罪的地域限制，被害人通常分布在全国各地，对各方被害人进行取证将成为实务中的重要难题。"[4]由此可见，"抽样取证是面对海量取证

---

[1] 本章原载《求是学刊》2023年第3期，本书出版时做了部分修改。
[2] 马忠红："论网络犯罪案件中的抽样取证——以电信诈骗犯罪为切入点"，载《中国人民公安大学学报（社会科学版）》2018年第6期。
[3] 赖玉中、王耀珑："帮信罪电子取证现状、困境及其对策——基于94份裁判文书的实证分析"，载《山东警察学院学报》2022年第2期。
[4] 赖玉中、王耀珑："帮信罪电子取证现状、困境及其对策——基于94份裁判文书的实证分析"，载《山东警察学院学报》2022年第2期。

对象等证明困境的解决途径之一"。[1]尽管刑事司法实务中大量使用抽样取证，但在刑事诉讼法以及"两高"的综合性司法解释中均未有规定，仅在近年来出台的有关特定程序和特定类型案件的刑事司法解释中有粗略的规定，[2]规则体系极不完善。

学界对其的研究也并不深入，很多问题都没有得到有效澄清。首先，关于"刑事抽样取证的性质是什么"这一根本问题学界还存在争论，对此大致有三种观点：一是认为刑事抽样取证完全满足推定的全部要素，属于推定；[3]二是认为刑事抽样取证是一种新的证明方法；[4]三是部分论著一会儿称其为推定，一会儿又称其为一种新的证明方法，[5]殊不知"推定是证明过程的中断"，[6]是一种免证事实。其次，传统的刑事抽样取证规则还存在如何体系化的难题，现有研究在这方面是缺失的。最后，刑事抽样取证规则还面临在数字时代是否需要有所调整以及如何调整的问题。因此，本章将在总结梳理抽样取证规则的立法发展之基础上，从证据法基本原理出发试图厘清刑事抽样取证的本质属性，并初步讨论数字时代刑事抽样取证规则的体系化。

---

〔1〕 马忠红："论网络犯罪案件中的抽样取证——以电信诈骗犯罪为切入点"，载《中国人民公安大学学报（社会科学版）》2018年第6期。

〔2〕 例如，2011年《关于办理侵犯知识产权刑事案件适用法律若干问题的意见》第3条，2015年《刑事案件速裁程序试点工作座谈会纪要（二）》第8条，2016年《关于办理电信网络诈骗等刑事案件适用法律若干问题的意见》第6条第1款，以及2022年《关于办理信息网络犯罪案件适用刑事诉讼程序若干问题的意见》（以下简称《信息网络犯罪案件若干问题意见》）第20条。

〔3〕 例如，杨帆就认为"刑事抽样取证本质上是刑事推定的完整表达"，参见杨帆："海量证据背景下刑事抽样取证的法治应对"，载《法学评论》2019年第5期。

〔4〕 例如，高童非就认为刑事抽样取证"本质上是一种'模糊证明'，是办案人员在无法对所有证据单元进行逐一分析评价时作出的变通处理。抽样证明方法遇到的最大挑战是如何完成从样本到总体的'惊险跳跃'式证明。"参见高童非："刑事抽样证明的类型化重释"，载《中国刑事法杂志》2022年第3期。

〔5〕 类似的情况，参见杨帆："海量证据背景下刑事抽样取证的法治应对"，载《法学评论》2019年第5期。

〔6〕 张保生："推定是证明过程的中断"，载《法学研究》2009年第5期。

## 第一节 抽样取证规则的立法发展与语词辨析

### 一、抽样取证规则的立法发展：从行政程序到刑事诉讼

2022年8月，"两高一部"联合发布了《信息网络犯罪案件若干问题意见》，其中第20条新增了"按比例或数量取证"规则，包括证据选取规则、证据审查规则和证据采信规则。其实，现有法律法规中已有与"按比例或数量取证"规则功能类似的"抽样取证"规则。截至目前，我国共有2部法律、7部司法解释性质文件、68部部门规章等现行有效的法律法规规定了"抽样取证"。[1] 抽样取证最先适用于行政程序，后扩展至刑事诉讼。

首先，"抽样取证"最早应用于行政执法与行政处罚。1996年《行政处罚法》第37条第2款就从法律层面明确规定，"行政机关在收集证据时，可以采取抽样取证的方法……"。该法虽经数次修改，但仍保留了这一规定。随后，有关税务、农业、卫生、食品安全、知识产权保护、治安管理等行政执法与行政处罚的部门规章广泛规定了抽样取证。[2]

其次，"抽样取证"最先在知识产权犯罪案件中引入刑事诉讼。2011年《关于办理侵犯知识产权刑事案件适用法律若干问题的意见》第3条规定，"公安机关在办理侵犯知识产权刑事案件时，可以根据工作需要抽样取证，或者商请同级行政执法部门、有关检验机构协助抽样取证。法律、法规对抽样机构或者抽样方法有规定的，应当委托规定的机构并按照规定方法抽取样品"。这是刑事司法解释中首次引入抽样取证，因为"受制于更高的证明要求和标准，传统刑事程序对抽样的证明方法持谨慎态度，其主要

---

[1] 2023年5月7日，以"抽样取证"为关键词，在北大法宝的法律法规库中进行全文检索得到上述结果。

[2] 现行有效的部门规章就有68部规定了"抽样取证"，2023年5月7日，笔者以"抽样取证"为关键词，在北大法宝的法律法规库中进行全文检索得到上述结果。

应用于检验鉴定,以及行政证据向刑事证据转化等有限场景中"。[1]

最后,"抽样取证"逐渐扩展至刑事案件速裁程序、电信网络犯罪案件和毒品犯罪案件。2015 年《刑事案件速裁程序试点工作座谈会纪要(二)》第 8 条规定,"对与案件有关、性质不能确定、数量较大或者成批的需要取样检验的物品,经县级以上公安机关负责人批准,可以抽样取证"。2016 年《关于办理电信网络诈骗等刑事案件适用法律若干问题的意见》第 6 条第 1 项也规定,在电信网络诈骗案件中,对于人数众多的被害人无法一一核实的,可通过已经查证属实的电子数据、交易记录、证人证言等证据材料综合认定被害人人数及诈骗资金数额等涉案事实。2016 年《办理毒品犯罪案件毒品提取、扣押、称量、取样和送检程序若干问题的规定》就毒品案件抽样取证的原则和具体操作做了细致的规定。2021 年最高人民检察院《人民检察院办理网络犯罪案件规定》第 22 条同样有类似规定,"对于数量众多的同类证据材料,在证明是否具有同样的性质、特征或者功能时,因客观条件限制不能全部验证的,可以进行抽样验证"。此外,还有上文提及的 2022 年《信息网络犯罪案件若干问题意见》第 20 条规定的"按比例或数量取证"规则。

## 二、抽样取证的语词辨析

从语义学角度看,"抽样取证"的称谓比"按比例或数量取证"更适合用作专业的立法用语。首先,"抽样取证"比"按比例或数量取证"的用语更简洁;其次,"抽样取证"是一种抽样统计学方法在取证中的运用,背后有统计学原理支撑,而"按比例或数量取证"没有明确的科学原理基础;再次,从立法传统或立法习惯角度看,"抽样取证"已在法律法规中被大量运用,如上文统计,截至目前共有 2 部法律、7 部司法解释性质文件、68 部部门规章等现行有效的法律法规作了规定,而"按比例或数量取证"则是刑事司法的最新表述且是孤例,并没有形成立法惯例。另外,

---

[1] 高童非:"刑事抽样证明的类型化重释",载《中国刑事法杂志》2022 年第 3 期。

"抽样验证"的提法也仅在3部司法解释性质文件和6部部门规章中被提及，[1]显然没有成为惯用的立法用语。因此，后文如无特别说明，均用"抽样取证"一词。

此外，还有一个与"抽样取证"类似的程序"抽样检验"。虽然二者都需要抽样，但它们在性质上有很大区别。"抽样检验"在实务中又被称为"执法抽检"，"是行政执法实践中执法人员对于涉案产品质量进行抽样送检行为的一个俗称，是指执法人员在办案过程中或开展监督检查活动中，对涉嫌质量违法单位生产或销售的产品进行抽样，并委托相关法定检验机构进行检验的行为"。[2]抽样检验证据运用只需要对抽取的样品进行检验，看其合格率是否满足法律法规规定的要求，而并不需要从"抽取的样品质量是否合格"去推论"所有产品的质量合格情况"。而"抽样取证证据运用"则需要基于抽样统计学原理，从"抽样获取的样本证据能够证明部分事实"推论出"未被抽样的证据也能够证明同样或类似的事实"，也即海量证据对应的事实全部成立。因此，二者在是否需要基于抽样统计学原理进行推论方面有着本质的区别。目前有关"抽样检验"的规定已经比较完善，截至2023年5月，共有2部法律、12部行政法规、6部司法解释性质文件和496部部门规章规定了"抽样检验"。[3]此外，除诸多针对具体产品的抽样检验方法规定外，还有2个通用抽样检验方法标准《计数抽样检验程序》（GB/T 2828.1-2012）、《计量抽样检验程序》（GB/T 6378.4-2008）。因此，抽样取证规则的完善在许多方面都可以借鉴"抽样检验"的规定。

---

[1] 2023年5月7日，以"抽样验证"为关键词，在北大法宝的法律法规库中进行全文检索得到上述结果。

[2] 刘新建："'执法抽检'有哪三大认识误区——不合格检验报告能否直接作为证据使用"，载《产品可靠性报告》2020年第6期。

[3] 2023年5月7日，以"抽样检验"为关键词，在北大法宝的法律法规库中进行全文检索得到上述结果。

## 第二节　刑事抽样取证证据运用的性质辨析

抽样取证在刑事诉讼中应用的正当性一直被质疑。有学者就认为有关刑事抽样取证证据运用的"司法裁判之所以能被认同，源自于公众对基本过程的尊重，但抽样表述笼统易引发上诉风险，迫切需要司法部门发展和完善理论"。[1]具体而言，第一，抽样技术和程序是否具有科学性、合理性；第二，抽取样本之外的证据跳过了"三性"审查，会不会导致犯罪证明标准降低。[2]因为我国《刑事诉讼法》第55条第2款明确规定，"证据确实、充分，应当符合以下条件：（一）定罪量刑的事实都有证据证明；（二）据以定案的证据均经法定程序查证属实……"显然抽取样本之外的证据并不符合该规定。其实，这种争议的源头是没有弄清抽样取证证据运用的本质属性，即其到底是一种推定还是一种新的证明方法。

### 一、刑事抽样取证证据运用是一种新的证明方法吗？

对于抽样取证证据运用的性质，学界主要有两种观点：第一种观点认为抽样取证证据运用是一种新的证明方法，"传统证明方法是以所提取的物品作为证据直接证明待证事实，证据与待证事实之间具有完全的同一性；而在抽样取证中，因为所提取的并非全部物品，而仅仅只是部分样本，待证事实却是全部物品的属性……样本证据与待证事实之间只具有部分同一性，样本证据并不能直接证明全部待证事实，而必须依赖一个中间环节——事实推论，即运用经验法则，通过间接事实来推断主要事实（待证事实）……确保事实推论得以成立的是科学的抽样统计学原

---

[1]　[美]劳伦斯·M.弗里德曼：《法律制度——从社会科学角度观察》，李琼英、林欣译，中国政法大学出版社1994年版，第133页。

[2]　参见杨帆："海量证据背景下刑事抽样取证的法治应对"，载《法学评论》2019年第5期。

理"。[1]这种观点是把抽样统计学原理作为事实认定推论链条的概括（经验法则），以保证能够从样本证据推论出待证事实，即从"抽样获取的样本证据能够证明部分事实"推论出"未被抽样的证据也能够证明同样或类似的事实"，也即海量证据对应的事实全部成立，见图 10.1。

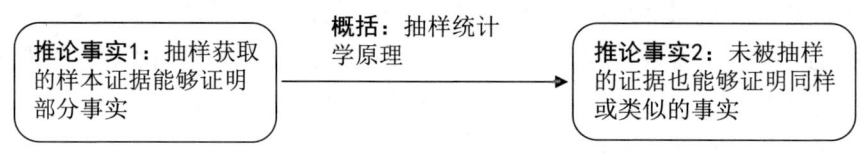

图 10.1　作为一种新证明方法的抽样取证

但需要注意的是，抽样统计学原理具有一定的概率性，很多情况下可能并不能排除合理怀疑地证明案件事实。因为"我国刑法区别于其他法治国家刑法的突出特点之一是在很多犯罪中将结果、数额作为定罪和量刑的基本依据"，[2]所以在数额、人数等作为犯罪构成要件和加重情节的证明中，如果对数额、人数等的证明没有达到排除合理怀疑的证明标准，实际上是没有完成定罪事实和加重情节的证明，也即部分证据与全部待证事实之间还存在未被证明的裂隙或鸿沟。在这种情况下，将抽样取证作为一种新的证明方法是值得商榷的。如果刑事法律允许在特定类型的案件和特定程序中使用抽样取证，那么它毋宁是一种可反驳的推定，这就是学界的第二种观点。

## 二、刑事抽样取证证据运用是一种可反驳的推定吗？

对于抽样取证证据运用的性质，另一种观点认为抽样取证证据运用"本质上是刑事推定的完整表达"，[3]是一种可反驳的推定。首先，其不是证明责任的倒置，因为它并未将证明责任倒置给被告人；其次，其也不是

---

[1] 这里的"刑事推论"原文为"刑事推定"，在引用时将其做了修改，因为推论是证明过程，而推定则是证明过程的中断。参见万毅、纵博："论刑事诉讼中的抽样取证"，载《江苏行政学院学报》2014 年第 4 期。

[2] 万毅、纵博："论刑事诉讼中的抽样取证"，载《江苏行政学院学报》2014 年第 4 期。

[3] 杨帆："海量证据背景下刑事抽样取证的法治应对"，载《法学评论》2019 年第 5 期。

证明责任的转移，证明被告人有罪的证明责任仍在检控方；最后，其也不是新的证明方法，而是刑事法律基于效率政策考量而创设的一种可反驳的推定，即从"抽样获取的样本证据能够证明部分事实"根据法律的规定直接推定出"未被抽样的证据也能够证明同样或类似的事实"，也即海量证据对应的事实全部成立，见图10.2。由此可见，这里存在一个证明过程的中断，而法律规定的这个可反驳的推定规则弥合了从部分证据到全部待证事实的未被证明的裂隙或鸿沟，从而有效减轻了检控方的证明负担，这是推定的一个典型特征。但需要注意的是，这种推定是一种可反驳的推定。如果辩方提出有效的反证证明这种推定是错误的，该推定将被推翻。

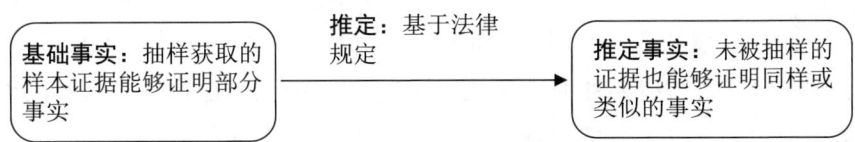

图10.2　作为一种可反驳推定的抽样取证

当然，该推定规则是一种基于效率政策考量的迫不得已的价值权衡，有其合理性：[1]第一，在信息网络犯罪中，证据尤其是电子数据往往是海量的，司法资源的有限性对抽样取证提出了现实需求。第二，在证据大爆炸时代，抽样取证符合法经济学的有限理性和效益最大化假设理论。第三，从犯罪心理学角度看，嫌疑人在一次作案成功后，对成功的行为具有重复倾向，对大量同类证据抽样取证有犯罪心理学根据。第四，抽样取证是一种统计学方法，现代信息技术和统计学对抽样取证有相应的理论支撑。

### 三、刑事抽样取证证据运用具有二重性质

因为行政诉讼和民事诉讼的证明标准要显著低于刑事诉讼的排除合理怀疑标准，所以在行政诉讼或民事诉讼中运用抽样取证证据来进行事实认定，毫无疑问属于一种新的证明方法；它是将抽样统计学原理作为概括

---

〔1〕 参见杨帆："海量证据背景下刑事抽样取证的法治应对"，载《法学评论》2019年第5期。

（经验法则），进而从"抽样获取的样本证据能够证明部分事实"推论出"未被抽样的证据也能够证明同样或类似的事实"，也即海量证据对应的事实全部成立，见前文图10.1。然而与行政诉讼和民事诉讼不同的是，刑事诉讼因涉及被追诉人的生命和自由，证明标准必须达到排除合理怀疑的要求，所以是否适用抽样取证就比较复杂了。对此，刘品新教授提出了"底线证明方式"，认为"要追究网络犯罪者的刑事责任，指控证据必须证明其已经触及法定的入罪门槛；而要追究网络犯罪者的加重刑事责任，指控证据还必须证明其已经触及法定的加重处罚门槛……办案人员就必须在证明作为底线的数额/数量（如金额、物数、人数、次数、人次等）指标方面，达到'案件事实清楚、证据确实充分'的要求；至于其在多大程度上超过了作为底线的数额/数量（如金额、物数、人数、次数、人次等）指标，则只需要进行概要性的证明或展示"。[1]因此，抽样取证证据运用在刑事诉讼中便具有了二重性质。

首先，在法定的入罪门槛和法定的加重处罚门槛上，因为需要坚持底线证明，必须将入罪门槛和加重处罚门槛的数额完全证明，不能存在合理怀疑。如果采用抽样取证证据，因为存在统计学的概率偏差，很多情况下可能并不能完成排除合理怀疑的证明。[2]因此，在法定的入罪门槛和法定的加重门槛上不宜将抽样取证证据运用作为一种证明方法，除非刑事法律有特别规定。而如果刑事法律在特定程序和特定类型的案件中进行了特别规定，那么这种特别规定毋宁是一种可反驳的推定。因为抽样取证证据运用作为一种证明方法，很多情况下并未将待证事实证明到排除合理怀疑的程度，因此刑事法律只是基于效率政策考量而创设了一种可反驳的推定，即从"抽样获取的样本证据能够证明部分事实"根据法律规定直接推定出"未被抽样的证据也能够证明同样或类似的事实"，也即海量证据对应的事实全部成立，而这个推定过程是证明过程的中断，见图10.2。

---

〔1〕 刘品新："网络犯罪证明简化论"，载《中国刑事法杂志》2017年第6期。
〔2〕 当然，统计学概率偏差取决于抽样样本数量、抽样方法、统计方法等多重因素，有些情况下由此形成的确信程度可能并不都低于排除合理怀疑的确信程度。

其次，在跨过了法定的入罪门槛和法定的加重处罚门槛后，对其余事实的证明一般无须达到排除合理怀疑的程度，[1]此时的抽样取证证据运用当然可以作为一种新的证明方法而存在（见图10.1），刑事法律不应该对此作出过多的特别限制。当然，这里需要注意的是，对于电子数据而言，坚持全面取证是基本原则。2016年《电子数据规定》第2条和2019年《公安机关办理刑事案件电子数据取证规则》第2条都强调要对电子数据进行全面取证，这是刑事诉讼证明标准排除合理怀疑的必然要求。因此，刑事诉讼中的抽样取证规则仅仅是全面取证原则的例外规定，是在确实无法全面取证情况下的不得已的理性选择。

## 第三节　数字时代刑事抽样取证规则的体系化

目前，刑事法律法规中的抽样取证规则相对比较粗糙，为了更好地在刑事诉讼中适用，应制定单独的刑事司法解释，[2]构建体系化的刑事抽样取证规则。在规则体系化的同时，需要注意的是，因为抽样取证有效减轻了检控方的证明负担，为避免抽样取证在实践中被检控方滥用，须对抽样取证进行合理限制。此外，因为行政程序中的抽样取证规则发展较早，所以在刑事抽样取证规则的系统化过程中完全可以基于刑事诉讼的特别要求，对行政程序中的抽样取证规则进行借鉴参考，并适应数字时代对海量证据的特定需求。体系化的刑事抽样取证规则可以从适用条件、适用范围、抽样方法、具体程序和程序衔接等几个方面进行细致的规定。

---

[1] 至于其他事实应该达到什么样的证明标准，是一个非常复杂的问题，涉及到对不同类型事实的考量。例如，量刑事实可以区分为有利于被告人的量刑事实（如从轻情节、减轻情节等）和不利于被告人的量刑事实（如累犯、前科等），前者的证明标准一般要低于后者。囿于篇幅，将另文讨论。

[2] 当然，从原理上看，司法解释应该是对法律本身的解释，不宜创造法律没有规定的新规则。然而，我国司法解释实际上承担了造法功能，很多规则都是司法解释先行，然后才被法律吸收。其中最为典型的是2010年《关于办理刑事案件排除非法证据若干问题的规定》首次明确规定了非法证据排除规则，后被2012年《刑事诉讼法》吸收确认。而且正如上文所言，部分司法解释已经规定了抽样取证。

## 一、刑事抽样取证的适用条件

刑事抽样取证作为一种推定被用来"剥夺被追诉人的生命、自由等最基本、最严肃的权利,的确存在较大风险……必须是在穷尽其他证明困难的解决办法后仍然无法解决时方可使用刑事抽样取证。且在相关条件尚不完全具备的情况下,只能在特定的案件中进行有限的尝试,切不可操之过急,否则就会引起社会对司法公正性的质疑"。[1]因此,在刑事诉讼中必须首先明确抽样取证的适用条件,谨防被滥用,《信息网络犯罪案件若干问题意见》第20条第1款所规定的抽样取证条件限制就具有一定的合理性:(1)数量特别众多;(2)具有同类性质、特征或者功能;(3)确因客观条件限制无法逐一收集。对于第一和第二个条件,"因为在统计上对总体数量特征进行研究的目的是探索、揭示现象的规律,而现象的规律只有通过大量观察才能显示出来。因此,在统计上总体应该由足够数量的同质性单位构成"。[2]这就是为什么基于统计学原理而产生的刑事抽样取证必须要求取证对象数量特别众多且具有同质性的原因所在。对于第三个条件,确因客观条件限制无法逐一收集的判断,实际上暗含了全面取证在客观上的不能或者效率上的极端不经济,才能采用刑事抽样取证。例如,有学者就建议在涉众型信息网络犯罪案件中,"往往被害人众多,无法一一制作笔录,原则上对于在省内的被害人,应当制作笔录;对于在省外的被害人,可确定一定的比例抽样制作笔录"。[3]

## 二、刑事抽样取证的适用范围

刑事抽样取证的适用范围主要包括三个方面:第一,刑事抽样取证适用的案件范围。目前只有涉及海量证据的知识产权犯罪、信息网络犯罪和

---

[1] 杨帆:"海量证据背景下刑事抽样取证的法治应对",载《法学评论》2019年第5期。
[2] 万毅、纵博:"论刑事诉讼中的抽样取证",载《江苏行政学院学报》2014年第4期。
[3] 陈利明、高瑛、任艳丽:"网络犯罪案件办理中的取证困境与对策——以'一元木马'系列网络诈骗案为例",载《人民检察》2018年第6期。

毒品犯罪的刑事司法解释有规定，基于刑事抽样取证的推定性质，为避免抽样取证滥用，不宜将其扩展至所有类型的刑事案件。第二，刑事抽样取证适用的程序范围。2015 年《刑事案件速裁程序试点工作座谈会纪要（二）》第 8 条规定了刑事案件速裁程序经县级以上公安机关负责人批准，可以抽样取证。这主要是考虑到速裁程序适用案件的性质和效率问题，所以其他程序在法律和司法解释尚未有特别规定的情况下，不宜采用刑事抽样取证。第三，刑事抽样取证适用的证据类型。在能适用抽样取证的案件范围内，如在信息网络犯罪案件中，《信息网络犯罪案件若干问题意见》第 20 条就规定，几乎所有证据类型均可适用抽样取证，没有对证据类型进行限制。但这样的规定值得商榷，抽样取证的证据类型应"主要针对物证、电子数据，如果涉及证人证言、被害人陈述、口供等证据的抽样取证，则必须设置更为严格的条件"。[1]因为实物证据与言词证据在证据属性的判断上有很大的区别，尤其在真实可信性方面。与影响实物证据可信性的三个重要方面——真实性、准确性/灵敏度和可靠性相比，[2]影响言词证据的真实可信性因素更多，包括认知能力的差异、来源的不确定性、感知能力的差异、信念加工根据不同、记忆能力的差异、诚实性的考量、陈述能力的差异等，[3]因此，未来立法应结合实际情况对言词证据的抽样取证设置更严格的条件。

### 三、刑事抽样取证的科学方法

#### （一）刑事抽样取证方法科学性的总体要求

总体而言，"科学的抽样取证，一是要保证样本的代表性，二是要保证样本的充分性"。[4]最高检指导性案例第 100 号"陈某等八人侵犯著作权

---

[1] 杨帆："海量证据背景下刑事抽样取证的法治应对"，载《法学评论》2019 年第 5 期。
[2] 参见 [美] 特伦斯·安德森、[美] 戴维·舒姆、[英] 威廉·特文宁：《证据分析》，张保生等译，中国人民大学出版社 2012 年版，第 85—86 页。
[3] 参见郑飞："证据属性层次论——基于证据规则体系的理论反思"，载《法学研究》2021 年第 2 期。
[4] 马忠红："论网络犯罪案件中的抽样取证——以电信诈骗犯罪为切入点"，载《中国人民公安大学学报（社会科学版）》2018 年第 6 期。

案"的指导意义就提出,"应注意审查所抽取的样本是否具有代表性、抽样范围与其他在案证据是否相符、抽样是否具备随机性等影响抽样客观性的因素"。而抽样方法是否具有科学性一般有两种不同的判断方法:第一,如果法律或专业标准对某种证据的抽样取证方法有特别规定,只要具体的抽样行为满足该规定,那么就可以视为满足了抽样方法的科学性要求。[1]第二,如果法律或专业标准没有特别规定,那么抽样方法是否具有科学性就需要由具有专门知识的人来评价。

(二) 不同证据种类抽样取证的具体方法

基于抽样取证的代表性要求以及不同证据种类的特点存在差异,不同证据种类的抽样方法也应有所不同。在不涉及电子数据的传统类型案件中,抽样取证方法一般都有具体的规定。例如,上文提到的《假冒伪劣卷烟鉴别检验规程(试行)》)对抽样取证的方法就有详细规定。但涉及海量电子数据的信息网络犯罪案件,因为"涉案电子数据种类繁杂、同种电子数据间个体属性差别大,故'一刀切'使用单一种类的抽样方法无法适应实务需求"。[2]所以,有学者就提出了针对数字时代的海量电子数据应建构类型化的抽样取证方法体系:当海量电子数据的数量可以查明时,可以采取随机抽样,其中同质电子数据可以采取随机抽样,不同质电子数据可以采取分层抽样;当海量电子数据的数量不能查明时,可以采取"滚雪球"抽样或链接跟踪抽样。[3]当然,针对不同的证据种类到底应该采用随

---

[1] 例如,《假冒伪劣卷烟鉴别检验规程(试行)》就详细规定了抽样方法,"4.1 抽样单位要先根据鉴别检验卷烟的批次数量按批号进行分类,然后根据相应的批次数量,随机抽取一定数量的卷烟,作为鉴别检验样品。4.2 批次数量在 10 箱以下的,分别从每箱中随机抽取一条,形成样本,再从样本中随机抽取 2 条作为试样;批次数量在 10-50 箱之间的,随机抽取 10 箱,再分别从每箱中随机抽取一条,形成样本,再从样本中随机抽取 2-5 条作为试样;批次数量在 50 箱以上的,随机抽取 20 箱,再分别从每箱中随机抽取 1 条,形成样本,再从样本中随机抽取 5-10 条作为试样。4.3 抽样后,抽样单位要对抽取的试样予以封样,并填写抽样单"。

[2] 赖玉中、王耀珑:"帮信罪电子取证现状、困境及其对策——基于 94 份裁判文书的实证分析",载《山东警察学院学报》2022 年第 2 期。

[3] 参见赖玉中、王耀珑:"帮信罪电子取证现状、困境及其对策——基于 94 份裁判文书的实证分析",载《山东警察学院学报》2022 年第 2 期。

机抽样、等距抽样、分层抽样还是"滚雪球"抽样或链接跟踪抽样，需要刑事法律或专业标准结合不同证据种类的特点进行专门规定。

（三）抽样取证的比例要求

抽样比例是对抽取样本的充分性要求。有学者通过对抽样取证的司法样态进行实证研究后发现：[1]2017年12月31日前中国裁判文书网上刑事案件中抽样取证的对象主要为非法生产、销售有毒、有害食品类案件，非法经营类案件以及非法贩卖、运输毒品类案件中的药品、毒品、商品、商标等"物"；2018年以来，抽样取证的对象主要是以电信网络诈骗为代表的信息网络犯罪中的电子数据和"人"（被害人）。作为传统的"物"与数字时代的海量电子数据和"人"（被害人），在抽样取证的比例要求上肯定是应该有差别的，需要结合数字时代的海量电子数据和"人"（被害人）的特点做详细的类型化区分：如上文提到的《假冒伪劣卷烟鉴别检验规程（试行）》）对抽样比例就有详细规定；同样地，正如上文所述，针对涉众型信息网络犯罪案件的众多被害人，原则上只能对省外的被害人采取抽样取证的方式制作笔录，而不能对省内的被害人采取抽样取证的方式。但具体的抽样比例，应该由刑事司法解释或专业标准结合抽样统计学原理做一个具体的规定。

**四、刑事抽样取证的具体程序**

目前的刑事司法解释对抽样取证程序都规定得比较粗略，然而，从刑事抽样取证规则的体系化角度看，还有许多问题亟待具体化。

（一）抽样程序的具体化

第一，抽样程序的启动。基于抽样取证的二重性质，为了避免其被滥用，即使刑事法律规定特定程序和特定类型的案件中可以适用抽样取证，其启动也应该有一定的限制。例如，2015年《刑事案件速裁程序试点工作

---

[1] 参见马忠红："论网络犯罪案件中的抽样取证——以电信诈骗犯罪为切入点"，载《中国人民公安大学学报（社会科学版）》2018年第6期。

座谈会纪要（二）》第 8 条就规定了抽样取证的审批程序，"对与案件有关、性质不能确定、数量较大或者成批的需要取样检验的物品，经县级以上公安机关负责人批准，可以抽样取证"。类似地，《公安机关办理行政案件程序规定》第 109 条第 1 款也规定，"收集证据时，经公安机关办案部门负责人批准，可以采取抽样取证的方法"。举轻明重，既然行政案件中的抽样取证都需要本机关负责人批准，那么比行政处罚更严重的刑事诉讼程序更应该设置审批启动程序。因此，建议在刑事诉讼中如要采取抽样取证方法，须经县级以上公安机关负责人批准。

第二，抽样取证的专家协助。因为抽样取证需要运用抽样统计学原理，因此必须由具有专门知识的人来协助，以避免抽样取证方法不符合抽样统计学原理，导致推定事实可能出现大的偏差。当然，在特定类型的案件中，如果刑事法律或专业标准（如上文提到的《假冒伪劣卷烟鉴别检验规程（试行）》）对抽样方法有详细规定，抽样的方法也比较简便，那么就无需专家来协助了。

第三，应当制作《抽样取证证据清单》。对此，可以参照《公安机关执法细则（第 3 版）》第 36 章的规定，应"当场开具《抽样取证证据清单》，写明案由、办案单位、被抽样物品持有人姓名等身份情况、抽样的时间和地点以及所抽取样品的名称、规格、数量、特征等内容，由办案人员、被抽样物品持有人或者见证人签名确认，被抽样物品持有人拒绝签名的，办案人员应当在《抽样取证证据清单》上注明。《抽样取证证据清单》一式两份，一份交被抽样物品持有人，一份附卷"。

第四，抽样取证的知情权、参与权与在场权。有论者认为，"由于公安机关办理刑事案件的特殊性，为了保障侦查工作顺利进行，实践中不要求当事人到场才能进行抽样取证"。[1]同样地，举轻明重，《消防救援机构办理行政案件程序规定》第 38 条规定，"……抽样取证的，应当通知当事人到场，当事人拒不到场或者暂时难以确定当事人的，可以由在场的无利

---

[1] 罗东川："加强知识产权刑事司法保护的重要举措（上）——解读《关于办理侵犯知识产权刑事案件适用法律若干问题的意见》"，载《中国版权》2011 年第 3 期。

害关系人见证"。从保障被追诉人权利的角度看，被追诉人或辩护律师对刑事抽样取证应该具有在场权。因此，检控方在进行刑事抽样取证之前，应该通知被追诉人或律师，以保证抽样取证的公正性，尤其是被追诉人对抽样取证的知情权和参与权。

(二) 抽样结果的说明与异议

第一，抽样取证情况需进行说明和论证。抽样取证应该遵循抽样统计学原理，因此必须对抽样取证情况进行详细的说明和论证，否则诉讼参与人和法官无法对抽样取证的科学性、合法性等进行有效审查。例如，《信息网络犯罪案件若干问题意见》第20条第1款就规定，"……应当按照一定比例或者数量选取证据，并对选取情况作出说明和论证"。

第二，刑事抽样取证是一种可反驳的推定，因此必须给予并充分保障被追诉人对刑事抽样取证的异议权和反驳权。然而，《信息网络犯罪案件若干问题意见》第20条第3款只规定了"人民检察院、人民法院应当结合其他证据材料，以及犯罪嫌疑人、被告人及其辩护人所提辩解、辩护意见，审查认定取得的证据……"。并没有规定如果被追诉人对抽样取证结果有异议，其应在何时、何种期限内且如何提出异议？异议的效力如何？这些都亟待进一步细化规定。

(三) 抽样取证的复核验证

抽样取证是否需要样本验证？样本验证要达到何种程度才能确定其同一性？如果多次抽样验证的结果不一致，又该如何认定？对此可以参照《农业行政处罚程序规定》第41条第2款的规定，"农业行政处罚机关抽样送检的，应当将抽样检测结果及时告知当事人，并告知当事人有依法申请复检的权利"。并在此基础上，做进一步的详细规定。

(四) 抽样取证的审查判断

"基于抽样取证自身的局限性与风险，只有抽样取证证据而无其他证据的，不能据此定罪量刑。抽样取证证据必须与其他证据相互印证，形成证据体系时，才能真正发挥证明作用。具体运用时，不能违反罪刑法定与无罪推定的精神内核。"[1]因此,《信息网络犯罪案件若干问题意见》第20条第3款就明确规定了综合审查的限制,"人民检察院、人民法院应当结合其他证据材料,以及犯罪嫌疑人、被告人及其辩护人所提辩解、辩护意见,审查认定取得的证据。经审查,对相关事实不能排除合理怀疑的,应当作出有利于犯罪嫌疑人、被告人的认定"。

### 五、刑事抽样取证的程序衔接

尽管抽样取证原理相同,但因为三大诉讼案件性质不同,所以应区分抽样取证适用范围。一般而言,民事诉讼适用范围最大,行政诉讼次之,刑事诉讼应严格控制其适用范围,有效保障被追诉人的相关权利。这里就产生了一个程序衔接的问题,在民刑和行刑交叉案件中,民事和行政抽样取证结果能否在刑事诉讼中适用?如果能,应设置什么样的限制条件。特别是在行刑交叉案件中,根据《刑事诉讼法》第54条第2款规定,"行政机关在行政执法和查办案件过程中收集的物证、书证、视听资料、电子数据等证据材料,在刑事诉讼中可以作为证据使用"。这一规则也应适用于抽样取证。但是,针对法定的入罪门槛和法定的加重处罚门槛,不能在刑诉法没有特别规定的情况下从"抽样获取的样本证据能够证明部分事实"直接推定出"未被抽样的证据也能够证明同样或类似的事实",也即海量证据对应的事实全部成立,如图10.2所示。当跨过了法定的入罪门槛和法定的加重处罚门槛后,只要行政抽样取证满足了法律规定的相应转化条件,当然可以在刑事诉讼中适用。

总之,本章仅是在总结梳理抽样取证规则的立法发展之基础上,从证据法基本原理出发,初步讨论了刑事抽样取证的本质属性以及数字时代刑事抽样取证规则的体系化,在研究的深度与广度上都有所不足。我们还需要进一步从比较法的视角吸取域外立法、司法和理论的经验教训,并从实证分析的视角总结案例中的裁判规则,以进一步系统化刑事抽样取证规则,满足数字时代海量证据的特定需求。

---

[1] 杨帆:"海量证据背景下刑事抽样取证的法治应对",载《法学评论》2019年第5期。

# 后 记

本书是作者从 10 余年发表的证据法学论文中精选的 10 篇论文，基本反映了作者从 2011—2023 年的整个证据法学研究历程。尽管每一个时期都有研究的重点，但证据传统、证据制度与数字证据三个研究方向已然成了作者持续不断的研究重点。

第一个探索时期（2011—2014 年），重点对证据传统进行系统的梳理。2011 年 9 月，作者从法学理论硕士生跨专业考取证据法学博士生。受导师中国政法大学前副校长张保生教授的影响，基于自己的法学理论背景，开启了对证据传统的爬梳。首先是在硕士论文的基础上，专注于对英美证据法集大成者威格莫尔证据法思想的研究，在《中国刑事法杂志》2012 年第 11 期上发表了第一篇学术论文《论理性主义传统中的威格莫尔证据法思想及其启示》（即本书第二章）。读博初期，由于自己的无知，选择了一个比较宏大的博士论文选题，试图将证据学科体系作为自己的研究对象，并对证据法、证据学和证据科学等语词进行系统的学术史梳理。然而，深入研究后发现自己的能力与愿景完全不匹配，遂在博士二年级放弃了该选题。幸运的是，承蒙编辑不弃，该选题的前期研究成果《证据科学的研究现状及未来走向》最终发表在《环球法律评论》2015 年第 4 期（即本书第三章）。正当作者为博士论文选题迷茫之际，得到了国家留学基金委资助，远渡重洋赴美国西北大学法学院访学，在威格莫尔特座教授罗纳德·J. 艾伦的精心指导下深入学习英美证据法。在面朝蔚蓝色密歇根湖的法学院图书馆里，我翻到了英国约翰·杰克逊（John D. Jackson）教授和瑞士萨拉·萨默斯（Sarah J. Summers）教授合著的《刑事证据法的国际化——超越普通法和民法传统》（*The Internationalisation of Criminal Evidence: Beyond the*

Common Law and Civil Law Traditions）一书。该书在梳理理性主义传统和个人权利传统的基础上，系统研究了若干证据性权利。正是在该书的启示下，作者最终将博士论文题目定为了"证据性权利研究——以刑事被追诉人的权利保障为中心"。本书第一章就是作者在博士论文部分内容的基础上修改而成的。

第二个深耕时期（2014—2019 年），主要对若干具体证据制度的深入研究。2014 年 7 月，博士毕业后，作者来到了北京交通大学法学院任教，研究重点逐渐开始从证据法的理论传统落地到具体的证据制度。其实早在读博中后期，作者已经开始关注具体证据制度，在《南通大学学报（社会科学版）》2014 年第 1 期上发表了《证据法的运行机制与社会控制功能》（即本书第五章），在《理论月刊》2014 年第 1 期发表了《拯救社会公德的证据法药方——论不得用以证明过错或责任的证据规则》（即本书第六章）。具体证据制度的研究旨趣也持续到了现在，其中有两篇代表作。第一篇是作者自认为的真正的学术入门之作，即发表在《政法论坛》2019 年第 3 期上的《论中国司法专门性问题解决的"四维模式"》（即本书第七章），第二篇算是作者在国内刑事证据法学圈的"成名作"，即发表在《法学研究》2021 年第 2 期上的《证据属性层次论——基于证据规则结构体系的理论反思》（即本书第四章）。

第三个扩展时期（2019—2023 年），主要是对数字时代证据法挑战的理论反思。2019 年评上副教授之后，作者基本实现了"研究自由"，开始发起成立了针对本硕博学生的"新技术法学研究小组"（2019 年）和针对高校理论研究者和实务工作者的"新技术法学虚拟教研室"（2021 年），努力开拓新技术法学教育的"北交模式"（如有兴趣，请关注"新技术法学"公众号）。基于此，作者在证据法方向的研究重点也逐渐转到数字时代证据法面临的新兴问题，逐渐发表了一系列相关论文，包括在《重庆大学学报（社会科学版）》2022 年第 3 期上发表的《大数据证据适用的三重困境及出路》（与马国洋合著，部分内容修改成本书第九章），在《地方立法研究》2022 年第 3 期上发表的《漂向何方：数字时代证据法的挑战与

# 后 记

变革》（即本书第八章），以及在《求是学刊》2023 年第 3 期上发表的《论数字时代的刑事抽样取证》（即本书第十章）。

在作者 10 余年的证据法研究中，有幸得到了诸多师友的帮助与支持：包括中美两位导师中国政法大学前副校长张保生教授和威格莫尔特座教授罗纳德·J. 艾伦的悉心指导，田夫、吴洪淇、尚华、冯俊伟、张伟、黄石、吴旭阳等师兄师姐的大力支持；樊传明、强卉、曹佳、阳平、负丹、董帅、熊晓彪、徐拿云、陈苏豪、张硕、周鸿焕等同门对部分论文写作与修改的意见和建议；我指导过的本科生和硕士生马国洋、杨默涵、朱溯蓉、张良、万丽新、符缤等对部分内容的审校修改；中国政法大学出版社第七编辑室牛洁颖主任和崔开丽编辑的精心编辑；北京交通大学法学院于亚光书记、李巍涛院长和各位同事的帮助与支持以及本书各章所发表期刊编辑蔡巍、王雪梅、李强、顾理辉、刘芮含、于贺清、徐菁菁、胡志平、李宏弢的垂爱。

当然，最重要的还要特别感谢我最亲最爱的家人！他们是承担更多育儿责任和家务劳动的爱人张锦，晚年背井离乡赴京为我们照顾乐宝的岳父岳母，在老家替我尽孝照顾父母的大姐二姐，以及辛苦养育我成才的父亲母亲大人。谨以此书献给您们！

郑飞

2023 年 6 月 30 日于红果园